ちくま学芸文庫

独立自尊

福沢諭吉と明治維新

北岡伸一

筑摩書房

目次

はじめに

日本の知識人の中で、福沢諭吉ほどよく書かれ、論じられた人物はいない。慶応義塾関係者の長年の努力によって、福沢ほど多くの資料が揃っており、細部に至るまで事実が明らかになっている人物もいない。しかし、福沢の真価は、本当に広く知られているのだろうか。

福沢は、日本を代表する知識人であるのみならず、世界クラスの思想家である。『福翁自伝』は、世界の自伝の中でも最高傑作の一つである。もし、『福翁自伝』を読んだことのない人がいたら、それは一生の損失だと思う。

このような高い評価に、疑問を持つ人もあるかもしれない。あるとすれば、その原因の一つは、彼の著作のスタイルであろう。福沢は誰にでも分かるように、きわめて通俗的な文体で書くことが多かった。「山出しの下女に障子の向こうから読んで聞かせても分かる」(「福沢全集緒言」)ことを福沢はモットーとしたから、一見したところ、深遠な感じはあまりしない。

また、福沢の著作の中には、世界の最新の学問が綺羅星《きらほし》のように並んでいるわけではない。彼が利用できた西洋の著作は、まだ限られていた。彼が読んだ本の数を、西洋の学者と比べればもちろん、十歳若い日本の学者と比べても、比較にならないほど少ない。読書量や学問的方法が知識人の必要条件だとすれば、福沢は本格的な知識人とは言えないかもしれない。

にもかかわらず、福沢を第一級の知識人たらしめているのは、彼が直面した課題の大きさと、それに対して示した彼の回答の深さである。『学問のすゝめ』や『文明論之概略』において、福沢は、西洋文明との対比の中で日本文明の特質を捉《とら》え、また日本政治の特質を鋭く指摘し、日本の発展のために何が必要であるかを真正面から論じた。こうした課題は日本だけのものではない。西洋と非西洋との違いは何か、非西洋世界の近代化は可能かというところまで広げて考えれば、世界史的な意味を持つ課題なのである。これらの点において、福沢以上に優れた答えを提示した者は、日本以外を探してみても、それほど多くはいないだろう。

福沢がこの変革において果たした役割は、まことに大きなものであった。知識人と政治家を比較するのは難しいが、幕末から日清戦争に至る全時期を通じて福沢が果たした役割は、大久保利通、西郷隆盛、木戸孝允《たかよし》といった維新の三傑に少なくとも匹敵する。

明治時代に盛んだったものに人物評論がある。その頃は、社会の組織化が進んでおらず、個人の力量が社会を動かすことが多かった。また次々と新しい人物が登場したこともあって、人物論は、ほとんど一つの文学のジャンルとして存在していた。その第一人者が鳥谷《とや》部春汀《べしゅんてい》で、広い知識、バランスの取れた判断、明快な文章で知られていた。その鳥谷部が、福沢を論じたことがある（「福沢諭吉翁」、『太陽』第四巻第一号、明治三十一年）。

顧《おも》うに彼が過去の歴史は、実に明治の時勢に密接の関係あり。ただ彼は手を以て之《これ》に関係せずして、言を以て之に関係したるが故に、その功績は維新三傑の如く、赫々《かっかく》として人目を眩《くらま》せずと雖《いえど》も、その時代の思想を動かし、社会の進歩を助けたるに至りては、維新の三傑と雖も、また及ぶべからざるものあり。何ぞ況《いわ》んや伊藤博文侯をや、板垣退助伯をや。

つまり鳥谷部は時代の思想を動かし、社会の進歩を助けた点で、福沢が果たした役割は維新の三傑以上であり、伊藤博文や板垣退助のはるかに及ぶところではないと断言しているのである。

もう一度繰り返せば、福沢は世界史的な変革期に遭遇し、思う存分に活躍した。その生涯を、まれに見る自由闊達な精神で書き残した『福翁自伝』が、世界屈指の伝記文学たりえているのも、その時代ゆえである。明治維新という時代を広く取り、それを代表する人物を求めれば、それは間違いなく福沢である。

現在、日本では第三の開国の必要が唱えられている。過去二度の開国のうち、日本人が自ら決定し、実行したという点において、より重要なのは、第二の開国すなわち戦後改革ではなく、第一の開国すなわち明治維新である。閉塞状況にある日本で、したがって、われわれが振り返るべき時代は明治維新であり、振り返るべき人物は福沢諭吉ではないだろうか。

この本の目的は、一般読者のために、現在の福沢研究の成果を盛り込みながら、福沢の全体像を一冊にまとめて紹介することにある。

そういう本は意外に少ない。

たとえば、福沢に関する著作のうちの何冊かは『福翁自伝』の紹介が中心となっている。たしかに『福翁自伝』は快著であるが、その中には、自伝につきものの記憶違いがあるし、かなり重要なウソもある。それに全十五章のうち十二章が若い頃の話で、壮年期の話が少ない。つまり、『福翁自伝』の紹介だけでは、福沢の伝記的紹介にもならないのである。

また、福沢の全体像といえば、『学問のすゝめ』や『文明論之概略』の内容を紹介しなければならないが、伝記的著作には、概してこれらの内容についての記述が少ない。

他方で、この二冊を中心に、福沢の思想を論じた著作も多い。思想家を論じるのに主著を中心に置くのは、正攻法のアプローチである。しかしこの方法だと、やや抽象的で難しいものとなる恐れがある。それ以上に難しい問題は、『学問のすゝめ』や『文明論之概略』と、それ以後の著述との関係である。福沢を論じた著作は、『学問のすゝめ』や『文明論之概略』については極めて高い評価をしているが、それ以後の福沢の言説については、政府よりであるとか、強硬外交であるといった理由で、厳しく批判しているものが多いのである。

しかし、三十歳代の福沢が日本の基本的なありかたを論じた『学問のすゝめ』や『文明論之概略』と、強い影響力を持つようになった福沢が、具体的な政策を論じた言論とでは（明治十五年に創刊された『時事新報』における論説は大体そういうものである）、ある程度の差異が生じて当然であろう。それに、明治国家の発展にともない、克服すべき課題は異なってきていた。『学問のすゝめ』や『文明論之概略』以後の著作が、それらとは違ってくるのは当然のことのように思われる。このような観点からすれば、私は福沢の思想を、明治国家の発展と福沢自身の成長の中に、統一的に把握することが十分可能だと考える。

本書は、福沢の思想を中心とした伝記的著作である。ただ、そこでいう思想とは、抽象的な論理の体系ではなく、より実践的な性格のものである。福沢が日本をどうしたいと考えたのか、そのビジョンと方法を、そのレトリックとともに、読者に伝えたいと思う。

やや個人的なことを書くのをお許しいただきたい。私は一九七六年以来立教大学法学部で、また一九九七年以来東京大学法学部で教えてきた。その際、三年に二回ほどの割合で、ゼミで『福翁自伝』と『学問のすゝめ』（あるいは『福翁自伝』と『文明論之概略』）を取り上げてきた。私は日本政治思想史の専門家ではないし、福沢諭吉の専門家でもないが、福沢の主著を読んできた回数だけはかなりのものだと思っている。

それほどしばしば福沢を取り上げた理由は、それが維新の変革を理解するために格好の本であるからであり、また日本政治の特質を見事に描きだした本であるからであった。しかしそれ以外に、福沢の生き方それ自体を、学生諸君に知ってほしいと思ったからである。

本書のタイトルの「独立自尊」という言葉は、福沢がとくに好んだ言葉である。それは福沢の人生そのものであった。福沢が郷里を出て、蘭学を学び始めたとき、何の成算があったわけでもない。むしろ、無謀な行動だったと言うべきだろう。しかし、福沢は小さな打算や、利害得失で考えたりはしなかった。それは自らを貶《おとし》めることである。そうではなく、福沢は自らの内なる声に耳を傾けて、本当にしたいこと、本当に正しいと思うことだけをした。自らを高く持し、何者にも媚びず、頼らず、何者をも恐れず、独立独歩で歩んだ。もちろん、福沢のような才能に恵まれた人は稀である。しかし、自らを高く持して歩むこと、歩もうと試みることは、福沢でなくても出来ないわけではない。そういう独立自尊の精神こそ、混迷の時代に最も必要なものである。それなしには、日本は長期の停滞から抜け出せないように思う。現在の混迷の中で手探りしている人々に、少しでも福沢の真髄を知ってもらえれば、著者としてこれほど嬉しいことはない。

北岡伸一

二〇〇二年三月

凡例

一、本書では、引用文について、読みやすさを考慮して、旧字・旧かな遣いは新字・新かな遣いに、また送りがなも現代風に変えている。難読の漢字にはルビを振り、あるいはひらがなに変えている。

二、漢文風の表現も、現代の読者の苦痛を軽減するため、「不可」は「べからず」、「無之」は「これなし」または「之《これ》なし」という風に、読み下し文に変えている。読者の読みやすさにこだわる福沢なら、必ずこのように変えたと信じるからである。

三、太陽暦採用（明治五年十二月三日を明治六年一月一日とした）以前の年月日については、基本的に旧暦で表記し、適宜西暦を補った。

四、本書の叙述の根拠については、もっとも多くを富田正文『考証 福沢諭吉』上・下によっている。本書の中の伝記的事実は、とくに断らない限り、『福翁自伝』またはこの本に依拠している。注記を付した場合にも、該当個所を探すのが難しい場合以外はページ数も省略している。

五、福沢の著作については、『福沢諭吉全集』全二十一巻・別巻一巻によっているが、『学問のすゝめ』と『文明論之概略』と『福翁自伝』については、岩波文庫版によっている。これらについても、該当個所を探すのが容易な場合には、ページ数は付さない。

六、以上のほか、重要な文献については、一覧表を巻末に付しておく。

独立自尊

福沢諭吉と明治維新

第一章 中津時代

福沢諭吉旧居。福沢の一家が嘉永２年（1849）頃から住んだ家（慶應義塾提供）

中津藩

福沢諭吉の父は豊前《ぶぜん》（大分県）中津奥平藩の士族福沢百助《ひゃくすけ》、母は同藩士族橋本浜右衛門《はまえもん》の長女、名を於順《おじゅん》と申し、父の身分はヤット藩主に定式《じょうしき》の謁見が出来るというのですから、足軽よりは数等宜《よろ》しいけれども、士族中の下級、今日で言えばまず判任官の家でしょう。藩でいう元締役《もとじめやく》を勤めて、大阪にある中津藩の倉屋敷に長く勤番《きんばん》していました。それゆえ家内残らず大阪に引っ越していて、私共《わたしども》は皆大阪で生まれたのです。兄弟五人、総領の兄の次に女の子が三人、私《わたし》は末子《ばっし》。私の生まれたのは天保五年十二月十二日（新暦では一八三五年一月十日）、父四十三歳、母三十一歳の時の誕生です。ソレカラ天保七年六月、父が不幸にして病死。跡に遺《のこ》るは母一人《ひとり》に子供五人、兄は十一歳、私は数《かぞ》え年で三つ。斯《か》くなれば大阪にも居られず、兄弟残らず母に連れられて藩地の中津に帰りました。

右の文章は、『福翁自伝』の冒頭の数行そのままである。「大分県」と「新暦……」の二カ所を補い、旧字・旧かな遣いを新字・新かな遣いに変えてある以外は、元のままである。もしよかったら音読してみてほしい。判任官（戦前の公務員の中で、中下級のクラス）や総領（長男）というような戦前の言葉になじみの薄い人はあるだろうが、その分かりやすさ、テンポのよさに驚かない人はいないだろう。口述筆記を元にしたものではあるが、今から百年以上前、一八九八年（明治三十一年）に書かれたものなのである。

こういう文章は、分かりやすさということに、よほど強い信念と長い経験を持っていなければ書けるものではない。また、自分自身に並外れた自信を持っていなければ、これほどのびやかな文章は書けない。そして、根本的なところで非常に新しい感覚を持っていなければ、今日の読者の胸にこれほどスッと入っては来ないだろう。『福翁自伝』の冒頭は、感動的なまでに直截であると思う。

『福翁自伝』の冒頭は、いろんなことをわれわれに考えさせる。飯田鼎《いいだかなえ》教授も指摘されるとおり、福沢は中津藩のことを厳しく批判しているが、中津藩に生まれてくれてよかったと思う。もし、たとえば東北に生まれたならば、西洋文明に触れる機会はかなり小さかっただろう。中津が長崎に近いことは、有利な材料だった。また、諭吉がもしもっと大きな藩に生まれていれば、藩自体が幕末の政治に巻き込まれた可能性が高いし、その中の有能な若者であった福沢も巻き込まれ、学問よりも政治に走ったかもしれない。その結果、若くして命を落としたかもしれない（飯田鼎『福沢諭吉』）。

さらに言えば、もし福沢がもっと身分の高い家に生まれていれば、簡単に藩を捨てることは出来なかっただろう。また、士族でなければ、蘭学に接することは難しかっただろう。そして、ペリー来航の時に十八歳という、絶好の年齢であった。つまり青春の入り口で、新しい一歩を踏み出そうとしていたときであった。福沢は二十歳で本格的に蘭学を始め、二十四歳で英学に転じ、二十五歳で咸臨丸《かんりんまる》に乗ってアメリカに行った。もし福沢がもっと早く生まれていたら、もはや蘭学者としての地位を確立していて、英学への転向は困難だったかも知れないし、もしもっと遅く生まれていたら、西洋文明の本格的導入の第一線には間に合わず、だれか別の人が代表的な人物になったかも知れないのである。

しかし、そうしたことは、後世のわれわれが知っているだけのことである。福沢がその人生を踏み出したとき、彼には何の展望も成算もなかった。ただ自分が正しいと思い、したいと思うとおりに進んでいっただけであった。昔のいわゆる偉い人の回顧談には、子供の頃から大志を抱いていたとか、神童だったというような話がよく出てくるが、『福翁自伝』は大いに異なっている。その人生を、これからたどって行きたい。

さて、中津藩のことである。中津は大分の北西、五十キロほどのところにある。大分県とはいっても、福岡県との県境である。中津藩は十万石であって、九州の他の大大名、たとえば薩摩鹿児島の島津（七十二万石）、肥後熊本の細川（五十四万石）、筑前福岡の黒田（四十七万石）、肥前佐賀の鍋島（三十五万石）などと比べれば、大きな藩ではなかった。中津川沿いに立つ中津城は、のどかな雰囲気をたたえていて、大藩という感じはしない。しかし、全国の藩のランキングで言えば、それほど小さな藩ではない。当時三百諸侯と言われたが、かなりの藩は一、二万石であって、十万石以上は五十藩ほどしかなかった。

興味深いのは、その中の福沢家の位置である。とくに重要なのは、下級士族だったということであった。福沢自身が生まれ育った環境、ひいては明治維新が下級武士によって行われたという意味を理解するために、福沢自身が明治十年に書いた「旧藩情」によって、中津藩の上士と下士の関係を見てみよう。

上士と下士の違い

中津藩には全体で約千五百名の藩士がいた。これを身分、役名で細かく分ければ百以上に分けられるが、全体としては上士と下士にくっきりと分かれていた。上士は大臣《たいしん》から小姓組、それにやや特殊な存在であるが儒者、医師にいたるまで、下士は祐筆《ゆうひつ》、中小姓《なかごしょう》、供《とも》小姓、小役人格から足軽《あしがる》、帯刀《たいとう》にいたるまでであり、上士と下士の割合はおよそ一対三であったというから、上士が四百名足らず、下士が千百名あまりだった。

大きな壁は、上士と下士との間にあった。下士の頂点である祐筆から上士の底辺である小姓組に入ったのは、二百五十年で三〜五人しかいなかったし、上士と下士との結婚もきわめて少なかった。

これに反し、上士、下士それぞれの中での流動性は高かった。上士の中で一番下の小姓組から用人あたりに出世するのは珍しくなかったし、大臣の次男、三男が分家すれば、小姓組となるのが常であった。また、下士の中では、足軽と祐筆では大きな差があったが、足軽が出世して中小姓になるのは、それほど珍しいことではなかった。それだけではなく、百姓から武士となり、下士の中位まで出世することは稀ではなかった。要するに、下士から上士になることがほとんど不可能だったのに対し、士族以外から下士になることはそれほど難しくなかったのである。

実際に、上士と下士ではどこが違うかというと、たとえば下士の中でも下位である足軽が雨中で上士に行き逢う時には、下駄を脱いで路傍《ろぼう》に平伏するのが原則だった。足軽より少し上位の下士でも、相手が上士の上位の者であれば、これに準じた礼儀が求められた。また、下士が上士の家に行けば、次の間より挨拶して、後に堂間に入るが、上士が下士の家に行けば、座敷まで刀を持ち込むのがルールであった。

相手に対して呼びかける時も、上士は下士に対して「貴様」と呼び、下士は上士に対して「あなた」と言った。上士は「来やれ」といい、下士は「おいでなさい」という。下士の中でも下級の足軽の場合には、上士に対して名前を呼ばず、「旦那様」と言い、相手が大臣ならば、下士はすべて、「旦那様」と言った。上士の家には、玄関敷台を許し、上士は騎馬し、下士は徒歩した。また、建前の上では、学問は下士の仕事ではないとして、他国に遊学することを認めていなかった。

経済的にも、上士と下士との間には大きな差があった。上士の中の格差も大きく、大臣では千石、二千石、あるいはそれ以上もあったのに対し、上士の最低は小姓組や医師で、中には十人扶持《ぶち》以下のものもあった。しかし概して百石、二百石、二百五十石と称し、正味二十二、三石から四十石ないし五、六十石くらいのものが一番多かった。そして要路に立つのは、名目で百石以上が普通であった。ともあれ、正味二十ないし三十石あれば、普通の家族で衣食に差し支えはなく、相当の教育を与えることも出来た。

これに反し、下士は十五石三人扶持、十三石二人扶持、十石一人扶持もあり、さらに下の方では、金給の者もあった。下士の中以上でも正味七、八石あるいはせいぜい十石余りであったという。これでは、夫婦だけならともかく、子供がいたり老親がいたりすると生活は困難で、男女を問わず手細工や紡績等の稼ぎをして生計をたてなければならなかった。福沢はこの様子を、「名は内職なれども、その実は内職を本業として、却って藩の公務を内職とする者なれば、純然たる士族に非ず、或は之《これ》を一種の職人というも可なり」と述べている。

したがって下士は経済的に子弟に高級な学問をさせる余裕はない。下士の子弟は、四書五経や『蒙求《もうぎゅう》』（児童・初学者むけの教科書）、『左伝《さでん》』の一、二巻程度で終わるのが普通だった。それに加えて、算筆（算術と習字）は不可欠であった。下士が多少とも余裕ある生活をするには、小さな役職につくことが必要であり、そのためにはこの技芸が欠かせなかったからである。

その他、風俗習慣にも大きな違いがあった。上士は女中や召使を使い、みずから町に買い物に行くということはなかった。銭湯にも行かず、外出には袴《はかま》をつけ双刀を帯《たい》し、夜は提灯《ちょうちん》を携えた。物を持つのも剣術道具と釣竿程度で、風呂敷包みも持たなかった。

これに反し下士は、通常は召使は使わなかった。昼間はともかく、夜は男女を問わず、自ら買い物に行った。男子は手ぬぐいで頬かむりをし、双刀を帯したり、一刀のこともあり、近所なら丸腰のこともあるし袴をつけないことも多かった。宴会になると、余興をして盛り上げるのは下士であった。このことを福沢は、「上士の風は正雅にして迂《う》闊《かつ》、下士の風は俚《り》賤《せん》にして活発」と述べている。

学者肌の父・百助の影響

さて、次に福沢の家族のことである。

父・百助は文政二年（一八一九）、初めて召し出だされ、元締《もとじめ》方関係の下役を歴任し、二年後に家督を相続した。その翌年の文政五年（一八二二）九月、回米《かいまい》方として大阪在番を命ぜられた。元締方というのは藩の会計をつかさどる職務であり、回米方とは蔵屋敷詰の役人で、米その他の藩の物産を蔵屋敷に収め、これを売りさばいて換金する仕事である。しかし実際には、藩の物産を担保に大阪の豪商から金を借りる交渉をするのが主たる職務だった。

これは誘惑の多い仕事だったので、二年で交代が原則だった。しかし百助は有能かつ廉《れん》潔《けっ》だったため重任を続け、その勤務は実に十三年に及んだ。この間、百助は何度も転勤を願い出たが、そのたびに藩はこれを却下し、その代わりに百助を昇進させた。その結果、百助は下士の中でも下位である小役人格から供小姓格《ともごしょう》へ、さらに御厩方格《おうまや》(のちに中小姓と改称)に昇進した。それは、下士では最高の地位であった。いかに百助が信頼されたかが分かる。前にも述べたとおり、下士の昇進は会計関係のことが多かった。

百助は学者肌の人物で、この職務を好まなかった。「銭《ぜに》を見るも汚《けが》れると言うていた純粋の学者」だったと諭吉は述べている。諭吉の兄の三之助が、蔵屋敷の手習い所で九九を習わせられていると知って、手習い所を辞めさせたというから、相当なものであった。そろばんは百助の出世にとって不可欠なものであったにもかかわらず、むしろそうであったがゆえに、ますます嫌いになったのかもしれなかった。

百助は幼い頃から学問を好んだ。備後福山の菅茶山《かんちゃざん》に学びたがったが、家計に余裕がなくてかなわず、中津の藩儒・野本雪巌《せつがん》に学んだのち、豊後日出《ひじ》藩の帆足万里《ほあしばんり》に学び、帆足門下の秀才として知られたという。

大阪にいたときには、当然、多くの学者と交際することが可能であった。その中で、たとえば京都の頼山陽などには興味を示さず、伊藤東涯《とうがい》に私淑した。伊藤東涯の注釈つきの書物が、自慢の蔵書だった。また親友には、野田笛浦《てきほ》という儒者があり、野本雪巌、帆足万里の両方の塾で後輩だった中村栗園《りつえん》と親しかった。野田は丹後田辺藩の儒者で藩政に携わったこともあり、帆足もそうである。また中村も藩政に参画している。

百助は諭吉が生まれたとき、それまでほしくてたまらなかった『上諭条例《じょうゆじょうれい》』という本(全六十四冊の漢籍)が手に入って喜んでいたところであった。そこに男子出生という喜びが重なったので、書物の名から一字を取って諭吉と名づけた。

この『上諭条例』というのは、清朝の雍正《ようせい》十三年(一七三五)から乾隆《けんりゅう》十五年(一七五〇)までの詔勅、勅令、政令を年度別に配列し、項目別に編集したものであって、普通の漢学者が興味を持つとは思えないものである。その蔵書の内容、そして交友範囲からみて、百助は詩文を好むタイプの学者ではなく、経世済民、法制や経済に関心のあるタイプだったらしい。

百助は千五百冊の蔵書を持っていたといわれる。今日なら何でもないが、当時としては大変な蔵書であるし、下級士族がこれだけの本を持つには並々ならぬ努力が必要であった。親友の中村栗園は百助が急逝したとき、ただちにかけつけて百助を悼《いた》んだ長文の詩を作り、その中で、「君は本《も》と典籍に耽り、動《やや》もすれば渇と飢とを忘る」と述べているが、決して誇張ではなかった。

自由な合理精神

天保七年（一八三六）、百助が亡くなったとき、諭吉はわずかに三歳であった。一家はやむなく中津に引き上げることとなった。しかし長年留守をした家は、世話をする人もなく、荒れ放題だった。

家計は貧しく、大阪になじんだ一家は周囲とも折り合いが悪かった。言葉遣いも、たとえば大阪で「そうでおます」というところを、中津では「そうじゃちこ」という具合であり、着物も髪型も大阪風であった。諭吉は生来活発な少年で、体格も優れていたが、木登りは苦手で、水泳は出来なかった。それは同年輩の友人と一緒に遊ぶことが少なかったからである。

一家は、気丈で愛情深い母を中心に、ひっそりと肩をよせあって暮らした。その中でよく父の話がでた。父は諭吉が身分を超えて出世できるよう、坊主にしようとしていたという話を聞き、諭吉は、父は恨みを呑んで死んだと信じ、「門閥制度は親の敵《かたき》」と感じるようになった。

ところで母は、自由な精神の持ち主だったらしい。乞食などにも分け隔てをせず、女乞食の虱《しらみ》を取ってやるなど、よく面倒を見たという。また義理堅い人で、借りたお金は無理をしてでもきちんと返した。特定の宗教に帰依《きえ》はしないが、宗教心は深い人だったらしい。

諭吉は手先の器用な少年で、障子や畳の張り替え、屋根や桶の修理、下駄の鼻緒たてはもちろん、下駄作りから刀剣の細工までやって、内職に精を出した。冬にあかぎれが出来ると、これを糸で縫い、熱い油をかけて傷口をふさいだ。ある冬は布団もなしに、畳の上に寝てすごすほど丈夫だった。のち、明治十二年作の詩の中で、諭吉は子供の頃を振り返って「鄙事《ひじ》多能年少春」と述べ、小さなことを何でもやる丈夫な少年だったとなつかしんでいる（『考証』上、六一ページ）。

諭吉は合理精神に富んだ自由な少年だった。あるとき殿様の名前を書いた反故《ほご》を踏んで兄に叱られた。字を踏んだくらい何だと思った諭吉は、神社のお札《ふだ》を踏んでみたが、何も起こらなかった。さらにお稲荷さんのご神体の石を入れ替えて罰があたるかどうか試してみたが、何ともなかった。

また兄に一生の目標を聞かれた時には、うんと金儲けをして、思う存分使ってみたいといって、兄をあきれさせた。諭吉に問い返された兄は、「死に至るまで孝悌忠信《こうていちゅうしん》」と答えている。まじめな人だったのである。

諭吉は十四、五歳になって初めて学問を習った。ずいぶん遅い出発である。しかしたちまち頭角をあらわした。とくに『左伝』が得意で、普通は『左伝』十五巻のうち、三、四巻読む程度なのに、全巻を通読し、十一回読み返して面白いところは暗記していたという。それで、漢学者の前座くらいにはなったと、言っている。

この『左伝』について少し触れておきたい。儒教には四書五経というものがあって、儒教の聖典ということになっている。四書とは『大学』『中庸』『論語』『孟子』であり、五経とは、『易経』『書経』『詩経』『礼記《らいき》』『春秋』の五つである。

このうちの『春秋』は、『春秋経』ともいい、中国の春秋時代の魯《ろ》の国の年代記である。五経の中でただ一つ孔子作ということになっていて尊重されたが、実際には孔子がすべて書いたのではなく、以前からあった書物に孔子が手を加えて成立した書物と見られている。

ところがこの『春秋』というのはきわめて簡潔なものなので、多くの人が注釈書を書いた。その中に、有名なものが三つあるが、なかでも有名なのは左氏という人が書いた注釈書であり、それが『春秋左氏伝』あるいは『左伝』または『左氏伝』といわれるものである。もっとも、左氏というのがどういう人で、この書がいつ頃出来たものなのか、詳しいことはわかっていない。

しかし、『左伝』の価値については定評がある。それは春秋時代の群雄の行動をまことに生き生きと描き出したものである。中国の歴史書としては、何と言っても『史記』が有名であるが、春秋時代については、『史記』は基本的には『左伝』を踏襲している。そのダイナミックな迫力は『左伝』の方が上だという人もある。のちの日本人の基礎的教養を形成したものとして、『論語』や『孟子』と並ぶという人もある。

これを十一回も読んだというのは並大抵のことではない。諭吉の漢学の実力を裏書きする事実であるし、諭吉の文章の明快にしてリズミカルな迫力は、こうした漢学と関係がある。また、諭吉が歴史とくに国家の興亡のようなことに強い関心を持っていたということも言えるだろう。

中津を出る

諭吉は中津が嫌いだった。今から考えると、中津はそれほど悪いところではなかった。学問の伝統も蘭学の伝統もある程度あったし（『解体新書』の前野良沢《まえのりょうたく》は中津藩の医師であった）、大きな藩のような激しい政争もなかった。しかし諭吉には窮屈でたまらなかった。とくに身分の差がいやだった。父百助は嫌いな元締方の仕事をさせられ、下士の一番上まで行って、急死した。上士と下士の間にいかに大きな溝があったかは、すでに述べた。殿様やお稲荷様の権威を疑ってかかるほどの少年にとって、言葉遣いからマナーから、すべてが仕切られた生活がいやでいやで仕方がなかった。一刻も早く中津を出たいと、諭吉はその機会をうかがっていた。

嘉永六年（一八五三）六月、ペリーが浦賀に来航した。七月にはロシアのプチャーチンも長崎にやってきた。そうした影響は中津にも及び、砲術さらに蘭学の必要が唱えられるようになった。兄の三之助も、数学と砲術に興味を持ち、蘭学の必要を感じ始めていた。しかし中津では横文字を読むものはなかった。少なくとも前野良沢の伝統は伝えられていなかった。三之助は諭吉に横文字というものがあることを知らせ、諭吉は蘭学というものの存在を知った。横文字を読もうという気持ちもおきた。文字を読むことには、人に負けない自信があった。

やがて、三之助に長崎に行く用事が出来た。諭吉はこれに伴われていくこととなった。理由は何でもいいから、中津を出たかった。嘉永七年（一八五四）二月、諭吉が二十一歳のことである。ペリーの二度目の来航が、一月のことだから、その直後であった。

当時長崎には奥平十学《おくだいら》という若者が遊学中であった。奥平は中津藩主の親戚で、家老を出す家柄の出であり、のちに奥平壱岐《いき》と名乗って家老となっている。三之助は奥平に対し、諭吉をその従僕に使ってくれといって残していった。

奥平はその頃、光永寺という寺に寄寓していた。光永寺は由緒のある浄土真宗の寺で、いまも存在している。その寺は奥平家とは姻戚関係にあった。諭吉はしたがって奥平の従僕として、また寺の食客《しょっかく》のような形でここに住むこととなった。

まもなく諭吉は、奥平の紹介で山本物次郎という砲術家のところに住み込むこととなった。山本は高島秋帆《たかしましゅうはん》の門人で、安政四年（一八五七）には鋳造した大砲二門を幕府に献上したことがあったという。しかし諭吉が住み込むようになった頃には目を悪くして書が読めなくなっていた。それで諭吉がかわって書を読み、山本の子供の家庭教師を引き受け、借金の申し込み、水汲み、掃除、犬猫の世話まで、一切の仕事を引き受けて働き、ついに山本家の養子にならないかといわれるまでになったという。鄙事《ひじ》多能の少年はたちまち重宝されたのである。諭吉も一生懸命で、無類の酒好きであったにもかかわらず、この長崎時代だけは一滴も飲まなかった。諭吉の酒好きは子供の頃からで、母は諭吉の月代《さかやき》を剃るときに、あとで酒を飲ませるからと言ってなだめたほどであった。

ところで山本の家には、幕府が高島秋帆から没収した砲術関係の書物がたくさんあった。それを閲覧させたり、筆写させたりするときに謝礼を取るのが、山本の重要な副収入だった。それを取り仕切るのが諭吉となり、諭吉の名が長崎の砲術学生の間に知られるようになった。

これを不快に思った奥平は一計を案じた。おそらく安政二年の一月末か二月初め、中津の従兄の藤本という男から手紙が来て、諭吉の母が病気だから帰省するようにと言ってきた。そのとき兄の三之助は大阪勤務となっており、三人の姉は結婚して、中津の家には母独りだった。その母が病気だから帰れという手紙だったので、諭吉も驚いた。

しかしその手紙にはもう一つ手紙が添えてあった。それによれば、藤本は奥平壱岐の父に呼び出され、諭吉がいては壱岐の勉強の妨げになる、母が病気ということにして、早々に呼び返せと命ぜられた、したがって、心配には及ばない、しかし早く帰って来いということであった。

ようやく自分の努力で芽が出かけていたところだっただけに、諭吉は心から腹を立てた。しかし、争っても勝ち目はないと考え、だまされた振りをして、長崎を立つことにした。山本先生にも、母の病気を理由にいとまごいを告げた。長崎を出たところで、諫早《いさはや》の酒屋で、一年ぶりに諭吉は存分に酒を飲んだ。

長崎をたった諭吉は、中津に帰らずに、そのまま江戸に行くつもりだった。江戸から来ていた医者の卵に岡部というものがいた。その岡部に、君の家に食客としておいてもらえないかと頼み込み、父親あての紹介状を書いてもらった。とにかく金のなかった諭吉は、偽手紙で無銭宿泊をしたり、前借をしたりして、下関から船に乗り、明石までやってきた。そしてそこで船から降り、十五里を夜通し歩き、兄の居る大阪堂島の中津藩蔵屋敷にたどり着いた。

大阪は諭吉が生まれたところである。記憶はないが、諭吉のことを覚えている人には次次と会った。母乳を呑ませてくれた仲仕《なかし》のお内儀《かみ》さんにも会ったし、家に奉公していて守りをしてくれた男が方々を連れて歩いてくれたときには、「私も旧《むかし》を懐《おも》うて胸一杯になって思わず涙をこぼしました」という。よそ者として扱われてきた中津時代、姦計で追われた長崎時代を思い出すと、「真実故郷に帰った通りで誠に宜《い》い心地《ココロモチ》」だったという。

ところで、兄に突然大阪に来た事情を話したところ、一応は了解してくれた。しかし江戸に行くことまでは見逃すわけには行かない、大阪に留まれと諭され、緒方洪庵《おがたこうあん》の適塾に入ることとなった。安政二年（一八五五）三月九日のことである。そこで諭吉は終生の師を発見することになる。

第二章 緒方塾

『ドゥーフ・ハルマ』写本。適塾でも用いられた蘭和辞書の写本（大分県立先哲史料館蔵、慶應義塾提供）

緒方洪庵に学ぶ

こうして諭吉は緒方洪庵の適塾で学ぶこととなった。それは諭吉の人生に決定的な影響を及ぼした。洪庵との出会いがなければ、のちの諭吉はありえなかった。

洪庵は文化七年（一八一〇）備中に生まれ、天保九年、二十九歳で大阪で開業し、そのかたわらで蘭学塾を開いた。適々斎と名乗り、塾は適々斎塾、略して適々塾、さらに略して適塾と呼んだ。諭吉が入塾したとき、洪庵は四十五歳で脂の乗り切った頃であり、江戸の杉田《すぎた》成卿《せいけい》と蘭学の双璧といわれていた。

適塾は当時天下第一の蘭学塾だった。多いときには百名の学生があり、学んだものは千人を超えた。その中には、橋本左内（福井藩士、幕末の志士）、村田良庵（のち村田蔵六、さらに大村益次郎、幕末・維新の軍政家）、佐野栄寿（常民、のち農商務大臣、伯爵、日本赤十字社の創始者）、大鳥圭介（のち幕府歩兵奉行、朝鮮および清国駐剳《ちゆうさつ》公使、男爵）、長与専斎（のち内務省衛生局長）、箕作秋坪《みつくりしゆうへい》（のち明六社員、東京学士院会員）、花房義質《はなぶさよしもと》（のち駐露公使、子爵）、本野《もとの》盛亭《もりみち》（のち外交官、読売新聞社社長）、池田謙斎（のち医師、男爵）らがあった。

とくに西国から来学するものが多く、筑前の黒田美濃守は大阪を通るたびに洪庵を屋敷に招いてその説を聞き、また新しく入手した洋書を貸し与えた。その他、佐賀の鍋島閑叟《なべしまかんそう》、土佐の山内容堂《やまのうちようどう》、越前の松平春嶽《まつだいらしゅんがく》らも洪庵を深く信頼し、多くの医学生を送った。

洪庵は大阪で二十四年間教えた。しかし文久二年（一八六二）、幕府の侍医に召され、何度か辞退したが、ゆるされず、江戸に出た。医師としては最高の栄誉であったが、教育者であった緒方は、さらに塾を続けたかった。

諭吉が緒方塾に入門したのは安政二年三月九日のことであった。当初、諭吉は中津藩蔵屋敷から通っていた。一年たった安政三年二、三月の頃、諭吉は腸チフスの友人を看病しているうちに感染してしまった。

このとき、洪庵先生は実に親身になって諭吉を看病してくれた。自分がしっかり診てやる、しかし、薬の調合は他の医者にまかせる、肉親と同じで、どうしても迷ってしまうからだと洪庵は言い、そのとおりに親友の医者に頼った。

諭吉は書いている。「マア今日の学校とか学塾とかいうものは、人数も多く迚《とて》も手に及ばないことで、その師弟の間はおのずから公《おおやけ》なものになっている、けれども昔の学塾の師弟は正《まさ》しく親子の通り、緒方先生が私の病を見て、どうも薬を授くるに迷うというのは、自分の家の子供を療治してやるに迷うと同じことで、その扱いは実子と少しも違わない有様であった。……私が緒方の塾に居た時の心地《ココロモチ》は、今の日本国中の塾生に較《くら》べてみて大変に違う。私は真実緒方の家《うち》の者のように思い、また思わずには居《お》られません」。早く父を亡くした諭吉にとって、洪庵は第二の父であった。

病気はかなり重く、数日で人事不省となり、一週間ほどは意識がなかった。しかし、がんらい頑健で、また若かったため、諭吉はまもなく回復して、四月には外を歩けるようになった。

ところが、その頃兄の三之助の健康も優れなかった。リューマチが悪化し、左手で字を書くありさまだった。三之助は満二年の勤務の約束で、ちょうどその時期がきていたため、諭吉は兄を連れていったん中津に帰ることとした。

諭吉は中津でほぼ健康を回復したので、八月、再び大阪に出た。そして中津藩の蔵屋敷の空長屋を借りて緒方塾に通いだした。ところがまもなく、九月三日、兄三之助が急死してしまった。急いで諭吉は中津に向かった。すでに親戚が集まって諭吉を跡取りとしていた。諭吉はそれまで中村家に養子に行っていて、中村諭吉であったが、ここに再び福沢諭吉となったのである。

諭吉は何としても勉学を続けたかった。しかし戸主の責任は重く、簡単に中津を出ることはできなかった。周囲で理解してくれる人は一人もいなかった。母を残していくことはとくに不安だった。しかし、諭吉は直接母を説き、蘭学修業の進展について述べ、中津藩の中では望みがなく、どうしても大阪に戻って学問を続けたいと説いた。母は剛毅な人で、諭吉の望みを理解して許してくれた。

それでも中津を発つことは容易ではなかった。まず四十両という巨額の借金の返済があった。父の自慢の蔵書を始めとして皿も茶碗もすべて売り払って、借金を返済した。ただ一つ、前にも述べたように、『易経集註《えききょうしっちゅう》』全十三冊に伊藤東涯が自筆でこまごまと書き入れをした見事な書物があり、父がとくに大切にしていたものだったので、これは残した。父の蔵書目録に、「この東涯先生書き入れの易経十三冊は天下稀有《けう》の書なり、子孫謹んで福沢の家に蔵《おさ》むべし」と、まるで遺言のようなことが書いてあったので、売るわけにはいかなかった。もう一つ、どんぶりが二個残った。あまり安い値だったのでばかばかしくて売らなかったものである。あとはすべて処分した。

それから、藩の許可が必要だった。部屋住みの身分なら簡単だったが、戸主の場合はそうではなかった。そこで蘭学修業のためと願い出ようとしたら先例がないという。それで砲術修業のためと書くといいと教わり、そう書いた（ただし、実際にそう書いたのは別の機会で、若干の記憶違いがあったらしい）。

出発間際に母が病気になったため、なけなしの金をはたいて高い薬を買い、ようやく治った。諭吉が中津を発つとき、別れを惜しみ無事を祈ってくれるものは母と姉だけで、他に親戚朋友は誰もいなかった。いかに孤独で祝福されない出発だったか、いかに当時の常識からかけ離れた決断だったかわかるだろう。諭吉も、母と幼い姪（兄の遺児）の二人を残していくのは、さすがに限りなくつらいことだった。しかしその決断がなければわれわれの知る諭吉はなかったわけである。

こうして諭吉は安政三年十一月、緒方塾にもどった。学資もなかったが、洪庵先生に事情を話すと、洪庵は諭吉を食客にしてくれた。ただし、それではえこひいきになるので、諭吉が中津にいたとき写し取った築城書を翻訳するという名目で食客にしてくれた。

その経緯は次の通りである。諭吉が中津に帰ったとき、奥平壱岐が中津に帰っていた。諭吉を長崎から追い払った奥平である。ともかく挨拶に行くと、長崎で手に入れた築城書というのを持っていた。「二十三両で安かった」と言っている。諭吉には目の飛び出るような価格である。これを見たくてたまらない。緒方塾は医学の本以外は、乏しかったのである。しかし簡単に貸してくれるはずがない。そこで一計を案じ、図と目録だけでも眺めたいので、四、五日貸してもらえないかというと、奥平はあっさり貸してくれた。それから諭吉は文字通り寝食を忘れてこれを筆写した。さらに友人に頼んで写し間違いはないか読み合わせをしてもらい、三十日ほどで完全に筆写して返した。

この翻訳は、のちに方々で筆写されて広まった。榎本武揚《えのもとたけあき》の五稜郭《ごりようかく》はこの築城書をモデルにしているといわれている。

会読制度

さて、緒方塾での生活のことである。諭吉はここに三年七カ月、実質的には二年九カ月学んだ。『自伝』ほど若者の青春を闊達に描いた文章も少ないであろう。

適塾の勉学の中心は会読制度だった。塾生はまず二冊のオランダの文典を学ぶ。まず『和蘭文典前編』次いで『和蘭文典後編　成句論』である。前者はガランマティカ、後者はセインタキスと呼ばれていた。これを先輩の塾生が、まず声に出して読み――これを素読という――そして講釈する。こうして最小限度の基礎が出来ると次は会読である。

塾生は全体が七、八の級にわかれている。そして月に六回（上旬、中旬、下旬に各二回ずつ）、会読がある。先進の塾生が会頭となり、くじ引きで順番を決め、テキストの講釈を割り当てる。割り当てられた者は、その部分を講釈する。これに対して他の塾生が疑問を出し、互いに討論して勝敗を決める。勝ったほうは白玉を与えられ、負けた方は黒玉である。疑問が出ないほど見事に講釈すれば白の三角を与えられるが、これは白玉の三倍の価値がある。そしてその級の最上位を三カ月続けると、上の級に進級できる、およそこういう仕組みであった。

そのために、まずテキストを筆写する。塾には物理書と医学書、あわせて十冊ほどしかない（のちに慶応義塾で多くの書物を入手したのは、この経験から来ている）。みんながくじ引きの順番にしたがって筆写する。一回の割り当ては半紙三枚ないし四、五枚だったという。

塾生はみな親しいし、この会読のテキスト以外は他人に教わることもあるが、この会読については、誰にも教えたり教わったりしない。それは卑怯なことだとみなされている。

したがって自力と辞書しか頼るものはない。そして辞書は塾の中に二つしかない。一つはズーフ（ドゥーフ・ハルマ。ハルマの蘭仏辞典を長崎オランダ商館長ドゥーフらが編訳した蘭和辞典）という辞書である。もう一つはウェーランドというオランダ語の辞書だが、上級者しか読めないから、普通に頼れるのはズーフだけである。これはズーフ部屋という部屋に置いてあり、そこにみんなが集まって辞書を引く。会読の前の日ともなれば、多くの人が集まり、寝る者はいないという具合だった。のちに諭吉は社会を発展させる原動力として競争を重視するが、その原体験はこの緒方塾の会読制度だったと思われる。

塾生はとにかく勉強した。前にも述べたとおり、諭吉は安政三年三月病気になった。そのときは座布団を紐でしばった、いわゆる括り枕をしていたが、少しよくなったので普通の枕をしようと思ったら枕がない。蔵屋敷で探してもらっても枕がない。考えてみると枕無しの生活をしていたのである。日が暮れても本を読む、くたびれて眠くなれば、机の上に突っ伏してねるか、床の間の床側《とこふち》を枕にして寝ており、ちゃんと布団を敷いて夜具で寝たことがなかった。

諭吉はその後内塾生になったが、それでも同様だった。夕方、食事をとるとき、金があれば酒を飲む。ひと寝入りして、十時か十時過ぎに目がさめる。そして夜明けまで書を読む。朝になって朝食を作る音が聞こえてくると、それを合図に寝る。飯が炊き上がった頃に起きて湯屋に行って朝湯に入り、かえって朝食を食べ、また書を読む。こういう日々の繰り返しだった。

衣服についても、まったく無頓着だった。大阪は暖かいところだから、冬は何でもないが、夏の暑さは耐えがたい。そのため、褌《ふんどし》も襦袢《じゅばん》もない全裸だった。食事のときだけ、少し体裁をつくって、全裸の上に羽織という奇妙な姿で、座る場所もないので立ったまま食べたという。

時には次のような失策もあった。あるとき、諭吉が二階で寝ていたら、階下から「福沢さん、福沢さん」と呼ぶ声がする。酒を飲んで寝たばかりだった諭吉は、「うるさい下女だ、今ごろ何の用だ」と、全裸のまま階段を駆け下りたところが下女ではなく洪庵夫人だった。全裸でお辞儀をするわけにもいかず、進退窮《きわ》まってしまったが、奥さんの方で気の毒に思ってそのまま奥に引っ込んでしまった。翌日、昨夜は失礼しましたというわけにもいかず、実に恥ずかしいことをしてしまったと述べている。後年、諭吉はこの場所に人を案内しているから、よほど強く記憶に残った失敗だったのだろう。

塾生はよく勉強したが、よく遊んだ。遊ぶといっても金がないから、酒を飲んで騒ぐ程度のことである。とくに諭吉は酒好きだったので、金があると酒を飲む。もっとあると料理屋に行く。しかし、料理屋にまではめったに行けないので、鶏屋、もっと安いので牛肉屋に行った。そこでは病死だか殺したのかわからない牛を食べさせる。ずいぶん硬くて臭かったという。そこに行くのは刺青《いれずみ》をしたゴロツキか、緒方の書生だけだったという。

それは、彼らががんらい蘭学の書生だったからである。解剖も肉食も平気だった。当時はそれが特技だったから、牛鍋屋のおやじに意気地がないのがいて、豚を殺してほしいと頼まれたことがあった。代償に頭をもらう約束をして、豚を窒息死させ、頭をもらい、脳や目玉をさんざんつつきまわした末、煮て食ってしまった。

その他、塾生のいたずらの例は枚挙にいとまがない。縁日でからかったり、遊女の偽手紙を書いたり、鯛といつわって河豚《ふぐ》をたべさせたり、料理屋の皿や鉢を盗み出したり。ずいぶん危ない実験もした。塩酸を作り、亜鉛をとかし、鉄に錫《すず》のメッキをすることには成功した。硫酸つくりでは危ない目にあった。アンモニアの製造は、耐え難い悪臭で周囲から囂々《ごうごう》たる非難を浴びながら、舟を借りてその上で何とかやり遂げた。『自伝』には青春のエネルギーがあふれている。

ところで、緒方塾には、本はそれほどなかった。新しい本は貴重だった。しばらくすると読むものがなくなってしまった。それで、本の緒言や、どうでもいいものまで読んだ。あるとき、黒田侯が参勤交代の途中、珍しい書物を入手したと、洪庵に貸してくれた。その一部、電気に関するところを、全部写してしまえと、二泊三日、数人がかりで徹夜で写し取り、読み合わせまでやった。最後に本を返さなくてはならないときは、「塾生たちはその原書をなでくりまわし、まるで親に別れを惜しむようにして」返したという。

ときに洪庵先生に講義をお願いすることもあった。緒方の講義ぶりを諭吉は次のように書いている。

塾生の心事

これを聴聞する中にもさまざま先生の説を聞いて、その緻密《ちみつ》なることその放胆なること実に蘭学界の一大家、名実共に違わぬ大人物であると感心したことは毎度のことで、講義が終わり塾に帰って朋友相互《あいたがい》に「今日《きょう》の先生の彼《あ》の卓説は如何《どう》だい。何だか吾々は頓《とみ》に無学無識になったようだ」などと話したのは今に覚えています。

さりげない一節だが、諭吉の洪庵先生に対する尊敬がにじみ出ている。解釈が緻密で放胆というのは、たしかに名訳の条件である。正確厳密でない大胆な解釈などは、ただのホラ吹きに過ぎないし、正確厳密だけでは、意味をなさない。正確厳密であり、豊かな想像力を持っていることが名訳の条件だろう。

こうした師の卓越した能力が理解できるのは、もちろん諭吉に優れた能力があったからである。優れた師に学ぶ優れた学生の至福の時間だったろうと思う。

一方で、緒方洪庵の方でも、諭吉の将来には嘱目《しょくもく》していたに違いない。安政三年、諭吉がチフスになったときには手厚く看病し、諭吉が二度目にやってきたときも、洪庵は諭吉を温かく迎えている。のちに洪庵夫人は語って、「福沢さんは塾に居たときから他の門生とは万事が違っていて、この少年は屹度《きっと》エライ人物になると主人もいい私もそう思っていましたが、しかしあんなにえらい人になるとは思いませんでした」と述べている（石河幹明『福沢諭吉傳』第一巻、一五〇ページ）。師にとっても、優れた弟子を持つほど幸せなことはないのである。

諭吉によれば、緒方塾は天下第一の蘭学塾であった。それは次のような理由によると諭吉は述べている。江戸では幕府にせよ諸藩の江戸屋敷にせよ、洋学に対する需要が多い。少しでも洋書が読めると、雇われることもあり、翻訳に対する手厚い謝礼をもらうこともあった。ところが大阪では洋学は実際の仕事に縁がない。こうした実用に無縁であることが、学問を進めるうえで重要だったと諭吉はいう。

塾生の心事を諭吉は次のように述べている。

「西洋日進の書を読むことは日本国中の人に出来ないことだ、自分たちの仲間に限って斯《コ》様《ン》なことが出来る、貧乏をしても難渋をしても、粗衣粗食、一見《み》る影《かげ》もない貧書生でありながら、智力思想の活発高尚なることは王侯貴人も眼下《がんか》に見下《みくだ》すという気位《きぐらい》で、ただ六《むつ》かしければ面白い、苦中有楽《くちゆううらく》、苦即楽《くそくらく》という境遇であったと思われる」

このような無目的の熱中こそ、かえって幸せだった。そして良き師があり、良き友があり、激しい競争があった。その中で実質二年九カ月の生活が、諭吉を変えたのである。

諭吉が緒方塾に入った翌年の安政三年の八月には、ハリスが来日している。安政四年十月、ハリスは江戸城に登城して、日米修好通商条約の締結をせまっていた。安政五年二月、条約調印の決意を固めた老中堀田正睦《ほったまさよし》は京都に上り、朝廷の勅許を得ようとした。しかるに勅許は得られなかった。

大きな衝撃を受けた幕府では、四月、井伊直弼《いいなおすけ》が大老に就任し、勅許を得ずに通商条約に調印し、これに反対する一橋派などに対し、激しい弾圧を開始した。安政の大獄である。

このように、京都を震源地とする大きな政治的動乱が始まりかけていた。しかし諭吉が政治に強い関心を持った証拠はない。ただ漠然とした開国派であったに過ぎなかった。

第三章
アメリカに行く

万延元年（1860）サンフランシスコで写真館の少女と一緒に（慶應義塾提供）

江戸に出る

こうして緒方塾で学んでいるうち、福沢の名は世間に知られるようになってきた。安政五年（一八五八）秋、中津藩の命により、江戸に出ることとなった。中津藩では江戸で蘭学を教えるものを求めており、まったく人がいなかったわけではないが、自藩の中にいるなら連れて来いということになったのだろう。

福沢は藩命だから受けるという人間ではない。これに従ったのは、一つの転機だと自分でも考えたからではないだろうか。適塾での学問では一通りのところには到達していたし、適塾に所蔵されている本の数も多くはなかった。嘉永六年（一八五三）にペリーが来航して以来、江戸でどのような変化が起こっているか、興味がないはずがなかった。中津藩からしかるべき待遇を受ければ、母と会うこともできるはずだった。福沢は、緒方塾は天下第一の塾だから江戸には学びに行くのではない、教えに行くのだと言っていた。実際のところ、日本の中心で何が起こっているか、知りたかったであろう。

福沢は一度中津に帰り、母に会ってから江戸に向かった。しかるべき従者を連れていく費用ももらったので、緒方塾の岡本周吉（のちの古川節蔵・正雄）をつれていった。途中、近江で亡き父の親友であった中村栗園に会うこともできた。栗園は大変喜んで、父が亡くなった時にただちにかけつけたこと、その後一家が大阪を離れて中津に向かった時には当時三歳の福沢を船まで抱いていったことなどを話し、福沢も「実にほんとうの親に出会うたような心持」で、一泊させてもらった。

江戸についたのは十月中旬のことであった。町に入ったところ、小僧がのこぎりの目立てをしているのを見て、それが難しいことを知っていた福沢は、江戸の文明の進歩に大いに感心した。やはり江戸の文化を意識していたのである。

福沢はさっそく築地鉄砲洲《てつぽうず》の中津藩中屋敷の長屋を借りて住むこととなった。そこで蘭学塾を開いた。慶応義塾の開設は、したがって、安政五年十月ということになっている。

適塾の学問に対する誇りはあったけれども、江戸の学問は気になる。あるとき、適塾の仲間で、蘭書の翻訳をしている島村という医者をたずね、あるオランダ語の解釈で難渋しているのに出会った。たしかに難しい文章だったが、半時間ほど考えた末、福沢はそれを読み解いた。『自伝』の中で福沢は、「何《なん》でもその一節は、光線と視力との関係を論じ、蠟《ろう》燭《そく》を二本点《つ》けてその灯光《あかり》をどうかすると影法師が如何《どう》とかなるという随分六《むつ》かしいところ」だったと書いている。四十年近く前のことを鮮明に覚えているのは、それだけ得意だったのだろう。島村から、これは誰に聞いても分からなかったと聞いて、大いに自信を持った。

さらに、いたずら心の旺盛な福沢は、難しくて間違えやすい文章をもって諸家をたずねることまでした。果たして間違えるものが多かった。これなら大丈夫だと、大いに得意であった。

英語学習の決意

江戸に来て半年ほどたった安政六年（一八五九）六月、日米修好通商条約が発効し、日本は貿易を始めることとなった。江戸の近くでは横浜（神奈川）が開港した。福沢はさっそく横浜に行ってみた。好奇心旺盛な福沢のことであるから、開港からまもない六月か七月のことであろう。

そこで福沢は非常な衝撃を受けた。話は一言も通じない。こちらの言うことも向こうの言うことも分からない。看板も読めないし張り紙も読めない。町にある横文字はオランダ語ではなく、知らない言葉だった、と福沢は書いている。

横浜から帰って、私は足の疲れではない、実に落胆してしまった。これはこれはどうも仕方がない、今まで数年の間、死物狂《しにものぐる》いになってオランダの書を読むことを勉強した、その勉強したものが、今は何《なん》にもならない、商売人の看板を見ても読むことが出来ない、さりとは誠に詰らぬことをしたわいと、実に落胆してしまった。

これは、おそらく『自伝』の中でももっとも有名な部分であろう。あの楽天家の福沢でも、青春を無にしてしまったかと、目の前がまっくらになったことであろう。しかし、そこからすぐ立ち直ったところが福沢らしい。あれは英語かフランス語だろう、商人の世界で幅を利かせているのだから英語だろう、今から英語を習おうと、決心したのである。

しかし英語を教えてくれる人が江戸にはほとんどいなかった。ようやく探し当てたのがオランダ通辞の森山多吉郎であった。当時同じように英語を志した人の一人、福地源一郎(桜痴《おうち》)によれば、英語を読めるのは森山、英語を話せるのは中浜万次郎、この二人しかいなかったという。

はじめ福沢は森山に教えを乞い、許しを得て、二里の道を通うこととした。しかし森山は多忙を極め、早朝でも深夜でも時間がとれない。それで諭吉は独学を決意し、横浜で入手した蘭英会話の小冊子を勉強しようと思ったが辞書がない。辞書は幕府の蕃書調所《ばんしょしらべしょ》にあると聞いたので、それを利用させてもらうために入門した。ところが辞書は持ち出し禁止とわかったので一日で断念した。

この間、横浜に出入りしている商人に蘭英対訳の辞書はないかと頼んであったが、やがて蘭英英蘭の辞書、一部二冊のものが見つかった。しかし五両というのでとても買えない。そこで中津藩江戸留守居役に嘆願して買ってもらい、独学を始めた。

しかし仲間がいないと難しい。友人を誘ってみたら、神田孝平《たかひら》（のち元老院議官、貴族院議員、男爵）はまだその気にならないといい、村田蔵六は本当に重要なものはオランダ語に翻訳されるから、それを読めばよいとして誘いに応じない。

当時村田は三十六歳で、脂の乗り切った盛りであり、江戸で鳩居堂《きゆうきよどう》という私塾を開くと同時に講武所と蕃書調所へ出仕していた。実はのちに英語を勉強したらしいので、多分、福沢の誘い方が気に入らなかったのではないかと、富田正文氏は推測している（『考証』上）。

次に誘った原田敬策は大いに乗り気だったので、二人で勉強を始めた。発音が一番難しかったが、子供や漂流帰りのものに教わって、勉強を進めた。始めてみると、まったく初めてとは違い、同じ横文字で文法もほぼ同じ、たちまち上達していった。なおこの原田はのちに原田一道《いちどう》と名乗り、その子豊吉は地質学者として成功し、またその孫熊雄は元老西《さい》園寺公望《おんじきんもち》の秘書として知られた。

咸臨丸の航海

その頃、幕府はアメリカに使節を送ることとなっていた。日米修好通商条約の批准書はワシントンで交換することになっており、そのためアメリカは軍艦を回航させ、正使副使はそれに乗っていくことになっていた。しかし幕府は遠洋航海の実地練習を兼ねて、別に日本の船を送ることとした。有名な咸臨丸《かんりんまる》がそれである。

この決定には時間がかかった。正使外国奉行新見正興《しんみまさおき》、副使外国奉行村垣範正《むらがきのりまさ》が決定したのが九月、別艦には軍艦奉行木村摂津守喜毅《よしたけ》が乗り込むことと決まったのが十一月、別艦が咸臨丸と決まったのは十二月二十三日のことで、品川出発は翌安政七年一月十三日(一八六〇年二月四日)のことであった。

福沢はぜひアメリカに行きたかった。何とか伝《つて》を探したところ、福沢が親しく交際していた蘭医の桂川甫周《ほしゅう》と木村喜毅が親しいことが分かった。桂川の夫人が木村の姉だったのである。その関係を利用して木村の従者にしてほしいと頼み込んだところ、快諾してくれた。外国に行くことなど、たいていの者は嫌がる時代だったからだと福沢は述べている。

それにしても、もし福沢が横浜に行ったのが少し遅かったり、あるいは英学への転向がもう少し遅かったりしたなら、アメリカに行くタイミングは遅くなってしまっただろう。福沢は本当に幸運だった。しかし幸運は待ち構えているものにだけ訪れるのである。

咸臨丸の航海について、福沢は誇らしげに、日本人が蒸気船を見てまだ数年のうちに、この航海を成し遂げたと書いている。しかし実は咸臨丸の航海はアメリカのキャプテン・ブルックらの献身的な努力によって可能となったものであることは、すでによく知られている。ブルックは日本人たちがいかに海になれず、臆病で、訓練ができていないか、精《くわ》しく書き綴っている。暴風雨に遭遇すると、船室に入ってしまい、これに対処するすべを知らなかったらしい。これをブルックは、「暴風の中で船室にもぐっている日本人は、砂の中に頭だけをつっこんで、全身をかくしている積りの駝鳥とよく似ている」と書いている。湾岸戦争の時、故・天谷直弘氏は、現実を直視しないで軍事行動を非難するだけの人を、「ダチョウの平和」と呼んだ。それと同じである。しかしブルックは、航海はもっぱら日本人の努力の成果であるように、事後には言いつづけた。まことに奥ゆかしい性格だったらしい。

なお咸臨丸では、木村が艦長、その次が勝海舟であった。福沢によれば、勝は船酔いがひどく、ずっと部屋に閉じこもっていた。それ以外に、木村と勝の関係が悪かった。木村は長崎海軍伝習所の監督をしたことはあるが、実際に船を動かすことは出来ない、勝はこれに不平であった。ほとんど協力せず、あるときは太平洋の真中で、もう帰るからボートを下ろせといったこともある。いずれにせよ、船中の勝の行動ははなはだひねくれていて、福沢は悪い印象を持ったに違いない。それが後年の「瘠我慢《やせがまん》の説」の伏線となったのだろう。対照的に、福沢は木村にはとても好印象を持った。なお、咸臨丸の航海については、土居良三『咸臨丸海を渡る』が詳細でバランスのとれた力作である。

サンフランシスコを見る

サンフランシスコでは至れりつくせりの歓待を受けた。アメリカによって新しい文明に導かれつつある日本人が海を渡ってくるというので、生来の親切心と保護者意識が重なって、大騒ぎとなった。そういう歓迎を受けて、日本人が愉快でないはずはなかった。

何もかも珍しいことばかりだった。馬車のようなありふれたものも、実は日本人には珍しかった。酒に氷が入っていることも珍しかった。

福沢が驚いたのは、たとえばじゅうたんだった。じゅうたんの切れ端を珍重して煙草入れに使うことはあっても、それを床中に敷き詰めてその上を靴で歩くというのは、想像を超えていた。またサンフランシスコの町には空き缶やくず鉄がごろごろしていた。その頃の江戸には火事が多かったが、その翌日には多くの人が焼け跡でやけくぎを探したものである。それほど鉄は貴重品であった。そうしたじゅうたんや鉄の例に見られるように、物量のすさまじさに福沢は肝をつぶした。同じように、物価の高さにも肝をつぶした。

一方、科学の方面ではあまり驚かなかった。電信の仕組み、様々な化学物質の作り方や変化の仕方など、すでに書物の上で知っていることが多かった。

意外だったのは社会制度の方面である。ジョージ・ワシントンの子孫はどうしているかを問うと、誰も知らないだけでなく、ほとんど興味を持っていなかった。日本でいえば源頼朝や徳川家康に匹敵するのに、そういう家柄の意識を持っていないことに大いに感心した。

福沢が買って帰ったものは、何よりもウェブスターの辞書であった。同行の中浜万次郎が、同様にウェブスターの辞書を買って帰った。これが日本にこの辞書が入った最初であるという。

使節はそのあとワシントンに向かったが、福沢たちはサンフランシスコに滞在しただけで日本に帰ることとなった。二月二十六日に到着してから一月あまり滞在し、閏《うるう》三月十九日に出帆《しゅっぱん》した。

船は四月四日ハワイに寄港して、七日、日本に向かった。船がハワイを出たあと、福沢は仲間に一枚の写真を見せた。サンフランシスコで十五歳の写真館の少女と一緒にとった写真である。みんなが真似を出来ないように、ハワイを出てから見せた。福沢は遊郭などに行ったことがないことを誇りにしており、仲間がそういう場所に出入りすることを冷ややかな目で見ていた。ところがそういう同僚が、アメリカの女性には手も足も出せないのをからかったのである。英語が少し話せたこと、体が大きかったこと、若かったこと、そして福沢の何にでも積極的な性格があって、やれたことだった。

福沢が帰国したのは五月五日だった。浦賀に上陸した際、何か変わったことはなかったかと問うと、迎えのものが大事件があったと言いかけた。福沢はそれを押し留めて、当てて見せよう、水戸の浪士が井伊家に斬り込んだというようなことではないかと、二カ月前に起こった桜田門外の変を言い当て、大いに驚かせた（ただ、これは諭吉が上陸寸前に聞き知っていて、わざと知らぬ振りをして驚かせたのかもしれないともいわれている）。

たしかに予測できないことでもなかった。安政六年（一八五九）の開港以来、金《きん》の流出、物価の騰貴は著しかった。それは、その前年に大老井伊直弼が日米修好通商条約調印を強行した結果だった。井伊に対する批判は、井伊によって弾圧された一橋派、とくに水戸藩において激しかった。それが桜田門外の変となり、攘夷の嵐はさらに吹き荒れようとしていた。

帰国した福沢のもとには、塾生も増えていた。しかし、まだ英語に十分な自信もなく、いっしょに学ぶというのに近かった。その中で、福沢は八月、『華英通語』を翻訳出版している。これはウェブスターの辞書とともに買ってきたもので、英語の単語と会話に中国文字で発音と訳語をつけたものであった。それにカタカナで日本訳と発音とを書き加えて出版したのが『増訂　華英通語』である。たとえば、Venus ヴェヌス、金星、Planet プラヌネト、行星《こうせい》、という風である。

帰国から半年たった万延元年（一八六〇）十一月、福沢は幕府の外国方に雇われることとなった。今日でいえば外務省である。二十人扶持《ぶち》手当金十五両だった。そこでは外交文書の翻訳が仕事であったが、その中にはオランダ語訳が添えてあるものも少なくない。これを訳すことが大変勉強になった。また幕府であるから参考とすべき図書も多く、これを借り出すことも出来た。教えつつ学び、働きつつ学ぶ日々であった。

その頃、福沢が携わった外交は容易なものではなかった。最初に翻訳した文書の一つは、アメリカ公使館の通訳ヒュースケンが麻布中の橋で薩摩藩士に襲われ、死亡した事件（万延元年十二月五日）をめぐるものだった。これに対し、英仏オランダ公使は江戸から横浜に引き上げる構えを見せるなど、緊張した日々が続いた。また文久元年（一八六一）五月二十八日には、水戸藩浪士によるイギリス公使館襲撃事件（第一次東禅寺事件）が起こっている。またこの間、ロシアの軍艦が海軍根拠地建設を目的に対馬に来航した対馬事件（万延二年二月三日）が起こっている。イギリスの協力を得てこれを追い払ったのは、それから半年後のことだった。

この間、幕府は公武合体を目指していた。朝廷と一体化することによって、幕府の権威を高めようとしていた。交渉がまとまって、和宮《かずのみや》が江戸に到着したのは、文久元年十一月のことだった。

おそらく外国方に雇われてまもない万延元年の暮に、福沢は築地鉄砲洲の中津藩中屋敷から芝新銭座《しばしんせんざ》の借家に転居している。そして翌文久元年の冬、藩の上士であった土岐太郎《ときたろ》八《はち》の娘、錦と結婚した。福沢は二十八歳、妻は十七歳だった。上士と下士の通婚が珍しかったことは、すでに述べた。土岐の家は二百五十石、役料五十石で、十三石二人扶持の福沢家とは大差があった。

第四章

ヨーロッパを知る

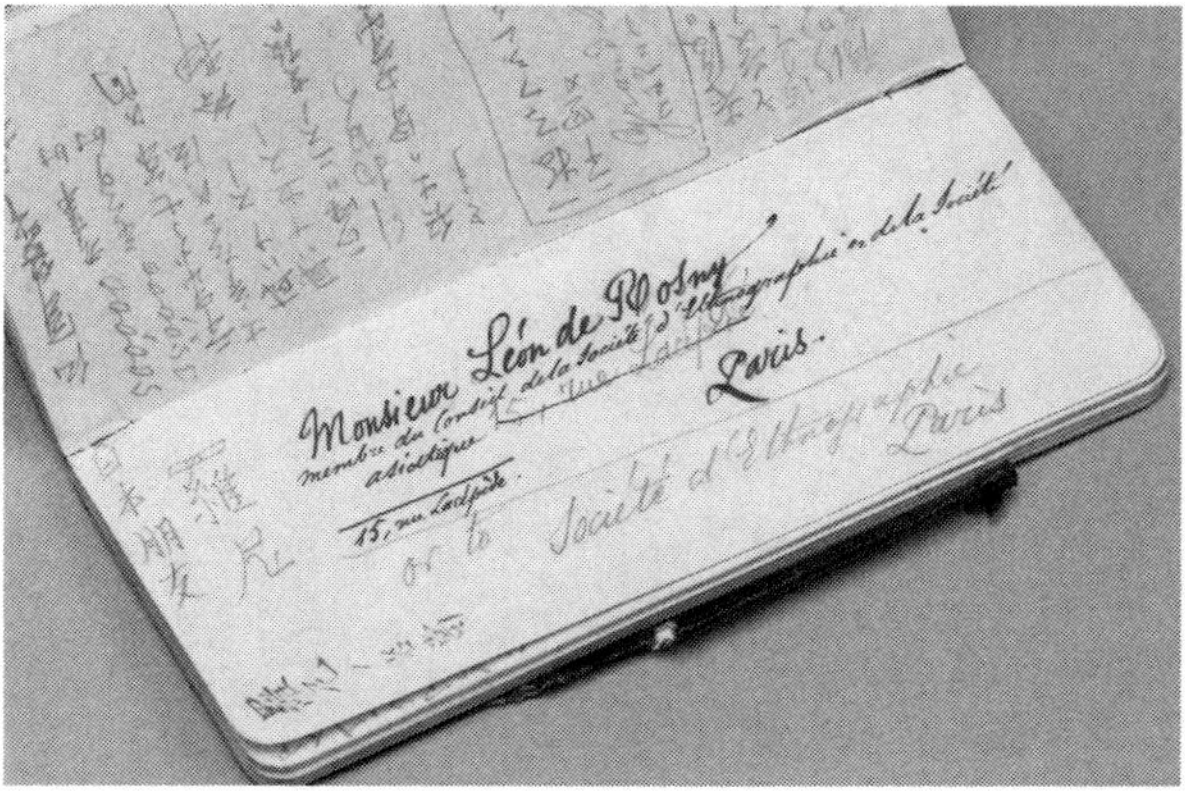

西航手帳。滞欧中、随時携帯したもの。ロニ（82−83頁参照）の名もある（慶應義塾提供）

ヨーロッパに行く

文久元年十二月二十三日（一八六二年一月二十二日）、福沢は幕府の遣欧使節団の一員として、イギリスの軍艦オーディン号に乗って、ヨーロッパに向かって品川を出帆した。帰国したのは文久二年十二月十日（一八六三年一月二十九日）のことである。

この旅行は、前回のアメリカ行きをはるかに上回るインパクトを持ったもので、福沢の西洋理解の根幹を形作ったものと言ってよい。この旅行の見聞が元になって、福沢の最初のベストセラー『西洋事情』が出来上がるのである。この旅行については、福沢が使った手帳が残っており、またのちに報告のためにまとめられた「西航記」（『全集』第十九巻所収）があって、この旅行の際の言動をたどることが出来る。またこの遣欧使節団については、その他関係者の資料も豊富に使った芳賀徹『大君の使節』という名著がある。これらによって、福沢の行動を見ていこう。

使節派遣の経緯は次の通りである。かつて安政五年（一八五八）の条約において、幕府は一定期間のうちに神奈川、長崎、箱館、新潟、兵庫の五港と、江戸、大阪の二市を開くことを約束していた。しかし江戸大阪の開市と兵庫の開港は、攘夷論の沸騰により容易なことではなかったため、何とか延期できないかと考えるようになった。また新潟についても、開港場として不適当なので他のところに変えたいと考えるようになった。その頃、幕府は公武合体論の立場から、朝廷の意を迎えることに努めており、朝廷が強い攘夷論だったため、こうした変更を模索したわけである。

この方針を幕府が英仏米蘭露の五カ国に要請したところ、もちろん容易に同意は得られなかった。しかし英仏公使から、ヨーロッパを訪問して直接交渉してはどうか、その資金はヨーロッパ諸国が負担しよう、という案が出された。そこには、対日外交におけるアメリカのイニシアティブを奪回しようという意図があった。

幕府はこの案を受け入れ、二都二港の開市開港延期要請のための特使を派遣することとなった。一行は竹内下野守保徳《しもつけのかみやすのり》を正使、松平石見守康直《いわみのかみやすなお》（のち康英）を副使、京極能登守高朗《たかあき》を監察とする三十六名（のちに二名が合流して三十八名）で、福沢は箕作秋坪《みつくりしゅうへい》と松木弘安（のち寺島宗則）という二人の親しい洋学者とともに通訳（あるいは翻訳官）として一行に加わった。もう少しランクの上のところには福地源一郎がいて、この四人が本格的な洋学派といってよいだろう。その他、万延元年の遣米使節参加者が六名いるなど、ベストとは言えないまでも、かなり充実した顔ぶれだった。

福沢の参加は、当初の予定にはなく、出発直前の十二月二十日に決まったという。福沢は、アメリカから帰って、まだ一年半であった。前回は木村摂津守の従者だったのに比べ、今回は幕臣として命を受けての渡航であり、支度金四百両まで与えられた。しかも途中はすべて公費なのでさしたる金はいらないし、福沢は贅沢には無縁の人間だったので、ずいぶん余裕のある旅だった。

五年前、福沢は父の負債四十両を返済するために家財すべてを売り払わなければならなかった。そのとき、奥平壱岐をだまして必死で筆写した築城書は二十三両だった。二年前、英語の勉強を始めたとき、ようやく見つけた小さな辞書は五両だったが、とても買うことは出来ず、中津藩に頼んで買ってもらった。こうしたことを思い出すと感無量だったに違いない。

その四百両の中から福沢は百両を母に送っている。母には、三年前に江戸に出るとき会いに行ったきりだった。アメリカから帰って一度も会わないまま、また海外に出ることは、さすがに心苦しかった。母の愛情と苦労に報いるため、そして何よりも、これほどの地位に上ったことを知らせたい思いも強かったであろう。

なおそのとき、福沢はこの百両とともに、サンフランシスコで少女と一緒にとった例の写真を送った。それは中津で大評判となり、見物客が絶えなかった。当時中津で勉学中だった、のちの外務大臣青木周蔵も、師に連れられてこの写真と百両を見に行き、すっかり感心して洋学志望になったという。たしかに大きなインパクトを持ったことは推測に難くない。

古代文明の没落

一行が乗ったオーディン号はイギリスの東インドシナ艦隊に属する優秀なフリゲート艦で、外輪二個、二千トン、大砲十六門、乗組員は三百人あまりというものであった。この使節のため香港でわざわざ内部改造をして、さらに江戸に着いてからも日本の職人を雇って日本風の壁紙を張り、畳を敷き、引き戸をつけるなど、日本座敷風に仕立ててあった。さきの遣米使節におけるアメリカの待遇をしのごうという意図があった。

十二月二十三日江戸をたった一行は、二十九日に長崎に到着した。この間、かなり海は荒れて、日本人はみな弱った。この中で平然と行動する西洋人に圧倒された。

長崎で福沢は、かつて世話になった山本物次郎の家に立ち寄った。長与専斎などの二十名あまりの旧友にも会った。山本先生がもてなしてくれたとき、福沢は、前に長崎にいたときは死んだ気になって禁酒を貫いたが、実は大酒のみであると白状して、飲みに飲んで、山本夫妻を驚かせた。

文久二年元旦（一八六二年一月三十一日）に長崎をたった一行は、一月六日に香港に到着した。香港は言うまでもなくアヘン戦争の結果、一八四二年の南京条約によってイギリスに割譲されたもので、それまでは不毛の荒島、海賊の根拠地くらいに考えられていたのが、目覚ましく発展し、それまで貿易の中心だった広東の地位を脅かし始めていた。そしてアロー号戦争の結果、一八六〇年の北京条約によって、イギリスはさらに香港の対岸の九竜を獲得していた。

ここで福沢は印象に残る経験をしている。一行の軍艦には清国人の小商人がやってきて、乗客にしきりに靴を売りつけようとしていた。福沢が退屈紛れにわざと値段の押し問答をしていると、そばにいたイギリス人が、商人がずるいことをしていると思ったのか、いきなり靴を奪い取り、福沢に二ドルほど出させ、これを商人に投げ与え、物も言わずにステッキをふるって船から追い出してしまった。これには福沢も驚いて、イギリスの勢力と清国の無力を改めて痛感するとともに、これほどの力を持てばさぞ愉快だろうと感じたという。福沢はこのエピソードを後年にも繰り返し書いているから、よほど強い印象を受けたのだろう。

香港には一週間滞在した。当時、アメリカでは南北戦争が戦われており、イギリスは南軍に好意的だったので、時々北軍の軍艦とトラブルを起こすことがあった。それで近くのアメリカの船の動きを見ていたのである。

福沢は香港に到着してすぐに、ロンドンの新聞を買ってきてその事実を知った。一月十日の「西航記」には、「去年来合衆国内乱あり。部内南北に分れ、南部頻《しき》りに利を失い、由って救いを英国に乞わんことを謀《はか》る」とあり、さらに、たまたまイギリスの船が停泊していたので、南軍はその船によってイギリスに使者を送ろうとしたが、北軍がこれを察知して船を押さえ、使者をとらえた、それを聞いたイギリス政府は強く抗議し、アメリカ大統領が謝罪して、一応落着した。しかし、まだ予断は許さないので、準備はできたがもう少し停泊する、と書かれている。結局オーディン号は一週間様子を見て十二日に出航した。それも、いざとなれば戦う準備をしてであった。

こういう情報を、日本人のなかで真っ先にキャッチしたのは福沢だった。それにしても、つい二年前に咸臨丸で大歓迎を受けたアメリカが二つに分かれて争い、それにイギリスが関係するかも知れないという事態を、福沢はどう受け止めたのだろう。彼の愛読した『左伝』さながらの弱肉強食の社会が現出していると考えたであろうか。

次に一行はシンガポールに到着した。十九日のことであった。そこで音吉に会っている。音吉はもと尾張の船乗りで、天保三年（一八三二）に難破してカリフォルニアに漂着し、日本に帰れないままイギリス国籍を得て上海に住んでいた。そしてシンガポールの女性と結婚して三人の子供もあったが、このときはシンガポールに来ていた。音吉はかつてイギリス船で長崎を訪問したが、上陸できずに引き返したことがあった。それは福沢が山本の家にいたときであった。

福沢が音吉の数奇な運命に深い関心を持った様子はない（春名徹『にっぽん音吉漂流記』）。しかし、音吉が語る太平天国の乱の話には深い興味を持った。それによれば太平天国の乱はますます盛強で、北京の周辺も大被害を受け、上海も包囲されている。その中で、「英仏の兵は上海に屯《たむろ》して両端を持し、敢えて賊兵を撃たず、また北京をも救わず」(「西航記」)と述べている。もう清国の運命は長くないと福沢は思ったのではないだろうか。

一月二十日シンガポールをたった一行は、二十七日から二月一日までセイロンの二つの港に立ち寄り、二月十二日、アデンに寄港、二十日にスエズに着いた。二十一日、汽車に乗ってカイロに着いた。前年サンフランシスコに行ったときには、まだ鉄道は走っていなかったので、福沢にとっては初めての汽車であった。カイロについては、「人口五十万、貧人多く市街繁盛ならず。人物頑陋怠惰、生業を勉めず。法律もまた極めて厳酷なり」「数千年の旧都府なるが故に、往々盛大の古跡あり。然れども当今は皆零落して見るに足らず」(「西航記」)と書いている。

こうした感慨は、幕末維新期にヨーロッパに渡った日本人が多かれ少なかれ持ったものだった。かつての偉大な文明が今やイギリス、フランスの前に完全に屈服している。日本はそうではないし、そうなってはならないと、多くの日本人は決意したのである。

二月二十四日、一行はカイロからアレクサンドリアに行き、二十五日同地を発して地中海に入り、二十八日から三月二日までマルタに滞在したのち、五日、マルセイユに上陸した。地中海第一の港であり、多いときは千四百ないし千五百隻の商船が入るとある。

三月七日、マルセイユを発ってリヨンに向かい、二泊して九日リヨンを発ち、パリに着いた。途中の風景は美しく、すべて耕されていることに、福沢も感心している。
以下、帰国までの日程を簡単に記しておこう。

三月五日〜七日、マルセイユ
三月七日〜九日、リヨン
三月九日〜四月一日、パリ
四月二日〜五月十五日、ロンドン
五月十七日〜六月二十一日、オランダ各地
六月二十二日〜七月十日、ベルリン
七月十四日〜八月二十四日、ペテルスブルグ
八月二十九日〜閏《うるう》八月十二日、パリ
閏八月二十三日〜九月三日、リスボン
九月二十六日〜二十七日、アレクサンドリア
九月二十八日、カイロ〜スエズ
十月七日〜十二日、アデン
十月二十六日〜十一月一日、ゴール（セイロン）
十一月九日〜十五日、シンガポール

十一月十八日〜十九日、サンジャック（ベトナム）
十一月二十五日〜十二月一日、香港
十二月十日、品川着

さて、このときの一行ははなはだ大げさなもので、ヨーロッパでは食料に不自由するに違いないと考えて、白米を箱詰にして数百箱を用意し、いかなる暑さにも耐えられるといわれる武田信玄以来の秘伝の甲州流軍用味噌を持参した。また、廊下にともす金行灯《かなあんどん》（二尺四方もある鉄網づくりの行灯）を数十台、その他、ちょうちん、手燭《てしょく》、ぼんぼり、ろうそくなど一切を取り揃え、要するに大名行列そのままであった。

しかしヨーロッパの宿泊事情はまったく違っていた。大人数だから供の者も近所に泊めてほしいといったら、この程度の一行なら、十組や二十組はお泊めします、という。たしかにホテルは千人ほども泊まれるホテルだった。しかもホテルの中は明るく暖かく、食堂にはいかなる攘夷派も拒み得ないような山海の珍味があふれている。要するに行灯も米も何もいらなかった。例の味噌は、香港を出てまもなく耐え難い悪臭を放ちはじめ、ベトナムの沖で棄てていた。

ヨーロッパで、多くの珍談奇談があったのは当然だろう。使節の殿様一人がトイレに行った時には、奥で用を足す間、家来が袴をつけて刀を持ち、ドアを開け放ったままで入り口で番をしていた。その前の廊下は明るく、他の客が往来していた。肝をつぶした福沢はただちに扉を閉めて注意した。

この旅行の本来の目的は、開市開港の無期延期であった。その交渉はロンドンで行われたが、それはかなわず、五年延期となった。しかも日本側はそのかわりに、輸入関税率の引き下げなど、実に大きな代償を支払わなければならなかった。

もう一つの目的はロシアとの樺太における国境線の確定であった。それまでは樺太は日露共有、千島は択捉島《えとろふ》以南が日本、ウルップ島以北がロシアということであった。幕府は北緯五〇度の線で分割を希望したのに対し、ロシアは四八度といい、一時はそれでまとまりかけたのであるが、目付の京極能登守が強く反対して流れてしまった。たしかに幕府の命令は五〇度であったが、当時の日露の実力から見れば、四八度線でまとめるのが上策だったに違いない。しかし京極は委任の範囲を出るべきでないと判断し、官僚主義的対応によって、決着はできなかった。

社会制度への関心

このように公式の目的においては、さしたる成果はなかったが、一行がヨーロッパ文明を見たこと自体が最大の成果だった。彼らの観察は、のちの岩倉使節団には及ばないにしても、はなはだ鋭く、また意欲に満ちたものだった。

なかでも通訳の三人、福沢、松木、箕作は積極的に多くのものを見て歩いた。もっとも、彼らはがんらい洋学派として警戒されており、自由な行動は難しかった。それに上司の仕事もあり、また報告書も作らねばならず、はなはだ多忙であった。

旅行中福沢がとくに興味を持って書き留めたのは様々な社会制度についてであった。専売、病院、鉄道、ガス、電信、博覧会、「盲唖院《もうあいん》」、「養癲院《ようてんいん》」、トンネル。また、軍隊については、武器だけではなく、徴兵令とは何か、なぜフランスにはあってイギリスにはないのか、などについて、福沢は強い関心を持った。

こういうことに興味を持ったのは、もちろん福沢だけではなかった。しかし、たとえば鉄道については、多くの日本人が機関車の速度に驚嘆しているが、福沢はパリからマルセイユまでの距離、敷設する費用、その資金は政府が出すのか人民の商社が出すのか、貨物と乗客の運賃はどれほどかなど、主として経済的制度的側面に興味を持ち、フランスとイギリスではどう違うかなどにも関心を持った。のちに述べるとおり、福沢は鉄道の建設を強く主張するが、その素地はこのころすでにあったというべきである。

苦手なこともあった。腎臓結石の手術を見ているうちに気が遠くなってしまった。目の手術のときには、眼球にメスが入る直前に逃げ出してしまった。こういうことはまるでだらしがないと、福沢のユーモアは自分にも向けられている。

とくに理解が難しかったのは選挙と議会の制度だった。

「党派には保守党と自由党と徒党のようなものがあって、双方負けず劣らず鎬《しのぎ》を削《けず》って争うているという。何《なん》のことだ、太平無事の天下に政治上の喧嘩をしているという。サアわからない。コリャ大変なことだ、何をしているのか知らん。少しも考えの付こう筈がない。あの人とこの人とは敵だなんというて、同じテーブルで酒を飲んで飯を食っている。少しもわからない。ソレが略《ほぼ》わかるようになろうというまでには骨の折れた話で、その謂《いわ》れ因縁が少しずつわかるようになって来て、入り組んだ事柄になると五日も十日も掛かって、ヤット胸に落ちるというような訳けで、ソレが今度洋行の利益でした」(『自伝』)と述べている。日本では三人以上何か内々申し合わせると、もう徒党といって禁制だった(「福沢全集緒言」)から、無理はなかった。

福沢の西洋理解が本格的になったのは、以上の政治理解を含め、イギリスにいたときであった。そして西洋文明導入の覚悟を本格的に固めたのもその頃であった。

ロンドンから福沢は四月十一日、同郷の友人で開明派の同志でもある島津祐太郎《すけたろう》(のち復生《ふくせい》)に書簡を送っている。

その中でまず、それまでの旅行の意義と成果について述べている。「小生義も今般は幸に西航の員に加わり、再び得るべからざるの好機会、右に付き旅行中、学術研究は勿論、その他欧羅巴《ヨーロッパ》諸州の事情風習も探索致すべき心得にて、已《すで》に仏英両国にても諸方に知己を求め、国の制度、海陸軍の規則、貢税《こうぜい》の取立方等聞き糺《ただ》し、一見瞭然と申すには参りがたく候えども、此《これ》まで書物にて取り調べ候とは百聞は一見に若《し》かずの訳にて、大いに益を得候事も多く御座候」。相当にいろいろなことが理解できたと、感じ始めていたのであろう。

そうすると、日本の将来に思いは移らざるをえない。「本邦も此までの御制度は拠《よ》んどころなきも、御変革これなくては相済みまじく、左候節は、諸藩もその分に随い、夫々《それぞれ》改制これあるは必然の義」である、その方法としては、さしあたり良い本を大量に入手することである。そのため、すでにロンドンでかなりの英書を購入したが、オランダでさらに買い求めるつもりである、「江戸にて頂戴仕り候御手当金は残らず書物相調《あいととのえ》、玩物《がんぶつ》一品も持帰《もちかえ》らざる覚悟に御座候」と述べている。

この手紙の最後に、福沢は、全体の感想と決意として、「先ず当今の急務は富国強兵に御座候。富国強兵の本《もと》は人物を養育すること専務に存じ候」と述べている。これまでどこか福沢には傍観者的なところがあった。しかし、日本の運命を傍観していることは出来ないと、感じるようになったのである。

ロンドンで印象的だったことの一つは、あるイギリス人が駐日公使のオールコックを批判して議会に提出した建言書だった。それは、オールコックは日本に対し、あたかも武力で征服した国に臨むような態度をとり、神聖な寺院に馬を乗り入れるなど、現地の慣習をまったく無視した行動をしている、こういうことは許されるべきではないと、厳しく批判したものだった。福沢は大いに感心した。「私はこの建言書を見て大いに胸が下がった。なるほど世界は鬼ばかりではない、これまで外国政府の仕振《しぶ》りを見れば、日本の弱身《よわみ》に付け込み日本人の不文殺伐《ふぶんさつばつ》なるに乗じて無理難題を仕掛けて真実困っていたが、その本国に来て見ればおのずから公明正大、優しき人もあるものだと思って、ますます平生の主義たる開国一偏の説を堅固にしたことがある」と福沢は書いている。

オランダで一行はあたかも第二の故郷のような印象を持った。小さな国土、勤勉な国民、よく手入れされた国土に、親しみを持った。しかしその一方、オランダの実力の限界をはっきりと確認したのであった。フランスやイギリスを見たあとでは、オランダははなはだ見劣りがした。とくに珍しいものはなかった。ここに日本人洋学者のオランダ離れは決定的になったといってよいだろう（芳賀前掲書）。

ドイツではケルンでシーボルトの夫人と子供に会っている。当時、シーボルトは日本に行っていた。ベルリンでは国王に会い、オペラと演劇で歓迎攻めにあったが、言葉がわからないので、それほど面白くはなかった。フランスとイギリスを見たあとでは、ドイツで格別印象に残ることは少なかったのだろう。十年後の岩倉使節団はドイツに強い印象を受けているが、その十年間は、ドイツが著しく発展した十年だった。

ロシアのペテルスブルグでは特別の帝室迎賓館に泊められた。部屋に入ると、驚いたことに、すべてが日本風に準備されていた。刀掛け、文房具、食器、煙草、風呂では糠袋、枕、白木の箸で日本料理という具合だった。ロシアにはヤマトフという日本人がいることが分かっていた。この準備はヤマトフがしたものであった。

ヤマトフとは、元掛川藩士、立花粂蔵《くめぞう》というもので、若い頃罪を得て仏門に入り、橘耕斎と名乗り、諸国を遍歴して伊豆にいたとき、ロシアの軍艦が難破したのに遭遇した。そして艦長プチャーチンと懇意となり、プチャーチンの帰国に同行して密出国したのであった。このヤマトフというものがいることは、日本側も知っていたし、彼がこの準備をしたこともわかっていた。しかしこのヤマトフは、結局一度も一行の前に姿をあらわすことはなかった。

さらにロシア側から、福沢に対して接触があった。福沢の有能を見込んで、小さな日本を出てロシアにとどまらないかという誘いであった。ドイツ人を始め、オランダ人、イギリス人など、ロシアには外国人で働いているものがたくさんいる。おまえさえその気になれば簡単だと、勧誘は数度に及んだ。福沢はロシアは気味の悪い国だと思ったが、同時にその柔軟さと気宇の壮大さに感心したに違いない。なお、この件は、福沢もうっかり他人に話すわけにはいかなかった。この件を公にしたのは、実に『自伝』を書いたときだった。

旅行中、福沢が親交を結んだ人物の一人はレオン・ド・ロニであった。ロニは最初中国語を学び、ついで日本語を学んだ人物で、日本に強い興味を持っていた。パリで福沢と頻繁に会い、その後オランダ滞在中にはハーグにやってきて二十日ほど留まり、一度パリに帰ったがまた日本人一行を追ってベルリンに来たところ、すでにベルリンをたった後だったので、ペテルスブルグまでやってきたという熱心な人物だった。ロニの日本語はまだたどたどしかったが、福沢は実に多くをロニから学んでいる。

なおロンドンでは、清国の留学生、唐学塤《とうがくけん》と知り合った。唐は三年前からロンドンに来ている私費留学生だった。福沢が清国で横文字を解するものはどれくらいいるかとたずねると、唐は十数人と答え、福沢を驚愕させた。日本なら百千の単位で数えることが出来るのに、日本より古くから西洋と交際している清国でかくも洋学が遅れていることに、福沢は強い衝撃を受けたのである。のちに様々なところでこのエピソードを繰り返していることから、その衝撃の強さがわかるであろう。

ところで、ペテルスブルグからパリに戻った頃から急にフランス政府の態度が冷淡になった。一八六二年六月二十六日（文久二年五月二十九日）に起こった第二次東禅寺事件（『自伝』には生麦《なまむぎ》事件のせいだと書いてあるが、これは福沢の記憶のあやまり）、すなわちイギリス公使館第二次襲撃事件が伝えられたからである。

帰りにロシュフォールで船に乗るときは、途中を千名あまりの兵が警護する振りをして威嚇を加えた。「西航記」には「車より下り船に乗るまでの路十町余、この間盛んに護衛の兵卒千余人を列せり。敬礼を表するに似て或は威を示すなり」とある。晩年、明治三十一年の三田における演説会において、福沢は「西航記」を引っ張りだしてきて、この話を繰り返しているから、よほど印象に強い事件だったのだろう。

西洋文明導入の決意

ヨーロッパ体験をまとめると、次のようなことが重要であろう。第一に福沢は、世界は弱肉強食だという感を深くしたに違いない。太平天国の乱、南北戦争、古代文明の悲惨、英、仏、プロシャ、ロシアの発展など、世界は激しい競争の中にあり、油断するとたちまち没落する運命が待っていると感じたことであろう。他方で、イギリスでのオールコック批判のように、文明に対する信頼がいっそう深まった面もあった。

第二に、その間の日本における攘夷の動きは懸念に堪えなかった。「これは迚《とて》も仕様《しよう》がない、一切万事便《たよ》るところなし、日本の不文不明の奴らが殻威張《からいば》りして攘夷論が盛んになればなるほど、日本の国力は段々弱くなるだけの話で、しまいには如何《どう》いうようになり果てるだろうかと思って、実に情けなくなりました」と述べている。

第三に、国際関係の複雑さは印象的だった。ヨーロッパ諸国の態度は極めて友好的であり、親切だった。しかし、こと外交権益のことになると、話は別であった。ところが他方、国家の対立の裏側で、様々な交流があることも印象的だった。漂流して日本に戻れなかった音吉、ロシアに行ったヤマトフ、日本に強烈な関心を持つロニ、福沢を誘ったロシアについて、そういうことを感じたに違いない。

このように、ヨーロッパ旅行は、福沢に西洋文明に対する理解を深めさせたのみならず、国際関係の複雑さと厳しさとについて、認識を深めさせたのであった。

日本をとにかく富国強兵に導かなければ、そのために西洋文明の導入を進めなければと、福沢をはじめとする洋学派は焦燥にかられた。

旅行中、福沢と松木と箕作はしばしば日本の行く末を論じ、福沢が「今日《こんにち》吾々共の思う通りを言えば、正米を年に二百俵貰うて親玉《おやだま》（将軍）の御師匠番になって、思うように文明開国の説を吹き込んで大変革をさしてみたい」というと、松木も大賛成をしたという（『自伝』一八一ページ）。ともかく、それほどの意気込みだった。

その一人、福地源一郎なども、帰国したら新知識を生かしてさぞ大きな活躍が出来るだろうと意気込んでいた。しかし、事実は正反対で、彼らが登用されることは全くなかった。このときほど失望落胆したことはないと、福地は回想している（『懐往事談』）。

彼らが重用されなかったのは、その一年間に、日本の政治が大きく転換したからであった。幕府の威信が傷つくとともに、開国攘夷をめぐる対立が血なまぐさい様相を呈するようになってきた。

まず、文久二年（一八六二）一月、福沢らが日本を離れたか離れないかのうちに、老中安藤信正が襲われて負傷した（坂下門外の変）。四月には薩摩の島津久光が兵一千を率いて上洛して、幕政改革を建議した。朝廷は久光の建議を容《い》れて勅使派遣を決定し、勅使は久光を伴って江戸に向かい、一橋慶喜、松平慶永の登用を命じた。この結果、慶喜は将軍後見職に、慶永は政事総裁職に任ぜられ、参勤交代は緩和された。幕府と朝廷との関係は一応改善されたが、その結果、幕府の威信ははなはだしく失墜した。

しかも久光の帰国途上で起こったのが、生麦事件だった。久光の行列が生麦村（現横浜市鶴見区）に差しかかったところ、イギリス人四名が騎乗のまま現れ、これを無礼として供の武士が斬りかかり、三名を殺傷した事件である。これは国内法に照らせば正しい行為であり、それが国際ルールとぶつかったのであった。しかも問題を起こしたのは世界最強のイギリスと、国内最強の薩摩であった。さらに、この間威信を上昇させていた朝廷は、強く攘夷を望んでいた。十月、朝廷は攘夷の勅旨を伝達し、十一月、幕府は勅旨の遵奉を言わざるをえなかった。福沢らが帰国したのは、そのような日本だったのである。

第五章
『西洋事情』

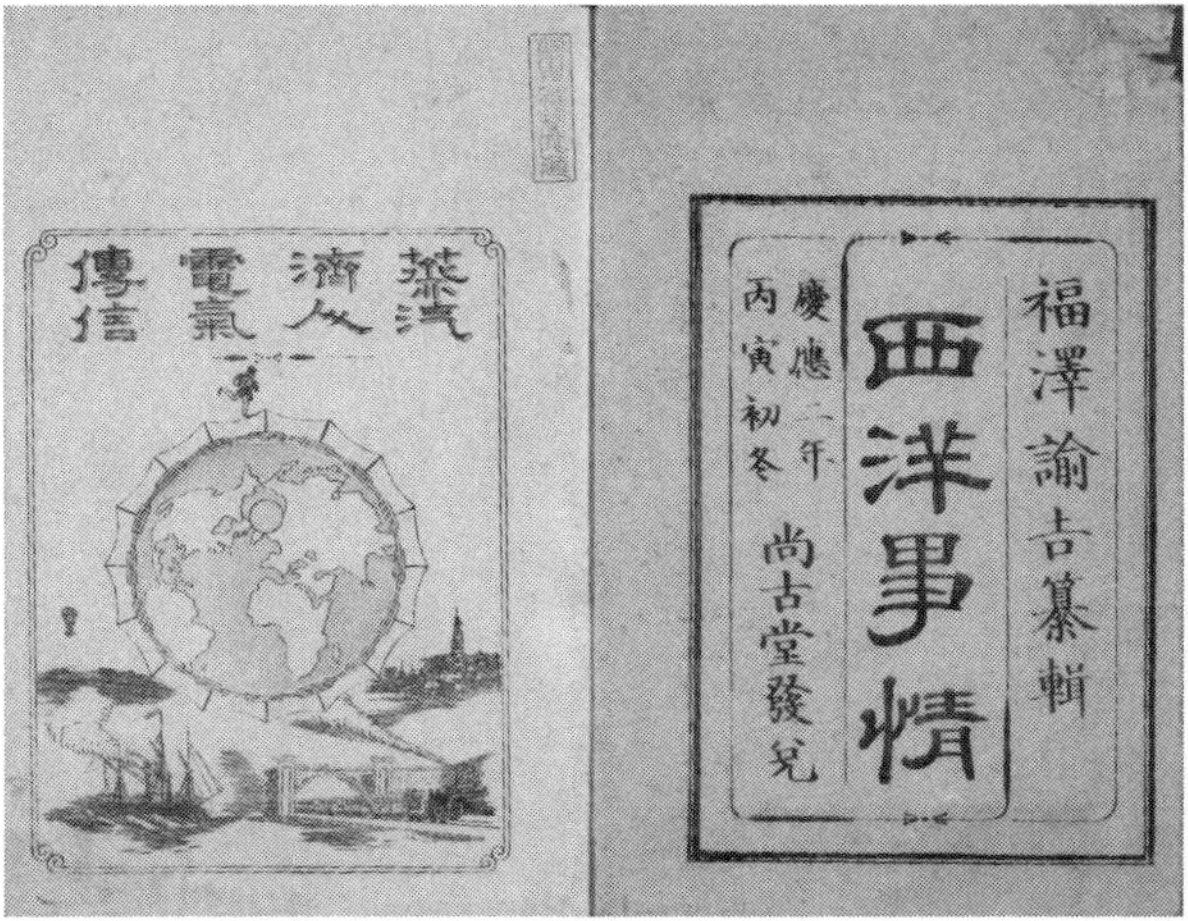

『西洋事情』初編（慶應義塾提供）

攘夷の嵐

帰国後の日本では攘夷の嵐が吹き荒れていた。それまでにも攘夷論はあったが、大阪時代はもちろん、江戸に出ても、それからアメリカから帰ったあとも、福沢が身の危険を感じたことはなかった。しかし、文久三年（一八六三）には、貿易商人が襲われたり、同僚の洋学者が襲われるという事態が生じていた。

福沢も用心を重ねた。見知らぬ来客にうかとは会えなかった。ある日、下女が未知の来客の訪問を告げ、名を尋ねると、会えば分かるといって言おうとしない。人相風体をたずねると、大きな男で、目が片目で、長い刀をさしているという。恐る恐るのぞき見ると旧知の友人だった。「この馬鹿野郎、貴様は何《なん》だ、なぜ名を言ってくれんか、乃公《おれ》は怖くてたまらなかった」と言って、大笑いになった。

また夜の独り歩きは不安だった。なるべく夜の外出は避けていたが、あるとき独りで遅くなり、夜道で向こうから男が歩いてくる、逃げる場所もない、弱みを見せればかえって危ないから、道路の左側を歩いていたのを、わざと突き当たるように真中に寄ったら、相手も真中に寄る、これは大変だ、いざとなれば多少は居合の心得もあるから、斬るしかないと覚悟して、すれ違ったところ、相手も抜かず、こちらも抜かない、その瞬間に全力で逃げ出して、刀の届かぬところまで、五、六間も行って振り返ると、向こうも必死で逃げていた。相手も同じようにおびえていたのである。このエピソードは、文久三年の一、二月のことらしい。

福沢の帰国後の最初の仕事は、皮肉にも、生麦事件の処理であった。イギリスは幕府から十万ポンド、薩摩藩から二万五千ポンドの賠償金を取り、また犯人を処刑するよう要求し、二十日以内の返答を求めた。その要求が来たのが文久三年二月十九日だった。福沢はその翻訳のために夜中呼び出され、夜明けまで翻訳をした。ところがそれより前、二月十三日には将軍家茂《いえもち》は京に向けて江戸を出発してしまっていた。そのうちイギリスの要求に対する回答期限がやってきた。もう少し待ってくれ、いや待てないという押し問答が繰り返された。老中の中には病気と称して休むものが出てきて、まことに無責任な状態だった。

福沢もいよいよ戦争になるかも知れないと覚悟を決めた。そして米と味噌が必要だと思い、米三十俵を買って米屋に預け、味噌一樽を買って納屋に置いてあった。しかし、事態がいよいよ切迫すると、大量の米や味噌を持ち運ぶわけにもいかず、無用なことをしたとみなで笑いあった。他方、現金はあったので、妻と学生数人で分けて持っていた。いよいよ明日か明後日には戦争というときになって、五月九日、唐津藩の老中小笠原壱岐守《いきのかみ》が独断で即刻賠償金を払い、戦争の危機は回避された。

その結果、局面はイギリス対薩摩ということになり、イギリス艦隊は薩摩に赴き、七月二日、薩英戦争が始まった。よく知られているように、薩摩はイギリスの油断をついて善戦し、イギリスは将校に死者を出し、錨《いかり》を奪われて逃げる局面もあった。しかし全体として薩摩はイギリスの敵ではなかった。

この間、福沢の親友であった松木弘安は戦争に巻き込まれてイギリスに捕えられた。その後、とくに薩摩藩の仲間から、夷狄《いてき》の捕虜になった奴というので殺される危険があり、身を隠さなければならなくなった。一年余り潜伏して、ようやく福沢と会う場面が、印象的に『自伝』に描かれている。

生麦事件に対するイギリスの要求は、きわめて強引で、アメリカ公使でさえも、幕府が屈服しないことを期待したほどだった。しかし、フランス公使はイギリスの強硬姿勢に便乗する有様で、幕府の譲歩は止むをえなかったかもしれない。福沢もイギリスのやり方に大いに不満だった。一私人の殺害で大層な要求をして、十二万五千ポンドも取ってしまったことに、「吾々日本人は今日に至るまでも不平である」(『自伝』)と述べている。

しかし、イギリスから見ると、展望もなくただ回答を遅らせ、責任者が突然病気を口実に不在になったりする幕府外交も困ったものであった。それに比べ、戦争までいったが、薩摩藩の動きは迅速であり、薩英戦争に負けた直後に、イギリスから武器を買いたいと申し出るほど率直であった。生麦事件後の外交交渉と薩英戦争において、イギリスはそれまでの幕府だけを相手とする対日外交から、薩摩を重視する方向へと転換し始める。その事情は、この生麦事件をめぐる外交交渉から通訳としてイギリス外交の一員に加わった慧眼の観察者、アーネスト・サトウの『一外交官の見た明治維新』や、萩原延壽《はぎわらのぶとし》『遠い崖――アーネスト・サトウ日記抄』に精しく書かれている。

ところで、この間の交渉について、福沢は帰宅してから記憶に基づいて記録していた。しかし、もしそれがもれれば大変なことになるはずだった。実際、ある知人は家族に宛てた手紙を盗まれ、その中で、「明君賢相」が出て事態を解決してほしいと書いてあったことを咎められ、これは公方様を誹謗して謀反《むほん》を企てるものであるという理由で、切腹させられてしまった。それで、福沢も恐ろしくなって手元の文書を焼いてしまったが、かつて写しを他人に見せたことがあり、気が気でなかったという。

薩英戦争より前、文久三年四月二十日（一八六三年六月六日）、幕府は朝廷の圧力で同年五月十日（六月二十五日）を攘夷期限と定めていた。幕府は本気で外国人を追い払うつもりはなかったが、長州藩は五月十日以後、下関で欧米の船に対して砲撃を仕掛けた。

その翌月の六月十日、緒方洪庵が急逝した。洪庵はがんらい気の進まぬ仕事についていた。二、三日前に訪問したばかりなのに、急な吐血の報に驚いて、福沢は芝新銭座から下谷《したや》まで走りつづけて駆けつけたが、間に合わなかった。

その夜は数十人の門人がかけつけて、そのまま通夜になった。そこで福沢は先輩の塾頭であった村田蔵六にあった。「ドウダエ馬関（下関）では大変なことをやったじゃないか。何をするのか気違い共が、あきれ返った話じゃないか」（『自伝』）と話し掛けた。すると村田は欧米の横暴は許せない、長州は全員が死んでも攘夷だと言い放ち、福沢を驚愕させた。

無謀の攘夷がさらに国を弱らせると、かねて福沢は懸念していた。それは、生麦事件の処理をめぐる交渉でも痛感した。しかし欧米の横暴を腹にすえかねていたのは村田と同様だった。

二人の対立は、両者の立場の違いを反映したもので、のちに「瘠我慢《やせがまん》の説」を説く福沢と村田がそれほど違っていたとは思えないのである。ただ、福沢は欧米に対する不満を託すべき政府を持ち得ないでいた。

『西洋事情』の刊行

こうした攘夷の嵐の中で、福沢は教育に力を入れ始めた。文久三年の春頃、蘭学から英学に切り替え、本格的な塾経営に乗り出した。福沢自身が書いた明治十六年の『慶応義塾紀事』の「履歴之事」には、本塾は安政五年の冬に始まったが、移動も多く規模も小さく、記すべきものはない、「一切の記事は文久三年正月より起こりて……」と書いている。慶応義塾の本格的な開始は、この時点である。

元治元年（一八六四）三月には、福沢は久しぶりに郷里に帰った。母と会ったのは六年ぶりだった。滞在は二カ月に及んだが、目的の一つは有為の若者を伴うことであり、小幡《おばた》篤次郎《とくじろう》ら六人を伴って、六月二十六日に帰京している。

それでも塾はそれほど整備されていたわけではなかった。とくにテキストが乏しかった。これが改善されるのは二度目のアメリカ旅行より帰国してからである。

さらに元治元年十月、幕府に召し抱えられ、外国奉行支配調役次席翻訳御用となった。禄高百俵勤役中五十俵足高《たしだか》、手当金十五両だった。

福沢がもっとも力を入れていたのは、著作だった。ヨーロッパから帰国して以来、福沢はその記録を整理して、「西航記」というものにまとめて文久三年十二月七日、木村摂津守に示している。さらにそれを充実したものらしい「西洋事情」という写本が、少なくとも元治元年五月頃には流布していたことが分かっている。これは、刊行された『西洋事情』よりははるかに簡単で、部分的に「西航記」と同様のものである。

『西洋事情』初編三冊が刊行されたのは、慶応二年（一八六六）のことである。その後、外編三冊が明治元年（一八六八）、二編四冊が明治三年（一八七〇）に刊行されている。『西洋事情』は大ベストセラーとなり、福沢の名は一挙に知られるようになった。しかし、この本は、たんなる外国紹介の本ではない。福沢いや近代日本が到達した最初の本格的西洋理解の本であり、のちの『学問のすゝめ』につながる様々な洞察が見られる重要な書物である。少し詳しく紹介したい。

この本の意図は、初編巻之一の冒頭におかれた「小引《しょういん》」に述べられている。それによれば、これまで西洋諸国の物理、地理、兵法、航海術などについては紹介がなされてきた。しかし各国の政治、風俗を知らなくては、そうした学芸が国家経営の大本とどう関係しているかは分からない。それでは実用にならないし、かえって有害かもしれない。それゆえ、各国の政治、風俗を紹介するのがこの本のねらいである。そのためには、歴史を読むのが一番だが、学術の吸収に忙しくて、顧みるものが少ないのが現状である。それで自分は欧米の地理、歴史の本数冊を読み、地理、政治、軍事、財政の四項目にわたって、紹介しようとするものである、と。

「小引」に続き、初編巻之一には、「備考」が置かれている。「備考」は、一・政治、二・収税法、三・国債、四・紙幣、五・商人会社、六・外国交際、七・兵制、八・文学技術、九・学校、十・新聞紙、十一・文庫、十二・病院、十三・貧院、十四・唖院《あいん》、十五・盲院、十六・癲院《てんいん》、十七・痴児院《ちじいん》、十八・博物館、十九・博覧会、二十・蒸気機関、二十一・蒸気船、二十二・蒸気車、二十三・伝信機、二十四・瓦斯燈《ガスとう》、二十五・附録、の項目に分かれている（項目の数字は原著にはない。北岡が便宜のため付したものである）。

文明の政治の条件

その中でも注目すべきは「政治」の部分である。そこで福沢は、政治には、立君、貴族合議、共和政治の三種類があると述べている。また立君には二種類あって、立君独裁（デスポット）と立君定律（コンスチチューショナル・モナルキ）があると区別している。

しかも福沢はそれを機械的に区別しているだけではない。イギリスは立君であるが上院は貴族合議、下院は共和政治で、三種類をともに行っている、ロシアは一見立君独裁であるが、一人の私意で国政をもっぱらにしているわけではない、そして共和政治はときに有名無実なことがあり、一八四八年のフランスの共和政治など、法律は苛酷で立君独裁を称したオーストリアよりもはなはだしかった。共和政治で人民の代表が私なく国政を議しているのはアメリカ合衆国の右に出るものはない。福沢はこのように実態についても論じていた。

さらに、文明の政治の条件六カ条を挙げているのが興味深い。

その第一条は「自主任意」であり、「国法寛《ゆるや》かにして人を束縛せず、人々《にんにん》自からその好む所を為し、士を好むものは士となり、農を好むものは農となり、士農工商の間に少しも区別を立てず、固《もと》より門閥を論ずることなく、朝廷の位を以て人を軽蔑せず、上下貴賤各々その所を得て、毫《ごう》も他人の自由を妨げずして、天稟《てんぴん》の才力を伸べしむるを趣旨とす」としている。

そしてそこにおける貴賤の別は、公務にあたっては朝廷の位を尊ぶが、その他は四民の別なく、「字を知り理を弁じ心を労するものを君子としてこれを重んじ、文字を知らずして力役するものを小人とするのみ」と述べている。このあたりは『学問のすゝめ』の冒頭を思わせる。

なお福沢はさらに注記して、「本文、自主任意、自由の字は、我儘《わがまま》放盪にて国法をも恐れずとの義にあらず。総てその国に居り人と交りて気兼ね遠慮なく自力だけ存分のことをなすべしとの趣意なり。英語にこれを「フリードム」又は「リベルチ」という。未だ的当の訳字あらず」と述べている。これまた、『学問のすゝめ』で繰り返し述べられているもので、日本における自由概念の定着が難しいことを、その頃から言っていたのである。

文明の政治の第二条は、信教の自由である。第三条は、「技術文学を励まして新発明の路を開くこと」である。第四条は、「学校を建て人才を教育すること」である。第五条は「保任安穏」であって、法律を守らせ、通貨を安定させ、要するに民生の基礎を安定させることである。第六条は、「人民飢寒の患《うれい》なからしむること」であって、病院や貧院を設けて貧民を救うことである。

以上は今日からみても興味深い条々である。第一は自由の保障であり、第二は信仰の自由、第三は学術の振興、第四は教育の充実、第五は司法財政の整備により民生の安定を図ることであり、第六は社会福祉である。こうした政治の要点をまことに的確に把握していることに驚かざるをえない。

政治に続いて、収税法がきているのも面白い。古来、政治のポイントは税金だった。それまで日本の税金は何よりも農業収入に対するものが中心であった。それとの対比で、港《みなと》運上《うんじょう》（関税）、官許の運上（酒、煙草などに対する税金）、証印税、地税・家税等、家産税などを挙げている。その最後に、飛脚印《ひきゃくじるし》という項目があるが、これは切手のことであって、外国には飛脚屋はなく政府がやっているとして、郵便切手のことを詳しく紹介している。

三番目には国債について説明している。政府は民間資金を調達するため国債を発行し、それを償還することはあまりないが、きちんと利息は払っている、そして政府の信用が高ければ手形の価格は高く、そうでないところは低いと、的確な説明を加えている。五番目の商人会社も、やはり当時日本になじみの少なかったものであり、資本を集めて事業を行う方法を解説している。

兵制においては、西洋における軍事技術の発展の歴史を概観し、それに対応して軍事制度がいかに発展したかを述べている。これは比較的知られた事実であった。

学校のところでは、ヨーロッパ諸国が教育に力を入れている様を述べている。すでに多くの塾生を抱えている福沢はどのように感じていたのだろうか。

新聞紙については、「西人《せいじん》、新聞紙を見るを以て人間《じんかん》の一快楽事となし、これを読みて食を忘るというもまた宜《むべ》なり。凡そ海内古今の書多しと雖《いえ》ども、聞見《ぶんけん》を博くし、事情を明《あきらか》にし、世に処するの道を研究するには、新聞紙を読むに若《し》くものなし」と、その効果を極めて高く評価している。たしかに福沢はヨーロッパ旅行の途中、香港で新聞を買って南北戦争のことを知ったように、早くから新聞に関心を持っていた。福沢は新聞はロンドンとニューヨークで盛んだと述べ、とくにその規模の大きさ、報道の速さに注目し、あるとき議会が朝四時までかかったとき、議事の内容を十二時には百キロ離れた地まで届けたことがあると述べている。またその効果についても、新聞紙は国により人により「偏頗《へんぱ》」があることもある、しかしもともと官の許可を得て出版するもので、「その議論公平を趣旨とし、国の政事を是非し人物を褒貶《ほうへん》すること妨げなし」としている。つまり公平を基本としていれば、政治の是非を問い、人物を誉めたり非難したりしてもよいのであり、このため新聞は大きな影響力をもち、ときに政府の方針を変えることもあるとしている。のちに明治十五年、福沢が『時事新報』を発行したのは、別の理由もあったが、こうした福沢の新聞観にもとづき、理想の新聞を発行したいという年来の願望から来ていたのだろう。

文庫（図書館）、博物館、博覧会には、福沢は大きな関心を持っていた。そして病院、「貧院」、「啞院」、「盲院」、「癲院」、「痴児院」などは、かつて福沢がロンドンやパリで大いに注目して見学したところだった。自由主義者福沢が社会福祉に関心を持ったのは一見逆説的であるが、そうではない。競争原理を説くものがセイフティ・ネットを説くのは、ごく自然なことなのである。

そして蒸気機関、蒸気船、蒸気車、伝信機の項がある。これは福沢が繰り返し説くところであって、運輸交通さらに通信の便宜こそ文明の最大の原動力だと、のちのちまで説きつづけた。現代に福沢が生きていたら、かならず積極的なIT推進論者となっただろう。なお福沢の説明は、はなはだ簡潔で力強い。たとえば蒸気についての説明は次のとおりである。ちょっと読んでみてほしい。これ以上の説明は難しいだろう。「蒸気とは湯気《ゆげ》なり。湯気に力あることは、鍋、釜、鉄瓶に湯を沸かして、その蓋を吹き上ぐるを見て知るべし。今一合の水を沸騰せしめ、次第に火力を強くしてその水全く蒸発し尽くるに至れば、一石七斗の蒸気となる。即ち千七百倍の容《かさ》なり。蒸気機関とは、かく非常に膨脹する蒸気を捕えて密器中に封じその発力を藉《か》りて機関を動かすものなり」。

翻訳の苦心

ところで『西洋事情』を著す際、福沢は多くの言葉を発明しなければならなかった。「福沢全集緒言」において、その苦労を次のように述べている。最初は漢書をいろいろと探したが、所詮は文字は観念の符号である、しかるに観念自体が日本や中国に存在しないことが少なくない。その場合、積極的に発明せざるをえなかった。たとえばスチームを日本語にするとき、何かよい字はないかと康熙《こうき》字典を眺めていて、汽という字を発見し、その註に、「水の気なり」とあって、これだと思って採用した。またコピ(ー)ライトについても、そもそも作品が著者の専有に帰すという考え方がなかった。「官許」という言葉はあるが、これは忌避に触れないということにすぎない。そこで原語を直訳して、版権という文字を作った、という。

さて、『西洋事情』初編巻之二は亜米利加合衆国である。その中に、「千七百七十六年第七月四日、亜米利加十三州独立の檄文」がある。そこでは「天の人を生ずるは億兆皆同一轍にて、これに附与するに動かすべからざるの通義を以てす」として、さらに次のように述べている。「その通義とは、人の自から生命を保し自由を求め幸福を祈るの類にて、他よりこれを如何ともすべからざるものなり。人間《じんかん》に政府を立つる所以《ゆえん》は、この通義を固くするための趣旨にて、政府たらんものはその臣民に満足を得せしめ、初めて真に権威あるというべし。政府の処置、この趣旨に戻《もと》るときは、則ちこれを変革し或はこれを倒して、更にこの大趣旨に基き、人の安全幸福を保つべき新政府を立つるもまた、人民の通義なり。これ余輩《よはい》の弁論を俟《ま》たずして明了なるべし」。

これは独立宣言の翻訳として相当によく出来たものである。松沢弘陽《ひろあき》教授は、福沢の独立宣言および合衆国憲法の翻訳を、日本の翻訳史に残る傑作と賞賛している。また、『学問のすゝめ』の中の政府と人民との関係についての議論は、ほぼここから来ていることがわかる(『近代日本の形成と西洋経験』)。

『西洋事情』初編は、巻之二でアメリカのほかにオランダについて記し、巻之三でイギリスについて紹介したのち、巻之四でロシア、巻之五でフランス、巻之六でポルトガルとゲルマン総論およびプロイセンを論じるはずだった。しかし、巻之四すなわちロシア以降は出なかった。それは、当然のようにも思われる。つまり「備考」とアメリカにおいて、福沢は国家と国民との関係をすでに論じきったのである。さらに最強かつ最富のイギリスを紹介したのち、さほど重要な国が残っているとは思えなかった。

競争と進歩

時期は少し下るが、『西洋事情』外編(一八六八年刊行)にも触れておきたい。慶応三年(一八六七)、二度目の渡米から帰国したのち、チェンバーズの『経済学』の前編を翻訳することとした。それは翻訳というよりは、創造というに近い自由奔放な訳であって、結果として原著を大きく超えるものとなった。なお、前半だけの翻訳というのは、後半がすでに翻訳されていることがわかったからである。

その目次を紹介しておこう。

巻之三　人民の教育
経済の総論
私有の本を論ず
勤労に別あり功験に異同あるを論ず
発明の免許
蔵版の免許
私有を保護する事
私有の利を保護する事

このうち、「人生の通義及び其職分」は、『学問のすゝめ』を予告している。人民の権利についての「天より附与せられたる自主自由の通義は、売るべからずまた買うべからず。人としてその行いを正しうし他の妨げを為すにあらざれば、国法に於てもその身の自由を奪い取ること能わず」という一節、そして人民の義務についての「人各々その通義を逞《たくまし》うして天性を束縛することなければ、又従ってその職分を勤《つ》とめざるべからず。これを譬《たと》えば、家業を営みて運上を納むるが如し」という一節は、そのエッセンスと言ってよいだろう。

そして「世人相励み相競う事」では、競争が社会の進歩の原動力であるという、やはり福沢の基本思想の一つが述べられている。あるとき、幕府の役人が『西洋事情』の目次を見て、争うという言葉があるのは穏当でない、何とか直せないかといったことがある。結局うまく折り合えなくて削除したと福沢は言っているが、それはおそらくこのあたりだったと思われる。

「各国交際」では、安全のための基本的な方法は兵力であると述べながら、万国公法の意義についても述べている。かならず守られるわけではないが、「国としてこの公法を破れば必ず敵を招くが故に」各国はこれを守ることが多いと述べている。また、「国力の平均」が平和を守るのに大きな力だと言っている。バランス・オブ・パワーのことである。

巻之二では、「政府の職分」が面白い。「国民を穏かに治め、国法を固く守り、外国の交際を保つ」三カ条が、目的であると述べ、様々な政府の役割について述べている。

以上の部分的な説明からも分かるとおり、『西洋事情』はけっして単純な紹介の本ではない。福沢自身、「福沢全集緒言」で、鳥無き里の蝙蝠《へんぷく》、類書がないのでもてはやされただけと謙遜しているが、それは事実ではない。訳語について触れたとおり、日本ないし中国文明圏に存在しない観念を紹介することは、創造以外の何ものでもないのであって、よほど原義を深く理解したものでなければ出来ないことであった。

二度目の渡米

慶応三年（一八六七）一月二十三日福沢は二度目のアメリカ旅行に出発した。三度目の洋行である。

幕府はかつて文久二年（一八六二）、軍備充実のためアメリカから軍艦三隻を輸入し、またアメリカに留学生を送ることを決めていた。ところが南北戦争が勃発したため、留学生はオランダへ派遣することとし（榎本釜次郎のちの榎本武揚は、そのうちの一人だった）、また軍艦もオランダから一隻購入した。南北戦争後、アメリカは一隻の軍艦を送ってきたが、まだ幕府の前渡金は五十万ドルほど残っていたので、これに相当する軍艦を受け取ろうとして、幕府は勘定吟味役小野友五郎を委員長とする一行を派遣することとなった。前二回が大使節団であったのに比べ、今回は幕臣八名、従者二名、イギリス人の雇い一名の合計十一名であった。

この委員長の小野は、数学と測量に優れた技術を持ち、咸臨丸にも乗り組んだ人物で、福沢とは知り合いであった。福沢はサンフランシスコには行ったことがあったが、アメリカ東部は未経験だったので、もう一度アメリカに行きたいと考え、小野に頼み込んで参加することが出来た。外国奉行支配調訳次席翻訳御用という肩書きであった。

このときの金の支払いをめぐって面白いエピソードがある。福沢は公の金も私の金も、すべて為替で持っていこうとした。これをあるアメリカの会社に依頼したところ、バンク・オブ・イングランド宛の手形三枚をくれた。なにしろ数千両にのぼる、福沢にとっては生まれてはじめての大金である。なぜ三枚いるのか（安全のため三人が一通ずつ持ち、場合によっては便船も違えて送り、三枚揃ったところで金を受け取る）、アメリカに行くのにバンク・オブ・イングランド宛で大丈夫なのか、福沢は納得するまで質問を繰り返し、二時間ほどかかってようやく納得した。その会社員は、君はよほど飲み込みが早い、昨日もある人が来たが、半日かかっても納得せず、帰っていったと笑って言ったという。なお、これには後日談があって、あとの便船で送らせた三枚目の手形の到着が遅れ、福沢はニューヨークでの換金に大変な難儀をした。

ところが、小野や副委員長の松本寿太夫の為替についての考え方は、はなはだ古いものであった。彼らは横浜の宿に三井の手代を呼び、今はドルの相場も高くなっているが、三井にはずっと前にドルが安かったときに仕入れたドルもあるだろう、拙者の銀はその安いドルと取り替えてもらいたいと頼んだところ、手代は平伏して、かしこまりましたと言い、いくらか割合を安くしてメキシコドルを持ってきたという。小野や松本が経済に無知だったのか、権力をかさに着た行動だったのかわからないが、三井側が無理難題とわかってこれを受け入れる卑屈さに、福沢はあきれた。

福沢が渡米した最大の目的は英書を大量に購入することにあった。それまでの塾には、あまり本がなかった。

このとき福沢は手元資金をかきあつめて二千両、仙台藩から銃砲買い入れのために預けられた二千五百両、その他合計五千両ほど持っていった。ニューヨークの著名な書店の店員がワシントンまで出張して福沢と相談して書物の選定にあたった。福沢は学校の教科書として、同じ本を数十部ずつ揃えて買い込んだ。これは日本では画期的なことで、生徒一人一人が一冊ずつ教科書を手にして勉強する仕組みが始まったのである。

小野友五郎も本を買おうとした。ところが小野は、購入した本を日本で売って幕府のために利益をあげたいと考えた。福沢はこれに真っ向から反対し、二人の仲は気まずいものとなった。福沢は、政府が原価で売るなら、自分は出来るだけよい本を選び、値切って買うために努力する、しかし政府が商売をするなら、自分にもコミッションをよこせ、というような露悪的な言い方をし、また帰国の際にも、もう幕府は倒すしかないなどと公言していたため、ますます感情的なこじれが深まったらしい。これが福沢の側の説明である。

一方、小野の方は、福沢が先のニューヨークでの換金問題など、失敗が多く、本来の仕事をせず、大量に自分の本の購入だけに取り組んで、しかも本来は払うべき運賃は払わなかったと非難した。

そして小野は船中で福沢の不行跡《ふぎょうせき》を並べ立てた告発文を作り、上陸してすぐにこれを提出したため、福沢は帰国するやいなや謹慎を命ぜられ、荷物も差し押さえられた。これに対して福沢は反論し、結局、十月下旬、謹慎は解除となり、荷物も翌年はじめ、引き取ることが出来た。

おそらく、通常の倫理で言えば、小野の方が正しかったのかも知れない。荷物の運賃は、通常は無料のはずであったが、福沢の場合、極端に多かった。また福沢は自分にミスはない、本務に支障を来してはいないといっても、これだけ自分の本の購入に熱中していれば、本務に不熱心と言われても止むをえないだろう。

しかし福沢はすでに幕府を見限りつつあり、日本の文明化に自ら取り組むほかはないと考えるようになっていた。その立場からすれば幕府への忠勤というものさしはすでに無意味なものだったのであろう。

「大君のモナルキ」とその挫折

ところで、一八六二年のヨーロッパ旅行から、今回の一八六七年のアメリカ旅行までの間に、福沢の国内政治に対する意見には大きな変化が起こっている。六二年秋に帰国するころ、福沢は「諸大名を集めてドイツ連邦のようにしては如何」という考えだった。そのころ、ドイツ連邦はまだ出来ていなかったから、これは福沢の記憶違いであるが、ともかく将軍を中心とする雄藩連合のような構想を持っていた。しかし六七年六月に帰国するころには、幕府は潰さなければならないと公言しはじめた。

その間に何があったのか。実は、その中間に、もう一つ大きな変化があったのである。すでに述べたとおり、攘夷は文久二年（一八六二）八月の生麦事件でさらに激しくなり、文久三年（一八六三）五月の下関における砲撃事件でピークに達した。しかし攘夷運動はそこで現実の壁にぶつかった。七月の薩英戦争ではイギリスの軍事力を思い知らされ、八月には「八月十八日の政変」が起こり、幕府と薩摩が組んで攘夷派の長州藩および長州系の公卿を京都から追い落とした。

そして同年末から文久四年（一八六四）三月にかけて、京都で参預会議が設けられた。かつて公武合体派の構想した雄藩連合に似た体制が出来たのであった。

さらに元治元年（一八六四）三月にはフランスからロッシュ公使が着任して、幕府に対する積極的なアプローチを開始した。これに応じて、幕府内部でも親仏派官僚が台頭し、フランスの援助によって幕府を再度強化しようとする動きが始まった。

七月には、長州の軍勢が京都に攻め上ったため、幕府は薩摩と組んでこれを撃退した。禁門の変である。そして、ただちに、長州征討を決定した。そこに前年の報復として英仏米蘭の四国連合艦隊が、八月、下関を攻撃し、長州は屈服する。そして長州は幕府に対しても、十一月、恭順の意を表することとなった。

福沢が幕臣になったのは、この元治元年の十月、幕府が権威を再確立していた頃であった。親仏派が幕府の中で優位を占めるようになったのが、ちょうど同じ頃であった。以後、福沢は幕府の強化にきわめて熱心に行動した。

たとえば、慶応元年（一八六五）十月には、「御時務の儀に付申上候書付」を著し、攘夷論が沸騰するのは京都雲上の人々が下情に通じていないからだと批判し、公武合体はやめて、幕府が単独で責任を担うのがよいと述べている。大名の行動に対しても毅然たる態度で臨むよう主張している。

また、「この度は弥《いよいよ》以《もつ》て、御武備残らず西洋流に御変革相成り」と述べて、すべて軍制は西洋式に改めるよう主張した。その費用は莫大なものかも知れないが、それは貿易の利益でまかなうべきだという主張であった。

また慶応二年（一八六六）のおそらく七月頃には、著名な「長州再征に関する建白書」を執筆している。正確な執筆時期は不明であるが、七月二十九日に木村摂津守に示しているから、それ以前である。その冒頭で福沢は、「先年外国と御条約御取結《おんとりむす》びに相成り候以来、世間にて尊王攘夷など虚誕《きよたん》の妄説を申し唱え候。これが為め、御国内多少の混雑を生じ　廟堂の御心配少なからざる義に候えども、畢竟《ひつきよう》、その説の趣意は　天子を尊び候にてもこれなく、外国人を打ち払い候にてもこれなく、唯活計なき浮浪の輩、衣食を求め候と、又一には野心を抱き候諸大名　上《かみ》の御手を離れ度しと申す姦計の口実にいたし候迄の義にて……」と述べている。つまり福沢は、尊皇攘夷の思想は政治的意図から出た妄説だと激しく排撃したのであった。

それゆえ、その中心である長州は徹底的に排撃しなければならず、長州征伐は「千古の一快事」であった。前回の長州征伐で、内外への配慮から、十分な処罰ができなかったのは、まことに残念だったが、今度の「長賊御征罰」は、「天下の為め不幸の大幸、求めても得難き好機会」であり、なにとぞご英断をもって「唯《ただ》一挙動にて御征服相成り、その御威勢の余を以て、他諸大名をも一時に御制圧遊ばされ、京師をも御取り鎮めに相成り、外国交際の事などに就きては、全日本国中の者、片言《へんげん》も口出し致さざる様仕り度き義に存じ奉り候」と述べている。

そして福沢は、戦争に関して次のような建言をしている。

まず長州は攘夷と言っているが、それはまったくのウソで、留学生を送り、密貿易を行っている、これは必ず禁止しなくてはいけない、長州の近海へ軍艦を数隻派遣して、外国船との接触を禁止すべきである、かつて南北戦争の頃、イギリスが南軍に船を送り、北軍は大いに困ったことがある（一八六二年の旅行で南北戦争のことを知ったことは、すでに述べた）。

とくに「大名同盟」の説は決して許してはならない。ドイツのように大名同盟をするという説は、パークスなども実は支持しているが、これを防ぐためにも早く西洋各国へ弁理公使を派遣すべきだと述べ、外交を幕府が独占して、他の勢力の介入を許してはならないと強調している。

第二に、長州制圧のために外国兵力を借りることも躊躇すべきでないと述べている。世間に雑説はあるが、そんなものに動揺してはならない、もし長州が勝つことでもあれば、彼らは京都に出て朝敵から勤皇になってしまい、官軍（幕府軍）が朝敵になってしまう、「朝敵といい、勤皇といい、名は正しき様に相聞こえ候えども、兵力の強弱に由り如何様とも相成り候ものにて、勅命などと申すは羅馬法皇の命と同様、唯兵力に名義を附り候迄の義に御座候間、その辺に拘泥いたし居り候ては際限もこれなき次第……」と述べ、さきに述べた説を敷衍《ふえん》して、異論を唱えた大名にも兵力を差し向けて、「全日本国封建の御制度を御一変遊ばされ候程の御威光相顕わし候様御座候ては相叶わざる義に存じ奉り候」と述べている。

そして費用については心配はないと言う。長州藩は年々百万俵であり、これは二百万両である。毎年それだけ収入が増えるなら、二千万両借りても、二十年で返済できる。日本には国債の制度がないが、諸外国は国債発行が常識である（『西洋事情』で紹介した項目の一つが国債だった）。このように福沢はまことに思い切った長州征伐論を述べたのであった。とくに外国勢力の手を借りてでも長州を征伐せよという主張は、福沢の後年の主張と真っ向から矛盾するものである。財政的側面についての分析も、ほとんど空想的なまでに楽観的であった。

第二次長州征伐は、大失敗であった。情勢が不利な中で、将軍家茂《いえもち》は七月二十日没し、一橋慶喜（八月徳川宗家相続、十二月将軍宣下）は、いったん征討続行を決めたが、まもなくこれを断念し、九月には和議が結ばれるにいたった。

その段階でも福沢は徳川の支配の強化を願っており、慶応二年（一八六六）十一月、福沢英之助（和田慎二郎の仮名）宛の書簡において、次のように述べている。すなわち、「大名同盟の論は相替らず行われ候様子なり。……同盟の説行われ候わば、随分国はフリーにも相成るべく候えども、This freedom is, I know, the freedom to fight among Japanese. 如何様相考え候ども、大君《たいくん》のモナルキにこれなく候ては、唯々大名同士のカジリヤイにて、我が国の文明開化は進み申さず」と述べ、現下の情勢で大名同盟を唱えるものは、文明開化に反対するものであり、世界中の罪人、万国公法の許さざるところ、と厳しく批判している。

このように、福沢はおそらく元治元年（一八六四）十月に幕臣になった頃から、少なくとも慶応二年十一月頃まで、つまり二度目のアメリカ行きの直前まで、熱烈な幕府強化論者だった。『西洋事情』のかなりの項目も、強化された幕府によって実現されることを期待して書いたものだったのではないだろうか。『自伝』に、文久二年（一八六二）の帰国から明治の初めまで、数年間は逼塞《ひっそく》して暮らしていたとあるのは事実ではない。おそらく、それは福沢にとってもっとも表に出したくない過去だったと、中島岑夫《みねお》氏は述べている（『幕臣福沢諭吉』）。

ともあれ、第二次長州征伐の屈辱的失敗以後、福沢は幕府にほとんど希望がもてなくなった。といって薩長の攘夷勢力には到底希望は持てなかった。政治に強くコミットして、絶望した福沢は、後進の教育に取り組むことにしか路は見出せなかった。

これ以後福沢は政治との距離を強調するようになったのは、こうしたコミットと絶望の結果ではないだろうか。のちに慶応四年（一八六八）五月十五日、上野彰義隊戦争が戦われていたとき、浮き足だつ塾生をたしなめて、学問に取り組むよう述べたのは、こういう背景を考えると、よりよく理解できるように思われる。

第六章
慶応義塾

福沢諭吉ウェーランド経済書講述図（安田靫彦作　慶應義塾提供）

大政奉還から廃藩置県へ

徳川慶喜が大政奉還を朝廷に申し出たのは慶応三年十月十四日（一八六七年十一月九日）のことだった。しかし、新政府の方向が本当に明確になったのは、明治四年七月十四日（一八七一年八月二十九日）の廃藩置県の詔書においてであった。この間の動きはまことに急激なものであったが、簡単に整理しておきたい。

まず大政奉還は、徳川慶喜が幕府という制度を自ら放棄し、朝廷に国政の責任を委ね、その中で実権を掌握しようとするものだった。朝廷には政治をになう実力は皆無だったから、必然的に有力諸藩の合議による体制（公議政体）になるしかなく、そこでは、八百万石といわれる抜群の石高を持ち、西洋文明導入の蓄積と、外交経験と、慶喜という優れたリーダーを有し、フランスの支持を背景に持つ徳川氏が中心となるのは目に見えていた。

それゆえ、薩長はこれを阻止しようと必死になった。慶応三年十二月九日（一八六八年一月三日）、王政復古派の公卿《くぎょう》を集めて王政復古の大号令が発せられ、小御所会議で徳川慶喜の罪を問い、辞官納地、つまり官職を辞し、土地を返上することを要求した。さらに薩長は江戸で火付強盗を働き、徳川を挑発した。

激怒した徳川方は薩長との対決に転換し、慶応四年一月三日（一八六八年一月二十七日）、鳥羽伏見の戦いが起こった。それはわずか一日あまりのことであり、薩長がやや優勢であったに過ぎなかったが、これで大勢は決してしまった。

それでも事態が落ち着くまでは、時間がかかった。

大総督府参謀の西郷隆盛と旧幕府陸軍総裁・勝海舟が江戸城無血開城について合意したのが、慶応四年三月十四日（一八六八年四月六日）、実際に開城が行われたのは四月十一日（五月三日）、そして、新政府が上野にたてこもっていた彰義隊を鎮圧し、実力における江戸支配を確実にしたのは、五月十五日（七月四日）だった。

地方においては、五月三日（六月二十二日）、東北の諸藩は奥羽（のち奥羽越）列藩同盟を結んで新政府軍に対抗した。また、旧幕府海軍副総裁・榎本武揚は八月十九日（十月四日）、軍艦八隻を率いて品川沖を脱走し、北海道に渡って抵抗を続けた。

しかし、東北の抵抗は、明治元年（一八六八）九月二十二日（十一月六日）の会津若松城の落城で終わり、年内には東北諸藩の処分もほぼ決まった。函館の五稜郭によった榎本も、明治二年五月十八日（一八六九年六月二十七日）に降伏した。

朝廷が五箇条の御誓文を発したのは、江戸無血開城が決まった慶応四年三月十四日のことであった。そして閏《うるう》四月一日（五月二十二日）、パークス英公使は天皇に信任状を奉呈している。これが外国による新政府承認の最初である。

慶応四年九月八日（一八六八年十月二十三日）、天皇は即位の大礼を挙げ、改元によって慶応四年は明治元年となった。翌明治二年一月二十日（一八六九年三月二日）、薩長土肥四藩主は、版籍奉還を願い出た。朝廷がこれを許し、旧大名二百七十四名をあらためて藩知事に任命したのが六月十七日（七月二十五日）、函館五稜郭が開城し、戊辰戦争が完全に終わって一月後のことであった。

このように、新政府は旧勢力の抵抗を次々と破って、自らを確立していった。それでも、一見したところ、地方を治めているのは旧大名であって、どれほどの違いが生じたのか、必ずしも明らかではなかった。慶応四年二月には土佐藩兵がフランス兵と争った堺事件が起こり、またパークス英公使が襲われている。明治二年九月には兵部大輔大村益次郎が暗殺されるなど、事態はなお不穏であった。

真に驚くべき変革は、明治四年七月十四日（八月二十九日）、藩そのものを解体する廃藩置県の詔書が出されたことであった。ここに狭義の明治維新は完成する。

慶応義塾の発展

大政奉還から廃藩置県までは、福沢がもっとも政治に背を向け、教育に取り組んでいた時期であった。慶応義塾はこの頃、確立されたものである。若干さかのぼって、福沢塾ないし慶応義塾の発展のあとを整理してみたい。

福沢が藩命をうけて江戸にでたのは、安政五年（一八五八）のことであった。そのとき、築地鉄砲洲の奥平家中屋敷の長屋の一軒を借りて蘭学の家塾を開いた。そこには、藩士の子弟が三人五人、他からも五人六人と学びに来るようになった。その家は、一階が六畳一室で福沢と書生一人が住み、二階が十五畳ほどで七、八人が出入りしていたという。その頃の福沢は、字を忘れると二階へ駆け上がって、あの字はどう書いた、と塾生に尋ね、すぐまた翻訳に取り掛かるという風だったという。その当時の様子を彷彿《ほうふつ》とさせるエピソードである。この頃の福沢は、江戸には三、四年ほどいるだけのつもりだったので、きちんとした記録も作らず、学びに来るものは出入りも多く、常に数十名であったという（『伝記』第一巻）。

その後、正確な時期は不明であるが、第一回渡米（一八六〇年）と渡欧（一八六二年）の間に、福沢は芝新銭座に引っ越している。幕府に雇われて翻訳の仕事に従事するようになって、少しでも近いところに移りたかったこと、そして結婚して、より広い住居が必要となったことが、おそらく転居の理由であった。それでも塾のあり方はそれほど変わった様子はなかった。

福沢の塾が本格化したのは、前にも触れたとおり、文久三年（一八六三）正月、つまりヨーロッパから帰国してまもなくのことである。ヨーロッパにあって、ロンドンからの手紙について見たとおり、福沢は人材育成が急務であることを痛感するにいたっていた。そして帰国と同時に本格的な塾の経営に取り組み、入門者の「姓名録」を作り、蘭学塾から英学塾に転換した。

同年秋、塾は芝新銭座から再び築地鉄砲洲の中津藩中屋敷に移転した。そこでは、前とは違って、五軒続きの長屋全部を借用することが出来た。文久二年に、幕府は諸大名に対する統制を緩め、参勤交代を緩和し、大名の妻子の帰国を許したりしたので、江戸藩邸での居住者は激減していたという。それで、空き部屋が手に入ったのであろう。五部屋のうち二部屋は福沢の自宅と塾生の食堂、あとは塾生の住居とされた。各室の便所も潰して、屋外に設置した。

とは言っても、ただちに大規模な塾に発展したわけではなかった。福沢は多忙であり、塾生の中にも政情視察に終日奔走しているものも多く、純然たる塾生ばかりではなかった。

福沢は、元治元年（一八六四）三月、六年ぶりに帰郷した。その目的の一つは、多忙な福沢に代わって塾生を指導し、塾の運営を託せるような人物を探すことであった。その候補として、小幡篤次郎ら六名をともなって江戸に戻った。これとともに、塾には初めて真剣に学問に取り組む着実真摯な気風がみなぎるようになったといわれる。

現在、文久三年春から元治元年六月に入門した小幡ら六人までを含む二十八名の姓名を記した「姓名録」が残っている。この二十八名が第一期生と言えるだろう。ただ、小幡兄弟などは、福沢が個人的に説得して連れてきた若者だったので、藩からの費用などは見込めず、彼らを養う費用も、福沢が苦労しなければならなかった。

やがて福沢塾の名声はあがり、紀州藩から数名の入塾申し込みがあったときには、手狭なので通いでなければ無理だと返事をしたところ、紀州藩は当方で塾舎をたてるといい、その方法で受け入れたことがあったという。慶応二年（一八六六）に紀州藩士九名が入塾したのは、これを指すらしい。

慶応二年の入塾者の一人が、自由民権運動で知られるようになる土佐の馬場辰猪《たつい》であった。馬場によれば、塾の教育はまだ整備されておらず、年長のものが少し後輩を教え、その後輩がまたその後輩を教えるという具合で、教科書も三十ページほどの簡単な文法書で、発音などはたいていでたらめだった。この文法書を終えると読むものは、物理とか地理の本しかなく、歴史、哲学、政治学の本はまったくなかったという（『考証』上）。

動乱の中の慶応義塾

この状態を大きく変えたのが、福沢の二度目の渡米であった。この渡米の最大の目的は英書をそろえることであった。そのために福沢が危ない橋を渡ったことは、すでに述べた。

慶応三年（一八六七）、帰国すると場所もすぐに変えた。築地鉄砲洲は外国人居留地になることが予定されており、中津藩も明け渡すことになっていた。それで福沢も諸方を物色し、芝新銭座の有馬家の中屋敷が売り出されるということを聞き、これを入手することとなった。

その支払いの日が十二月二十五日であった。ところが、それは大きな政治動乱のさなかであった。前にもふれたとおり、薩摩藩は徳川を挑発するため、三田の薩摩藩邸を根城として江戸市中に火付強盗を働いた（関東攪乱）。これに対して幕閣では強硬論が高まり、薩摩藩邸を焼き討ちすることとなった。

市内は戦争のうわさで騒然となっていた。売買を斡旋した木村摂津守の用人は、こんな事態での購入はやめるように忠告したが、福沢は約束は約束だとして予定の金額を支払った。福沢の潔癖さを示すエピソードとして有名である。しかし、第二回渡米においては、福沢は必ずしも金銭に淡白ではなかった。それは、幕府の末端にいわば寄生する福沢と、小なりといえども自立しようとする福沢との違いでもあった。

慶応三年末の薩摩藩邸焼き討ちは、薩摩藩が脱出の準備をしていて無抵抗だったため、大事にはならなかった。しかし、鳥羽伏見の戦いに敗れた徳川慶喜が大阪から江戸に戻ると（慶応四年一月十二日）、江戸城内は再起を説く声で沸くようであった。

その中で、福沢は一人冷めていた。外国方仲間の加藤弘之なども、裃《かみしも》を着て慶喜に会おうとしている。これに対し福沢は、戦争になるかどうかだけ、ぜひ教えてくれ、戦争になるならさっさと逃げるから、と公言していた。また、いざ戦いになった場合、何人家来を連れてくるか、賄いの準備のために知りたいと問われたときには、そのときはさっさと逃げるから、家来の分も自分の分も不要であると答える有様であった。

しかし、こうした態度は、慶応義塾についてはまったく違っていた。官軍が江戸に迫ったとき、江戸の人々の中には郊外に逃れるものが少なくなかった。なかでも外国人に対して乱暴はしないだろうというので、横浜に逃れたり、あるいは外国人の雇い人であるとの証明書をもらって安全を図ろうとする声があった。慶応義塾でもそのような動きがあったので、福沢がこれについて意見を求めたところ、小幡仁三郎《おばたじんざぶろう》は「堂々たる日本国人にして報国の大義を忘れ、外人の庇護の下に苟《いやしく》も免かれんより、寧ろ同国人の刃に死せんのみ、我が輩が共にこの義塾を創立して共に苦学するその目的は何処に在るや、日本人にして外国の書を読み、一身の独立を謀《はか》りてその趣旨を一国に及ぼし、以て我が国権を皇張するの一点にあるのみ、然るを今にして此の大義を顧みざるが如きは初めより目的を誤るものというべし、我が義塾の命脈を絶つものというべし、彼の印鑑（証明書）の如きは速かにこれを火に投じて可なり」と述べたという（「故社員の一言今尚精神」、『全集』第八巻）。これは官軍が京都を発し（慶長四年二月九日）、富士川を渡ったといううわさが流れていたときというので、二月末頃のことであろう。

福沢はこの小幡の言葉に痛く感激し、喜んだ（「福沢全集緒言」）。しかし、その前の江戸城における突き放した対応と比べると、これはいかにもナショナリスティックで熱っぽい。

福沢は決して皮相な合理主義者ではなかった。その根底には、自らが選んだ価値に対する強いコミットメントがあったのである。

慶応義塾の完成

慶応四年になって、福沢は新銭座であらたな塾舎の建設に取り掛かった。それは四月に完成したが、塾生百名を収容できるもので、訪れた木村摂津守の日記によれば、「頗《すこぶる》宏壮」であった。

そしてこの塾に名前をつけた。それが慶応義塾である。この年は慶応四年、九月には明治元年と元号が変わるのであるが、その元号をとったのである。

その創立宣言は、まことに堂々たるものである。簡単に紹介しておきたい。まずその冒頭で、義塾が洋学研究に従事するものであること、そして洋学研究が公的な性格を持つものであることが述べられる。「今爰《ここ》に会社を立て義塾を創《はじ》め、同志諸子相共に講究切磋し、以て洋学に従事するや、事本《も》と私にあらず、広くこれを世に公にし、士民を問わず苟《いやしく》も志あるものをして来学せしめんと欲するなり」。

次いで長崎通辞にはじまり、青木昆陽《こんよう》、前野良沢、桂川甫周、杉田玄白等以来の洋学の発展の歴史を述べ、義塾が今日あるのも先人の賜物であることを確認する。そして洋学がなぜ優れているかを論じた後、同時に、それがいかに難しいかを述べ、「吾が党此学に従事する、茲《ここ》に年ありと雖《いえ》ども、僅かに一斑を窺《うかが》うのみにて、百科浩瀚《こうかん》、常に望洋の嘆を免れず。実に一大事業と称すべし」と記している。

しかし、困難だからといって行わないのは「丈夫の志」ではない、利益があるのに行わないのでは、「報国の義」に反する。この学問を広めるためには、規律ある学校を作り、生徒を教導することが重要である。それゆえに、ここに吾が党の士がはかって学舎を作り、年号にしたがって、かりに慶応義塾と名づけるものであるとしている（『全集』第十九巻）。

このように、この宣言は、慶応義塾を洋学研究の歴史の中に位置づけ、また洋学研究を国益と結びつけているところが大きな特徴である。その意味で、皮相な西洋崇拝とは根本的に異なっているところが見て取れる。幕府には絶望し、薩長にはまったく期待をもてなかった福沢であったが、あるべき日本、成立すべき日本に対する脈々たる熱情が、その行動の根底にあった。

上野彰義隊戦争は、前にも述べたとおり、慶応四年五月十五日（一八六八年七月四日）のことであった。夜明けから官軍は上野の彰義隊掃討作戦を開始し、夕方になって彰義隊は逃亡した。指揮官は、皮肉にも、緒方塾の先輩塾長の大村益次郎であった。

この時、義塾では勉学をやめなかったというのは、あまりにも有名な逸話である。講述していた本は、フランシス・ウェーランドの *The Elements of Political Economy* であって、福沢はこの本について、最初は読むのが難しかったが、「再三再四復読して漸《ようや》くその義を解《げ》すに及び、毎章毎句、耳目に新たならざるものなく、絶妙の文法、新奇の議論、心魂を驚破して食を忘るゝに至れり」とまで述べている。

福沢はまたこの日、慶応義塾を長崎の出島になぞらえて塾生を激励した。かつてナポレオン戦争でオランダが独立を失ったことがある。またオランダ領東インドは、フランスの敵であるイギリスに占領され、世界の中でオランダ国旗を掲げるところは、ただ出島のオランダ商館だけとなった。ナポレオン没落後、オランダは復活したが、オランダ人は出島のことに触れて、オランダは一度も独立を失わなかったといっている。今や幕府の学校はすべてつぶれ、学者も学生も行方がしれず、新政府も学校どころではない。日本中で書を講じているのは慶応義塾だけである。オランダにとっての出島と同様、慶応義塾は日本の洋学の命脈を保つ証である。この塾のある限り、日本は文明国である、と。この日は、慶応義塾では、「福沢先生ウェーランド講述記念日」として記念されている。

授業料システムの創設

ところで、世情が騒然としていた頃であるから、塾の気風もまだ落ち着いてはいなかった。これを刷新するために福沢は努力した。たとえばその中には、「眠食都《すべ》て清潔を心掛くべし」とか、「毎朝早起、夜具を片付け、私席を掃除すべし」という項目がある。緒方塾時代の奔放な生活を考えると、興味深い。

また、門限が九時に定められている。これは、夜、ひそかに抜け出して政情を視察したりする者があったからだと言われている。「抜刀禁止」も明記されていた。たとえ自分の席でも刀は抜いてはならない、どうしても止むを得ないときは、届け出た上、講堂の周囲に人がいないところで行うこと、と書かれていた。それだけ抜刀の習慣は抜けなかったのであろう。その他、塾中の金銭貸借の厳禁、落書厳禁などが定められていたのは、それだけ注意する必要があったからだろう。その結果、戦争帰りの血なまぐさい若者も少なくなかったが、明治四年に新銭座から三田に移るまで、「至極勉強してますます塾風を高尚にし」たといっている。

授業料を納めるというシステムを創めたのも福沢である。

慶応では塾生を社中といって、勉強をする仲間というほどの意味で使っていた。それゆえ入塾は入社と言い、そして入社の時には、先生に弟子入りするというよりは、仲間になるということだった。

明治元年の頃は一両を払い、さらに塾僕へ二朱を払うことになっていた。明治二年八月の資料によれば、入社の時は三両、講義を受けるためには月金二分（一両の半分）、盆暮れには千匹〔疋〕（銭一万文、すなわち、一両一分程度）であった。「但し金を納めるに水引、熨斗《のし》を用いるべからず」とあり、多ければ釣りをやる、という風であった（『考証』上）。
『自伝』には、次のようにある。「従前日本の私塾ではシナ風を真似たのか、生徒入学の時には束脩《そくしゅう》を納めて、教授する人を先生と仰ぎ奉り、入学の後も盆暮《ぼんくれ》両度ぐらいに、生徒銘々の分に応じて、金子《きんす》なり品物なり、熨斗《のし》を附けて先生家に進上する習わしでありしが、私共の考えに、迚《とて》もこんなことでは活発に働く者はない、教授も矢張り人間の仕事だ、人間が人間の仕事をして金を取るに何《なん》の不都合がある、構うことはないから公然価《あたい》をきめて取るが宜《よ》いというので、授業料という名を作って、生徒一人から毎月金二分ずつ取り立て、その生徒には塾中の先進生が教えることにしました」。そのとき塾の先進生は月に四両あれば生活できるので、授業料をあつめて一人あたり四両配分し、残りは塾の費用にあてたという。

中国にしても日本にしても、伝統的なシステムでは、生徒は金銭的な負担は少なく、教師の恩恵に依存する。その代わりに、いつまでも教師を尊敬しつづけることを期待される。つまり生徒は物質的に独立しておらず、同時に、精神的にも従属する。こうした物質的な従属によって得られた尊敬は本当の尊敬ではない。

新しい制度においては、生徒は物質的にある程度の負担をする、その代わりに教師への尊敬を強要されない。マックス・ウェーバーは『職業としての学問』の中で、アメリカの大学は授業料を払って学問を買うようなところがあって、ドイツのそれとは大いに異なっているが、その対比とよく似ている。

もう一つのポイントは、近代的な経営体としての性格を持たなければ発展は難しいということだろう。そして、そうした組織が競争することによって、学校は進歩する。緒方塾のやり方と対極的な方法に、福沢はたどり着いたのである。

なお、以上の授業料の趣旨は、明治二年八月の「慶応義塾新議」という文書に記されたものである。これは、汐留《しおどめ》の奥平藩上《かみ》屋敷に、慶応義塾の出張所と称する分塾が出来たとき、義塾の趣旨を徹底させるための文書だった。したがって、明治二年以前にこの方針は出来ていたはずである。

啓蒙の戦略

この時期の福沢の行動は、反幕府であり、反新政府であった。しかし愛国であった。政府からは何度も勧誘があったが、福沢はこれを断りつづけた。慶応四年（一八六八）三月四日には幕府から御使番《おつかいばん》任命の奉書が到来したが、病気と称して断った。六月八日には幕府に開成所奉行支配調役次席翻訳御用の退身届を出して八月、受理された。六月十日には新政府から上洛命令があったが、これも病気を理由に断った。応じないのは不敬だという批判まであった。

それも当然だったろう。もはや幕府に生命力があるとは思えなかったし、新政府は攘夷の政府だと福沢は考えていた。

明治維新からしばらくの間、福沢は積極的な言論活動をしていない。目立つのは、たとえば榎本武揚のような旧友を助け出すための努力であった。

ただ、福沢は慶応義塾の形について、まだ確固たる考えをもっていたわけではなかった。明治二年のある書簡（内容から四月以後だが、正確な月日は不明）に、慶応義塾を官有にする案を福沢自身が述べている。

それによれば、慶応義塾もわずか二百人に過ぎない。これでは天下の文明を興すには不十分である、それで義塾を官有として、経営を任せ、塾生の多数の教育も政府に任せて、社中の先進のもの（福沢自身を除き七、八名と書いている）が全国に出張して講義をするというアイディアで、政府にすでに提案していたという。

これは、教育の独立という点で、福沢の持論に反するようにも見える。しかし、政府の実態がまだわからず、福沢自身啓蒙活動の方法について、いくつかの考えをもっていたということだろう。

政府が版籍奉還を考え、薩長土肥四藩主からこれを願い出させたのが明治二年一月二十日（一八六九年三月二日）、政府がこれを認めたのが六月十七日（七月二十五日）だった。新政府は文明開化に積極的な姿を見せているようでもあった。

それにしても、もし政府が福沢のこの提案を認めていたらどうなっただろうか。明治政府の政策に福沢のそれがより強く反映されたかもしれないし、あるいは福沢は途中で放り出されたかもしれない。そのとき、慶応義塾という立脚点のない福沢の足場は、弱まったことだろう。やはり、この案は実現しなくてよかったと思う。

そして、政府がこの案に応じなかったことで、福沢は慶応義塾にこだわり、さらに広い範囲への啓蒙については、著作をもってすることになった。

明治二年二月二日、和歌山から六千石で福沢を招きたいという案に対する返事として書かれた松山棟庵《とうあん》宛の書簡は、この頃の啓蒙の戦略について知るのに興味深いものである。そこで福沢は、和歌山の気風は「僕敢《あえ》て貴国へ対しゴマをスルにあらざれども、これまで諸国の人に交るに、人気の穏《おだや》かにして自《おのずか》ら自由寛大の風を存し候は紀人に限り候様これあり候」と述べながら、紀州の人の欠点は、「文教薄うして頼む所なき」がため、流行に流されることだと述べている。

しかし、学校教育は難しい、とくに「英書を読むは甚だ六《むつか》ケ敷《しき》事業」であり、「支那日本の文学すら十分に読めざる人に、俄《にわか》に横文を勧むるは無理」である。また、教師を雇うのも難しい、政府の方でもひっぱりだこなので、なかなか田舎には行きたがらない。

それゆえ、まず国中の手習いの先生に、『論語』や「庭訓往来《ていきんおうらい》」ではなく、地理、物理、国史、さらにリーダーや道徳哲学の翻訳ものに親しませること、そしてやがて原書が出て来るのを待つことである。「小生敢えていう、一身独立して一家独立、一家独立一国独立天下独立と。其の一身を独立せしむるは、他なし、先ず智識を開くなり。其の智識を開くには必ず西洋の書を読まざるべからず、其の洋書を読むには先ず文を以て人を化すべし、其の文を以て人を化するには事を易くし及ぶ所を広くすべし。故に翻訳書を多くし、手習い師匠をその儘《まま》改革して、事々物々朝々暮々の話しに天地万物世界諸国のことを自然に知る様致し度き義に御座候」。このような順序をもって進むべきだというのが福沢の戦略であった。

著作権へのこだわり

こうした考えから、また新知識の需要の多いときだったので、福沢は次々と翻訳や著作を出版した。それも、自ら出版業を経営して、これを行った。紙を買ったときには、通常は二百両、三百両程度で買うのに、一時に現金で千両分を買い、よい紙を買えたという。

そうして出版したもののなかに、たとえば明治二年(一八六九)出版の『掌中万国一覧』『英国議事院談』『清英交際始末』『世界国尽《くにづくし》』などがある。このうち『掌中万国一覧』は、人文地理ハンドブックのようなものであり、『英国議事院談』はイギリスの国会制度の解説で、紀州藩からの求めに応じたものだった。また『清英交際始末』は、アロー号戦争の経緯、清国とイギリスとの交渉、天津条約の解説で、富田正文氏によれば、この原本は福沢がロンドンで買ったものではないかという。『世界国尽』は、さらに啓蒙的なもので、七五調の文章で世界地理を紹介した。「世界は広し万国はおおしといえど大凡《おおおよそ》、五つに分けし名目は、「亜細亜」「阿非利加《あふりか》」「欧羅巴」、北と南の「亜米利加」に堺《さかい》かぎりて五大洲、大洋洲は別にまた南の島の名称《となえ》なり」という具合である。やはり富田氏によると、これが日本の軍歌のメロディーの走りになったという。なお福沢は、後年回顧して、あまりに通俗的な文章を自分でもおかしく思い、わざと難解な文章を序文にしたと述べている。豪傑の福沢でも、少し恥ずかしく感じたのであろう（「福沢全集緒言」）。

これらの本は、『西洋事情』を筆頭に、よく売れた。そして多くの偽版が出た。とくに上方《かみがた》でひどかった。偽版は昔からあったが、幕末維新期には、新知識の需要と社会の秩序の動揺によって、とくに多く、福沢はその最大の被害者だった。

慶応四年閏四月十日の福沢の山口良蔵宛の書簡には、「偽版の義は西洋各国にても厳禁にて、コピライトなど申す法律これある義、然るに上方にては少しも差構《さしかま》いなく、野鄙《やひ》の輩《やからただ》唯利是求《これもとめ》、己れ逸して人の労を奪い、己れ無知にして人の知識を盗む。斯《か》かる形勢にて、小生も著述の商売は先ず見合《みあわせ》、他に活計の道を求め申すべしと覚悟致し居り候」と述べられている。福沢がこれを政府に訴えて、厳重な取り締りを願い出たのは、明治元年十月のことであった。

政府は明治二年五月、出版条例を制定し、その中で偽版の取り締まりを定め、罰金の定めが出来た。しかし、実際のところ、なかなか行われず、明治五年に出版された『学問のすゝめ』初編に大量の偽版が出た。著作権の観念がある程度浸透するのに、約十年の年月を要したのである。

知識に自信があるがゆえに、またそのために血のにじむような努力を重ねたがゆえに、福沢は著作権にこだわった。政府は国民の正当な権利を守る義務があり、国民は政府の保護を要求する権利があるというのが、近代国家の大原則の一つであり、福沢がしばしば論じたところであった。著作権の問題において、福沢はそのことを痛切に体験したのであった。

第七章
『学問のすゝめ』

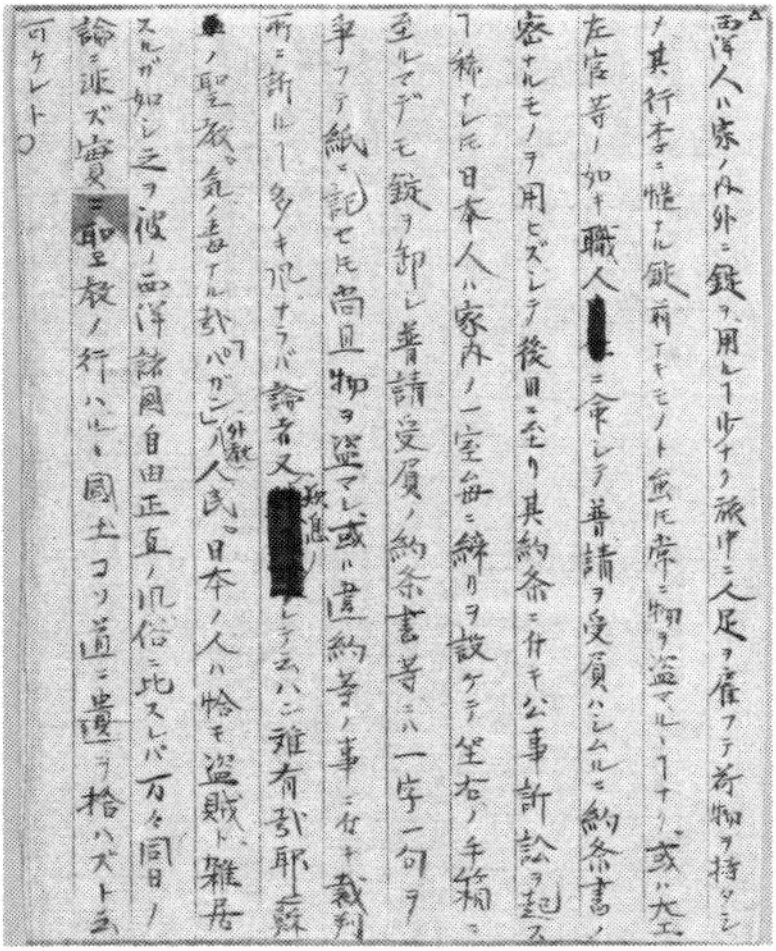

『学問のすゝめ』15編自筆原稿（慶應義塾提供）

『学問のすゝめ』はいつ書かれたか

明治三年五月、福沢は発疹チフスにかかり、一時危篤に陥った。しかし、初秋になって回復した。九月には、家族と熱海温泉に保養に行っている。これが、以後、慣例となる。

この頃には、新政府と福沢の距離は徐々に縮まった。新政府が文明開化の方針を進めることが明らかになってきたからである。この年十月、福沢は岩倉具視をたずね、三田の島原藩邸の借り入れを依頼している。これは十一月に実現し、明治四年一月、三田に自宅を移し、三月、義塾も引っ越しを行った。明治五年には、この土地の払い下げを受けている。その代わりに、東京府からの依頼で、ポリス制度を調べている。実際、近代的な警察制度は、日本が新たに導入しなければならなかったものの一つであり、福沢はその生みの親の一人であった。

明治三年の閏《うるう》十月には中津に行き、母を迎えた。その頃、まだ洋学者は安全ではなかった。大阪では、のちに腹心となる朝吹英二に命を狙われ、中津では増田宋太郎に命を狙われた。

明治四年の廃藩置県は、維新革命の頂点をなすものだった。地域によっては数百年来の統治者が根こそぎにされたのである。これまで薩長の政府と思われていた政府が、薩摩藩、長州藩まで廃止してしまったのである。福沢はことの意外に驚き、「当時われわれ同友は三五相会《かい》すればすなわち相祝し、新政府のこの盛事を見たる上は死するも憾《うら》みなしと絶叫したるものなり」と書いている（『福翁百余話』）。それからまもなく新政府の中枢の半ばが、欧米視察に長期の海外旅行に出た。岩倉使節団である。新政府の西洋文明志向は決定的であった。『学問のすゝめ』が書かれたのは、こうした感激の中においてであった。

『学問のすゝめ』は全部で十七編からなっている。しかし最初からそういう構想だったわけではない。おそらく最初は初編だけのつもりだったのが、好評だったため、次々と編が重ねられた。初編が刊行されたのは明治五年二月のことであるが、結局、明治九年十一月の第十七編まで出された。その表題と刊行時期を示しておこう。

初編（明治五年二月）

二編（明治六年十一月）
　人は同等なる事

三編（明治六年十二月）
　国は同等なる事
　一身独立して一国独立する事

四編（明治七年一月）

演説の法を勧むるの説
人の品行は高尚ならざるべからざるの論
十三編（明治七年十二月）
怨望の人間に害あるを論ず
十四編（明治八年三月）
心事の棚卸
世話の字の義
十五編（明治九年七月）
事物を疑って取捨を断ずる事
十六編（明治九年八月）
手近く独立を守る事
心事と働きと相当すべきの論
十七編（明治九年十一月）
人望論

一見してわかるとおり、初編と第二編の間に、一年九カ月という長い中断がある。そして、第二編から第十一編までの十編は、わずか七カ月の間に書かれているから、この十編は一連の作品といってよいだろう。それから五カ月して第十二編と第十三編が出て、また三カ月して第十四編が出た。そしてまた一年四カ月という長い中断ののち、明治九年七月に第十五編、八月に第十六編、そして十一月に第十七編が出て、完結している。

以上は、明治初期の重大事件と符合している。『学問のすゝめ』は、廃藩置県と岩倉使節団の出発直後に書き始められた。そしていったん終わったかに見えたが、征韓論で政府が分裂した直後に、再開されて書きつづけられ、西南戦争勃発の直前に完結した。『学問のすゝめ』は、まさに明治維新の完成期に書き上げられたのである。

『学問のすゝめ』の序論で、福沢はこの本がいかに大量に読まれたかを書いている。初編は偽版を含めて二十二万部売れた。当時の日本の人口を三千五百万人として、百六十人に一人の計算である。そのことを福沢は、「文学急進の大勢」と呼んでいる。文学とは、通常、小説に代表される。しかし、当時、文学とは今日の文学ではなく、歴史、論文、その他広い範囲を指した。

機会の平等と有様の不平等

「天は人の上に人を造らず人の下に人を造らずと言えり」という有名な言葉で、『学問のすゝめ』は始まっている。「言えり」とあることで分かるとおり、これは福沢の独創ではない。『西洋事情』のところでも触れたが、福沢はアメリカ独立革命の思想に深い影響を受けていた。そのアメリカ独立宣言にヒントを得たものであろう。しかし、オリジナルでないから価値がないということはない。因習破壊としては、これはまことに強烈なメッセージであって、福沢の言葉として記憶されるほどのインパクトがあったのである。

しかし続いて福沢は述べている。「されども今広くこの人間世界を見渡すに、かしこき人あり、おろかなる人あり、貧しきもあり、富めるもあり、貴人もあり、下人《げにん》もありて、その有様雲と泥との相違あるに似たるは何ぞや」。つまり、平等なはずだが、現実にははなはだ不平等である、その理由は何か。それは学んだか学ばないかで決まるのだと、福沢はいう。

世の中にはやさしい仕事も難しい仕事もある、難しい仕事をする人が身分重き人であり、やさしい仕事をするのが身分軽き人である、心を用い、心を配する仕事は難しい、たとえば医者、学者、役人、大町人、大百姓は身分重くして貴き者である、その本をたどればすべて学ぶか学ばないかによるのである、というのである。

これには釈然としない人もあるだろう。親が金持ちなら子供は有利ではないか、現に東大生の親の平均所得は高いではないか。

たしかにそのとおりである。しかし、それまでほとんど身分によってすべてが決まっていたことに比べれば、学問によって出世できる時代になったということは、まことに大きな変化であり、それを福沢は真っ向から位置付け、歓迎したのである。

さて、そこでいう学問とはどういうものか。まず難解な字を知り、難解な文章を読み、詩や和歌を作ることは、実のなき文学である。重要なのは人間普通実用の学である。読み書き算盤《そろばん》から、地理、物理、歴史、経済、修身など、まず日本語で用を足し、進んで西洋の文献を読むべきである。この心得で、士農工商それぞれ分《ぶん》を尽くし、家業を営み、個人は独立し、天下国家も独立できると福沢は述べた。

ただし、学問をするには分限を知ることが大切である。分限とは、責任というほどの意味である。人間は平等で自由に行動できるのだが、自由とわがままは違う。その違いは、「他人の妨げをなすとなさざるとの間にあり」という。それは、単に直接に他人の迷惑にならなければよいというだけのことではない。たとえ自分の金であっても、酒色にふけり放蕩を尽くすことは、社会の風紀を悪化させるから許されない。そうした公的な性格を、福沢の自由の概念は持っていた。

こうした自由とその反面の責任は、国家にもある。日本だけが鎖国することは許されない。我に余るものは彼に与え、彼に余るものは我に得て、互いに教え、互いに学び、「理のためには「アフリカ」の黒奴にも恐れ入り、道のためにはイギリス、アメリカの軍艦をも恐れず、国の恥辱とありては日本国中の人民一人も残らず命を棄てて国の威光を落とさざるこそ、一国の自由独立と申すべきなり」という。『学問のすゝめ』の中で最も有名な一節の一つであろう。

ここに見られるように、個人の自由、平等と、国家の独立が最初から強く結び付けられていることが重要である。福沢の前半生は因習破壊、後半生は建設ということが言えるが、最初から、国家の独立というテーマはもっとも重要な位置を占めていた。

このように、人は平等であり、生まれながらの位はない。政府の官吏は粗略に扱ってはならないが、それは彼らががんらい尊いからではなく、国法を取り扱うという重要な職分を担っているからである。旧幕府の時代に幕府御用の品物にまで敬意を表さなければならなかったのとは、まったく違う。

さらに福沢は言う。いまや学ぶことは自由である。機会は開かれている。それなのに、自分の無学を棚に上げて、貧困などの時に他を責めるのは言語道断である。「愚民の上に苛《から》き政府あり」というのは当然である。人民が学問に志して文明の気風に赴けば、政府の方も自然に寛仁大度になる。国を思うほどのものは学問をして身分に応じた知徳を備えればよいのだ、こう述べている。

以上が、初編のおおよその内容である。これは中津に学校を開くため、学問の趣旨を記そうとして綴ったものだった。しかし、広く世間に示すことも意味があると思い、慶応義塾から出すことにしたと、初編の端書《はしがき》には書かれている。

「一身独立して一国独立す」

その後二年近い中断を経て、明治六年暮から、第二編以下の刊行が始まる。それは、初編が売れたからだろうし、もっとくわしい議論が聞きたいという要望もあったからだろう。福沢自身、さらに考察を深め、普及させることに意味があると感じたのであろう。

第二編では、端書において、学問には無形の学問（神学、理学など）、有形の学問があるが、いずれにしても文字を読むのは当然だが、それを超えて「物事の道理」をわきまえることが必要だと述べている。旧来の暗記本位の学問を批判したものである。また、商売の法を学んで実際の取引が出来ないようでは仕方がない。洋学を学んで独立の生計を営めないようでは仕方がない。「文字の問屋」「飯を喰う字引」にならずに、これを活用できるようになれと説いた。

そして「人は同等なる事」が論じられている。同等とは、有様の等しさではない。権理通義の等しいことを言う。ここで権理通義とは、right つまり権利のことである。福沢はこれを最初、権理通義と訳したのである。このうち、「権」という字は「かり」とか「力」という意味で、「理」はものごとの筋道という意味である。また「通義」は、その場その場あるいはその人その人の正義ではなく、誰にでも通じる正義ということを意味している。

つまり力によって現される物事の筋道であって、身分などによって区別されず、誰にでも通用する正義、ということになる。ほぼライトの意味を尽くしているのではないだろうか。これをつづめて福沢は、権義という言葉も使った。私は利益の利を使うよりも、権理通義あるいは権義の方がよいような気がする。

つまり、人の生まれながらの権利は同等である、幕府時代の身分差別はまことにけしからぬことであった、士族と平民はもちろん、政府と人民との間はさらにひどかった、米を作るのは百姓の商売であり、ものを売るのは町人の商売であり、法令を設けて悪人を制し善人を保護するのは政府の商売である、何ら上下の区別はないと福沢は言い放った。このように、福沢は政府を職分によって捉え、人民の委託によるものだと論じたのである。

第三編は「国家の平等」を論じる。個人と同様、国家も平等である、有様は違うが、権義は同じである。強い国が弱い国に無法を働くことは許されない。そして有様の違いは、個人において学問をするしないによるのと同様、人の勉《つと》めると勉めざるとによる。今日の貧国が明日の富国となり、あるいはその逆の場合も、古来例は少なくない。「我日本国人も今より学問に志し、気力を慥《たしか》にして先ず一身の独立を謀《はか》り、随《したが》って一国の富強を致すことあらば、何ぞ西洋人の力を恐るるに足らん」と論じる。

そのためにはどうすればよいのか。それが第三編後半の課題で、「一身独立して一国独立する事」という表題で論じられている。

まず、第一に、「独立の気力なき者は、国を思うこと深切《しんせつ》ならず」という。つまり、独立の気概を持ち、自分の運命を国家の運命と重ね合わせることの出来る者でないと、国家のことを真剣に考えない。国家の運命を自らの運命と重ね合わせて考える個人がすなわち国民である。そういう国民が多くないと、国家は保てないのであり、依存心の強い者は、国家の頼りにならない。昔、今川義元が桶狭間《おけはざま》の戦いで敗れただけで、駿河《するが》は滅びてしまった。しかし普仏戦争でルイ・ナポレオン三世が敗れても、フランスはフランスだった。駿河の人民がただ今川義元にすがったのと、フランスの人民が自国のために自ら奮闘したことの違いだと、福沢は例示する。

第二に、「内に居て独立の地位を得ざる者は、外に在って外国人に接するときもまた独立の権義を伸ぶること能わず」という。まず、「独立の気力なき者」は必ず人に依頼する、そして人に依頼する者は必ず人を恐れる、人を恐れる者は必ず人にへつらう。これが習い性となってしまう。日本人の役人にこびへつらうことの甚だしいのはそれである。こういう人民は徳川時代のような窮屈な政治の時には便利だっただろう、しかし、外国と交際する今日、こういう人民は大いに有害である。

そういう商人が外国貿易に従事すれば、外国人の体格にまず驚き、金の多いのに驚き、商館の巨大さ、蒸気船の速度に驚き、取引に及んでは駆け引きの鋭さに驚き、無理な理屈も受け入れてしまう。こういうことは、一人の損害ではなく日本の損害である、と言う。

第三に、「独立の気力なき者は、人に依頼して悪事をなすことあり」という。自分の力に自信がなければ、自分の力で権利を実現するのではなく、他人の力を借りて実現しようとする。幕府の頃には御三家の力を借りて大名を抑えようとする商人があった。彼らは今後、外国の力を借りるようになるかもしれない。このように福沢は三点から、独立心こそ国家の独立の基礎であると論じたのであった。

人民の「気風」

第四編は政府と人民の関係を論じたもので、福沢の「私立」宣言であるといってもよい。福沢は言う。物事を維持するためには力の平均が必要である。ここでいう平均とは、バランスのことである。国家においても、政府の力と人民の力とがバランスが取れていて、はじめてうまくいく。

日本が世界に及ばないのは、学術、商売、法律である。その原因は人民の「無知文盲」である。政府に衆知を集めて勧誘しても、簡単には是正されない。「政府は依然たる専制の政府、人民は依然たる無気無力の愚民のみ」であって、政府と人民とのバランスが取れていないからである。これでは発展は望めない。

重要なのは「気風」である。政府には依然として「専制抑圧」の気風がある。人民には依然として「卑屈不信」の気風がある。この気風を一掃する役割を果たしうるのは、洋学者であるが、現今の洋学者は、政府に入るものが多く、政府に対する建白なども過度にへりくだり、卑屈である。つまり「日本にはただ政府ありて未だ国民あらず」という状態である。したがって、自分は政府に入らず、野にあって責任を果たそうとするものである、このように宣言したのである。

この意見は、当然、多くの洋学者の関心を引いた。福沢が参加して明治六年に作られた明六社《めいろくしゃ》においても議論となり、『明六雑誌』にもその議論が掲載されている。しかし、部分的な反論はあっても、真っ向からの反論は少なかった。

第五編は「明治七年一月一日の詞」と題されていて、もともと慶応義塾の集まりで述べた言葉である。日本が独立を維持しえていること、そして慶応義塾が独立を維持していることを喜び、そのために必要なものは何よりも人民独立の気力であると改めて論じている。政府が最近進めている教育や軍事の改革は結構だが、そこには不安がある。なぜなら教育や軍事の基礎も独立の気力だからである。日本では、古来政府がすべての権力を握り、何事にも干渉してきた。そして人民は政府の指示にしたがって奔走してきた今日、人民独立の気力は後退しつつある、なぜなら今日政府は力があるだけでなく、智恵をも独占し、学校、軍事、鉄道、電信すべてを率先して行っているからである。

したがって、文明は政府だけから起こってはならない。小民から起こることもない。その中間から起こらなければならない。ミドルクラスこそ文明の担い手でなければならない。ジェームズ・ワットもアダム・スミスも、スティーヴンソンも、政府の役人ではなく、小民でもなく、ミドルクラスであった。

そして現代の日本におけるミドルクラスは、学者である。しかし学者の多くは政府に走り、政府に頼って物事を成し遂げようとしている。慶応義塾では独立を失わず、学問に励み、それを実地に移し、政府の力とあいまって、日本の文明を進めなければならないと、福沢は学生を鼓舞したのであった。

以上の第四編と第五編は、やや抽象的な概念を使い、理論的に高度な内容となっている。その点で、これまでの三編やこのあとの十二編と大きく違っている。おそらく、福沢は、ここで政府に近い知識人に対して一種の理論闘争を挑んだといってよいだろう。その内容は、『文明論之概略』に近づいている。

第六編にいたって、ややトーンは平易に復する。しかし第六編と第七編は、その挑発的な内容で大いに世論の批判を招くこととなった。

第六編「国法の貴きを論ず」と第七編「国民の職分を論ず」は、事実上一体の論文である。福沢によれば、国民は二つの役割を果たしている。一つは主人としての役割であり、人民が申し合わせて一国を作り、法を立て、これを実行することである。第二は、政府の下に立つ客分としての役割である。国民はいったん政府に統治の役割を委ねたのであるから、法を守らねばならず、私的な制裁は厳禁である。赤穂浪士のあだ討ちなど論外であり、また政敵を暗殺する試みなど決して許されないと力説する。

それでは、政府が人民の委任を超えて無法な統治をした時にはどうすればよいのか。その一は、「節を屈して政府に従う」ことであるが、これはよくない。人民の無気力を助長するからである。第二は、「力をもって政府に敵対する」ことである。これは徒党を組むことであり、内乱を起こすことであって、はなはだ危険である。したがって、第三の方法、「正理を守って身を棄つる」ことを選ぶべきである。非暴力、不服従によって抵抗し、次々と殉教者が出れば、政府もついに態度を変えざるを得ないと述べた。

これが果たして効果をあげるかどうか、疑問を感じる人もあるだろう。『西洋事情』以来の福沢の契約説は、後退したように見える。それは、この編が明治七年初頭に書かれたことと関係しているように思われる。すなわち、明治六年末の征韓論政変において、政府は真っ二つに分裂し、西郷隆盛、板垣退助、後藤象二郎、江藤新平、副島種臣という五人の参議が政府を去っていた。せっかく前進してきた明治政府が瓦解または崩壊しては大変だと、福沢は思っていたであろう。その態度が反映しているように見えるのである。

福沢はそれに続けて、次のような話を書いた。召使いの権助が使いに出て金を落とし、旦那に申し訳がないとふんどしを木の枝にかけて首をつることがある。まことに哀れなことである。しかし、いわゆる忠臣義士が主君の敵討ちをするのも、似たようなものである。いずれも意味がない。そんなことではなく、大義のために殉ずるものは少ない。ただ、佐倉惣五郎しかいないと書いた。

その趣旨は明解であるが、これに対して非難が殺到した。楠正成（のことは福沢は書いていないが）のような忠臣の死と権助の死を同一視するものだという批判（楠公権助論）であった。福沢はこれに対し、『朝野新聞』に「慶応義塾 五九楼仙万《ごくろうせんばん》」の名で反論を書いた。歯に衣《きぬ》を着せないどころか、闘志満腹、矯激《きょうげき》の言葉を辞さない人物だった。小泉信三も言うとおり、福沢は当たり障りのないことは言わない人であった。当たり障りのないことは、言う必要がないことだった（『学問のすゝめ』解説）。

我が心をもって他人の身を制すべからず

第八編は、「我が心をもって他人の身を制すべからず」と題されている。ここでは心身の自由を論じ、男女、上下、その他の封建道徳を批判している。

人間は独立であるが、一人で生活するわけではない。そこには人間関係が生じる。しかし、いやしくも他人の権義を妨げなければ、人は自由自在に行動してよい。ところが、他人の心にしたがって行動すべきだという人がいる。我を出すべからずという人がある。将軍は天皇の心を忖度《そんたく》して、大名は将軍の気持ちになって、家老は大名の気持ちになって、用人は家老の気持ちを忖度すれば、どこにも自主独立は存在しない。

女性の「三従」はとくにひどいものである。幼にして親に従い、嫁しては夫に従い、老いては子に従うのでは、一体いつ自分の意志があるのか。こうした考え方を排して、人は独立自尊たるべしと、福沢は説いた。

ここでもそうであるが、福沢は女性の地位を尊重し、女性を貶《おとし》める議論を極力排した人である。そこに、母親のイメージがあったことは間違いない。よく福沢の思想は十分進歩的でないといって批判する人がいるが、より戦闘的な思想家が、わりあい女性蔑視だったりするものである。

第九編は前編の続きであり、人間関係から社会の中の人間のあり方へと、福沢は議論を進める。

人の働きは、まず自らの衣食住を給することである。しかしそれだけでは「蟻の門人」に過ぎない。人は人間交際（社会）の一員として存在しているのであり、法律も学問も政治もみな人間交際のためのものである。それが文明の進歩をもたらす。こうして人は文明の進歩に役割を果たすことが、その使命であるのである。

第十編で、議論はさらに進められる。学問をするにはその志を高尚にせよと福沢は言う。一身一家の安寧ではなく、天下国家のために学問するのには志を要する。こうして、福沢は実学といいながら、それを個人の立身出世の手段などにせず、はるかに大きな目的に向けようとしたのである。

次の第十一編「名分をもって偽君子を生ずるの論」も、第八編と関係が深く、儒教的人間関係を批判している。

福沢は、まず支配者と非支配者の関係に親子関係のアナロジーを持ち込むべきでないという。国君は民の父母というが、そんなことは出来るものではないし、望ましくもない。たとえば、ある店で旦那がすべての権限を掌握し、番頭や手代に何も実質的なことを任せないとする。すると彼らは主人の顔色で商売の様子を推測するだけである。朝夕主人の顔色のみをうかがう番頭が、意外に店の金をごまかしていたりすることもある。「こは人物の頼み難きにあらず、専制の頼み難きなり」と書いている。たしかに責任を分担させないと、責任の意識は生まれないのである。

馬前に討ち死にするというような武士が、賄賂を取る、すなわち主人の金を掠め取ることは珍しくない。「金箔付の偽君子と云うべし」と福沢はいう。内面化されないで外から与えられた倫理が、いかに頼りにならないかということである。

二度目のアメリカ行きの時の福沢の行動もそうだった。正当なる地位をあたえられないゆえに、福沢は自分の本を買って運賃は幕府に持たせて恥じなかったのである。ただ、「虚飾の名目」と「実の職分」とは違うことは言うまでもない。それは福沢も強調するところである。

学問の方法と心構え

第十二編では、学問の方法について述べている。福沢がまず進めるのはスピーチである。かつて明六社のなかで、日本語でスピーチが出来るかどうかという議論があったが、福沢は立派にスピーチをしてみせた。福沢は蓮如《れんにょ》上人の説教の仕方などに以前から関心を持って研究していたし、そのわかりやすい文体自体、スピーチにあと一歩であった（後述）。

学問の方法として、さらに強調しているのは、「ヲブセルウェーション」と「リーゾニング」、すなわち観察と論理構成の重要性である。これらは今日なお日本の学問の弱点の一つかもしれない。

さらに福沢が強調するのは、「人の品行は高尚ならざるべからざるの論」である。言い換えれば志を高く持てということである。個人でいえば、立身出世だけでは駄目である。学校の選択で、風俗が正しい、などという評判が重視されるのは残念である。インドやトルコが没落したのは、畢竟《ひっきょう》、自国のことだけ考えていたからである。目は世界に向けなければならないと福沢は信じたのである。

第十三編の「怨望《えんぼう》の人間に害あるを論ず」は、非常に興味深いものである。そこで福沢は、人間の不徳はたいてい徳の裏返しであるという。吝嗇《りんしょく》と倹約、勇敢と無謀、粗野と率直などは、いずれも紙一重である。しかし、怨望だけはまったくよいところのない、どうしようもないものである。それは働きの影である。他人の有様に比べて自分に不満を抱き、自分を省みずに他人を責める。それは人間交際をむしばむことはなはだしい。

なぜ、そういうことが生じるのか。貧困などでなく、窮が原因である。言路をふさぎ、行動を制約するから、怨望は起こる。その最たるものは江戸時代の大奥であったという。

この「怨望」がわざわざ独立して取り上げられていることに奇妙な感じをもつ人もあるだろう。しかし、ホッブズ（イギリスの哲学・政治学者）も『レヴァイアサン』でenvyをかなり大きく取り上げている。優れた政治思想家は、人間の本質から議論を組み立てることが多いのである。そして西洋以上に、日本では嫉妬、怨望の持つ力は強大だった。怨望ともっとも遠い人間である福沢は、それを、ほとんど蛇蠍《だかつ》のように嫌ったのであろう。

第十四編では、まず「心事の棚卸《たなおろし》」を論じている。人間、思ったほどに仕事は出来ないものである。商売においては、ふだんから帳簿をきちんとしておくことが大切である。同じように、人生でも棚卸しをしておくことが必要だという助言である。

この編の後半は、「世話の字の義」と題されている。世話とは、指図と保護とが一体となったものである、しかるに指図だけして保護をしないものがあり、また指図なしに保護だけするのもよくない。それは道楽息子に金を与えるようなものであると述べて戒めている。

ここで福沢がいうのも自立である。最小限度の保護プラス指図はよいが、それ以外はやめよといっているのである。日本社会の濃密な人間関係の中で、あるいは世話といって他人に干渉し、あるいは過度に他人の気持ちを思いやって、結局個人がのびのびと自分のしたいことも出来ず、能力も発揮出来ないことが少なくない。これを福沢は排撃していたのである。

日本を見つめる

第十五編あたりから、徐々に『学問のすゝめ』も終わりに近づく。第十五編は、「事物を疑って取捨を断ずる事」と題される。「人事の進歩して真理に達するの路」は、ただ一つ、「異説争論の際にまぎるの一法あるのみ」と福沢はいう。

しかし、軽信軽疑はいけない。旧を信じるような信をもって新を信じてはいけない。その例が、あっさり日本文明をすてて西洋かぶれとなった人々である。そして福沢は、日本の方が西洋よりも優れている点を、逆説的な形で、次々と挙げる。

もし西洋人が毎日入浴して、日本人が月に一、二回なら、開化先生は西洋人は衛生法をよく知っているというだろう、日本人が尿瓶《しびん》を部屋におき、トイレに行っても手を洗わないなら、日本人は衛生観念が低いというだろう、西洋人が紙で鼻をかみ、日本人がハンカチで鼻をかめば、日本人は貧しいからだというだろう、日本の女性が耳に金環をかけ、腹をきつく縛れば、野蛮で健康に害があるというだろう、西洋人が部屋に鍵をかけずにいれば、西洋は安全だというだろう、西洋人が簡単な契約書しかかわさないなら、西洋人はモラルが高いからだというだろう、西洋人が下駄をはき、日本人が靴ならば、日本人は未開で足指の活用法を知らないというだろう、西洋に豆腐や蒲焼や茶碗蒸しがあれば、世界の美味とたたえられるだろう。西洋に親鸞《しんらん》上人が出て、ルターが日本に出ていれば、人は親鸞上人を褒め称えるだろう。

このように、日本と西洋を入れ替えて、日本に素晴らしいものがあることを、実に文庫本三ページ余りにわたって、福沢は挙げつづける。それは、軽信の西洋崇拝を苦々しく思っていたからであり、日本に対する愛着が実は極めて強かったからであろう。福沢にとっては西洋文明はその精神に至る深みにおいて捉えるべきものであって、表面的な模倣であってはならなかった。また西洋文明の導入は、結局は日本のためにする仕事なのであった。

第十六編あたりになると、そろそろエピローグに近づいた感じがある。「手近く独立を守ること」では、さしあたり他人に頼らない堅実な生活を勧める。また、「一杯、人、酒を呑み、三杯、酒、人を呑む」という諺《ことわざ》を引いて、人が物にとらわれてしまいやすいことを批判する。これを福沢はのちに「惑溺《わくでき》」という言葉で呼んでいる。

またこの編の後半は「心事と働きと相当すべきの論」と題されていて、議論（心事）と実業（働き）のバランスに注意を促している。人の働きには大小軽重があるが、それを分別するのは志である。志を高尚に持ち、無用のものに無駄な努力を傾けないようにして、場所と時節に注意して働くことが重要だと述べている。

他方で、心事高尚にして働きの乏しいものも問題である。彼らは常に不平を持つからである。自分が出来ることは、すべて自分の心事以下なので、やろうとしない。他方で、心事を満足させるようなことは、実の働きが乏しくて出来はしない。そして、己を責めずに他人を責める。金を貸さないで返金が遅いというようなものである。これは結局、怨望につながることになる。

最後の第十七編は「人望論」と題されている。人望は、「ただその人の活発なる才智の働きと正直なる本心の徳義とをもって次第に積んで得べきもの」である。藪《やぶ》医者が玄関を広大にし、売薬業者が看板を金にするようなものは困る。しかし、真の人望は望ましいものであると福沢は言う。

栄誉人望はこれを求めるべきである。「人の己を知らざるを憂いず、人を知らざるを憂う」というのは、虚飾の宣伝を排する趣旨であって、引っ込み思案でいいわけではない。

　そのために、第一に、言語を学び、わかりやすい表現をすべきである。そして第二に、顔色容貌を快活にせよという。へつらい笑うのは論外だが、苦虫を噛み潰して熊の胆《い》をすすったような顔をするなと言う。「顔色容貌の活発愉快なるは人の徳義の一箇条にして、人間交際において最も大切なるものなり」と述べている。第三に広く交際せよという。福沢は人と人の交流から有意義な成果が生まれることを信じた人であった。この分かりやすさ、たくましさは、日本人に多い神経質で青白いインテリと、著しい対照をなしている。『学問のすゝめ』は、予定を超えて書きつづけられたが、その終わりはやはり福沢らしい宣言だったように思われる。

第八章

『文明論之概略』

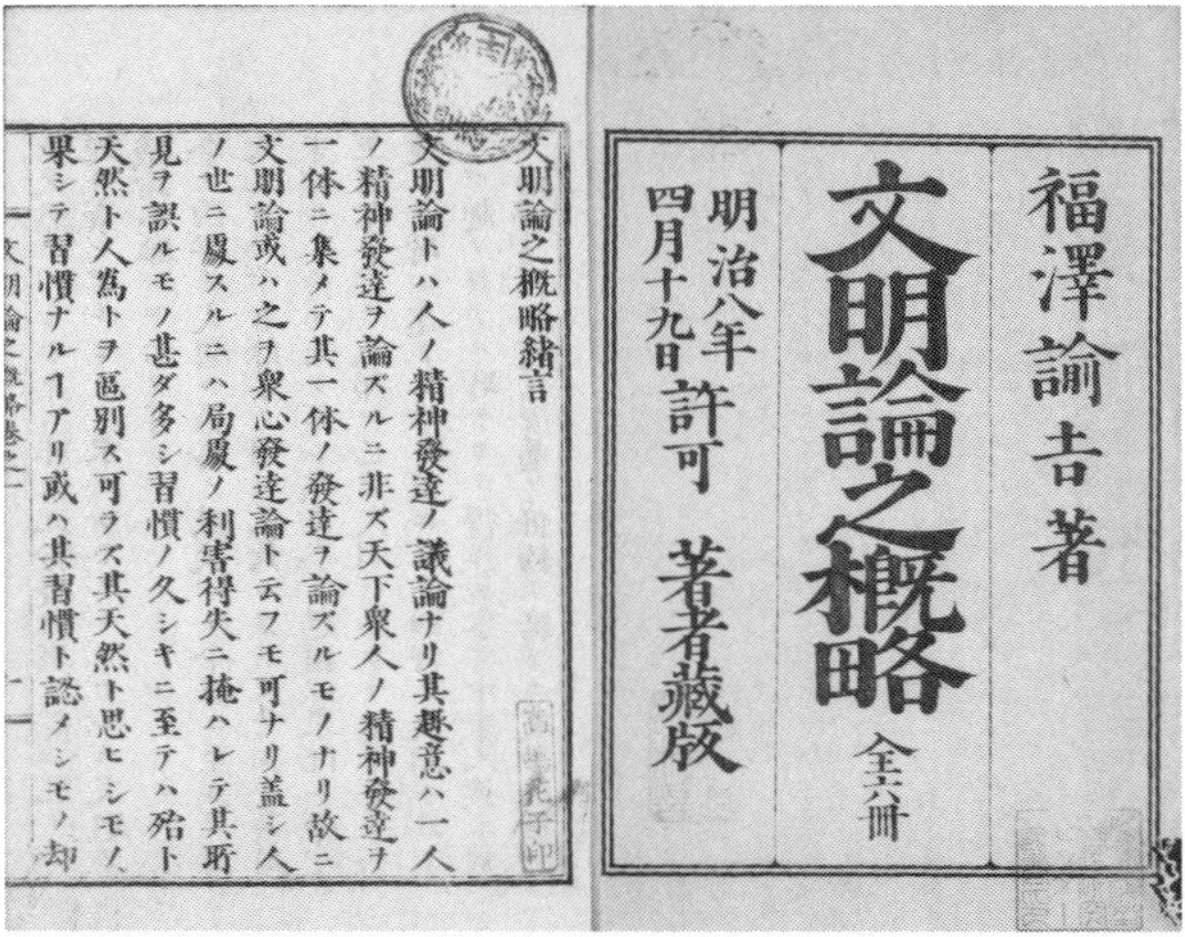

福澤諭吉著

文明論之概略

全六冊

明治八年四月十九日許可　著者藏版

文明論之概略緒言

文明論トハ人ノ精神發達ノ議論ナリ其趣意ハ一人ノ精神發達ヲ論スルニ非ス天下衆人ノ精神發達ヲ一体ニ集メテ其一体ノ發達ヲ論スルモノナリ故ニ文明論或ハ之ヲ衆心發達論ト云フモ可ナリ蓋シ人ノ世ニ處スルニハ局處ノ利害得失ニ掩ハレテ其所見ヲ誤ルモノ甚ダ多シ習慣ノ久シキニ至テハ殆ト天然ト人為トヲ區別ス可ラス其天然ト思ヒシモノハ果シテ習慣ナルヿアリ或ハ其習慣ト認メシモノ却

文明論之概略巻之一　一

『文明論之概略』（慶應義塾提供）

執筆の覚悟

『学問のすゝめ』執筆中に併行して執筆され、『学問のすゝめ』とならぶ金字塔となったのが『文明論之概略』である。福沢はこれ以外に本格的な理論的著作を書いていないが、日本の思想家の全著作を対象として考えても、最高傑作の一つであろう。

その構想は、少なくとも明治七年二月八日付の「文明論プラン」と題されたメモにまでさかのぼる。そして同月二十三日付の塾の同志、荘田平五郎宛の書簡には、「私は最早《もはや》翻訳に念はこれなく、当年は百事を止め読書勉強致し候積りに御座候。追々身体は健康に相成り候を、ウカウカいたし居り候ては次第にノーレジを狭くするよう相成るべく、一年計《ばか》り学問する積りなり」と述べられている（『考証』上）。従来の知識の断片的な紹介にあきたらず、まとまった理論的、学問的著作を著すことを計画し始めたのであった。すでに述べたとおり、『学問のすゝめ』の中には「心事の棚卸」という章があり、計画をたててその実績をチェックすることの重要性が説かれていた。福沢は自らの学問において、それを実践しようとしていた。

のちに福沢は、明治三十一年、『文明論之概略』について、次のように述べている（「福沢全集緒言」）。「従前の著訳は、専ら西洋新事物の輸入と共に、我が国旧弊習の排斥を目的にして、いわば文明一節ずつの切売りに異ならず。しかのみならず、明治七、八年の頃に至りては世態漸《ようや》く定まりて人の思案も漸く熟する時なれば、この時に当り西洋文明の概略を記して世人に示し、なかんずく儒教流の故老に訴えてその賛成を得ることもあらんには最《もっとも》妙なりと思い、これを敵にせずして今はかえってこれを利用しこれを味方にせんとの腹案を以て著したるは『文明論之概略』六巻なり」。

たしかに、明治七、八年には、日本の文明化が一段階を過ぎ、より広くより深く進むべき時期となっていた。とくに儒教流の故老に読ませたかったというのは面白い。実際、『文明論之概略』は福沢の書としては難解な表現を用いていた。通常よりも大きな活字を使ったのも、やや年配の読者を獲得しようとしてのことだった。

著作はさきの手紙から一年あまり、明治八年四月に脱稿した。四月二十四日付で旧中津藩の友人島津祐太郎（復生《ふくせい》）にあてた書簡の中で、福沢は次のように述べている。「拙著文明論の概略この節脱稿、出版は今三、四ヶ月も手間取り候に付、一と通り写させさし上げ候。……この書は昨年三月の頃より思立ち候えども、実は私義洋書並びに和漢の書を読むこと甚《はなは》だ狭《せま》くして色々さし支え多く、中途にて著述を廃し暫く原書を読み、また筆を執りまた書を読み、如何にも不安心なれども、ママヨ浮世は三分五厘、間違ったらば一人《いちにん》の不調法、六《むつ》ヶ敷《しき》事は後進の学者に譲ると覚悟を定めて、今の私の智恵だけ相応の愚論を述べたるなり。三、五年の後に学問上達いたし候わば、必ず自から愧《はじい》り候事もこれあるべく、その時は又候《またぞろ》罪を謝して別段に著述つかまつるべく存じ候」。

一見して謙遜しているようだが、福沢は本気だったに違いない。福沢もすでに四十一歳、より若く、留学して本格的に西洋文明を学ぶ世代が登場しつつあった。また日本は文明開化の一段階をすでに超えつつあった。さらなる活動のため、もう一度学問的立脚点を固める必要に迫られていたのである。

『文明論之概略』は全六巻、十章からなる。かつて丸山真男は岩波新書で『「文明論之概略」を読む』全三巻を著した。たしかに、じっくり読み、解説するには、それだけの分量が必要になる。そういう解説をするスペースはないし、伝記的手法で福沢を論じるには、詳しい解説はむしろ流れをさまたげる。しかし、『学問のすゝめ』よりは簡略にするにせよ、やはりある程度内容の大筋を見ておくことが必要である。

まず緒言で、文明論とは何かが定義される。福沢によれば、それは人の精神発達の議論である。それも個人ではなく、「天下衆人」の精神発達を論ずるものであるというところが、重要である。

ところで西洋の文明はローマ滅亡から千年をかけて発展してきた。一方、日本の文明は、古い起源をもつが、そこに仏教、儒教の影響が加わり、さらに最近には西洋文明の影響が加わって、大きな人心騒乱となっている。現在、王制維新や廃藩置県といった外見の変化は一段落したが、人心の騒乱はまだ続いている。日本は西洋文明になってしまうか、それよりももっと先に進まなければとまらないような勢いである。しかも西洋文明の発展はまだ続いているので、日本文明の行方を見通すことは難しい。

しかし、一つ日本の学者に有利なことがある。それは西洋人が既成の文明の中から見ているのに対し、われわれは実際にその変化を経験したことである。つまりわれわれは、「一身にして二生《にしよう》を経《ふ》るが如く一人《いちにん》にして両身あるが如し」（福沢の頻繁に使う言葉である）だから、確実な議論が出来る。このような、ある意味では壮大な自信をもって、福沢は以下の議論を展開する。

議論の本位を定めること

続いて第一章は、「議論の本位を定る事」である。その冒頭に次のように書かれている。

軽重、長短、善悪、是非等の字は、相対《あいたい》したる考えより生じたるものなり。軽あらざれば重あるべからず、善あらざれば悪あるべからず。故に軽とは重よりも軽し、善とは悪よりも善しということにて、此《これ》と彼《かれ》と相対せざれば軽重善悪を論ずべからず。かくの如く相対して重と定まり善と定まりたるものを議論の本位と名づく。

かつてやはり丸山真男は、この部分は『学問のすゝめ』の冒頭の「天は人の上に人を造らず……」と匹敵する重要な宣言だと述べた（『福沢諭吉の哲学』）。この要点は、物事は相対的であるという指摘である。そして相互に比較して重と定まり善と定まる。これを「議論の本位」と福沢は呼んでいる。「議論の本位」という言葉は、のちに若干意味を変えて使っているので、一義的に説明しにくいが、だいたい、議論の立脚点、あるいは議論の目的ということである。

福沢によれば、議論の本位を定めなければ、利害得失を定められない。城は守るためには便利だが、攻めるものには不便である。したがって、何のための議論かを、まず考えなければならない。

議論の本位が異なれば、結論は同じでも趣旨が違うことがある。また議論の本位が違えば、お互いに極端な場合を想定して意味のない議論となることがある。こうした無用の対立を避けるためには、大いに人に交わること、社交が大切である。

また福沢はこんなことを言っている。どの国にも至智《しち》（きわめて賢い者）も至愚《しぐ》（きわめて愚かな者）も少ない。多いのは、その中間にあって、世間とともに推移し、罪もなく功もなく、雷同して一生を終わる、世間通常の人物である。いわゆる「世論」とは、彼らの間に生じる議論である。こうした議論が社会をリードすることはありえない。「古来文明の進歩、その初めは皆いわゆる異端妄説に起こらざるものなし」という。

スミスの経済学もガリレオの地動説もそうであった。昔の異端妄説も今日の通論となり、昨日の奇説も今日は常談となる。したがって、学者は異端妄説と批判されることを恐れず、勇気をふるって思うところを説くべきである。逆に、他人の説が持論とあわなくても、よくその意のあるところを察して、容れるものは容れ、容れられないものはしばらくそのままとして、他日を待つべきである。

ただ、前に進むべきか、後ろに下がるべきか、文明に進むべきか、野蛮に戻るべきかといえば、進むしかない。その立場から、以下の議論を進めたいというわけである。

西洋文明の精神

第二章は「西洋の文明を目的とする事」と題される。

前章で軽重是非は相対的なものと述べたことを踏まえて、文明開化も相対的だと福沢は言う。現在のところ、欧米が最上、トルコ、中国、日本、アジアを半開、アフリカおよび（今日から考えれば意外であろうが）オーストラリアを野蛮とするのが通論である。

この野蛮、半開、文明の区別を、福沢は次のように言っている。すなわち野蛮とは、食も住も不足しているか、足りていても器械を用いる工夫がなく、文字はあっても文学はなく、ただ自然の力を恐れて偶然に依頼するだけの状態をさす。ついで半開は、農業が進み、都市化が進み、国家をなしているが、なお不足が多い状態をさす。文学はあっても実学はなく、「人間交際に就いては、猜疑嫉妬の心深しといえども、事物の理を談ずるときには、疑いを発して不審を質すの勇なし」、模倣は巧みだが創造能力に欠け、「旧を脩《おさ》むるを知りて旧を改むるを知らず」、人間の交際に規則はあるが、習慣に圧倒されて規則の体をなさない。「文明」は、これらの点で対照的であり、天地の法則を知るが、その中で積極的に活動し、「気風快発にして旧慣に惑溺せず」、自主独立で他人の恩威に依存せず、自ら徳と智を磨き、「古《いにしえ》を慕わず今を足れりとせず、小安に安んぜずして未来の大成を謀《はか》り」等々と述べている。これらの中に、『学問のすゝめ』の中に挙げられた多くの精神的態度が含まれていることが分かる。福沢において文明は、富国強兵以上に、それを支える精神において捉えられていたことが、こういうところによく現れていた。

さて、文明というも野蛮というも相対的なものである。西洋文明も満足すべきものではない。しかし、当面、それをめざすしかない。しかし、世界各地においては人心風俗の違いがある。文明を取り入れるといっても、何を取り入れるのか。何らかの取捨選択が必要なのではなかろうか。

この点に対して福沢は言う。文明には外に現れる文明と内に存する精神とがある。外見においては、衣服、飲食、器械、住居、政令、法律、軍隊、大砲など、様々なものがある。そのうち、鉄橋、石室《せきしつ》はやさしく、政法（制度）は難しい。さらに難しいのは、内の精神である。外的な文明については取捨選択もありうるが、文明の精神についてはそうではない。そして文明の精神なしには、文明化は意味をなさない。文明をめざすには、このもっとも難しい精神の部分から取り組まなければならないと福沢は断ずる。ところで、その文明の精神とは何なのだろうか。「けだしその精神とは何ぞや。人民の気風、即《すなわ》ちこれなり」と福沢は言う。その内容については、すでに述べたところである。このように、西洋文明を富や武力ではなく、精神、気風で捉えたところが、福沢の傑出したところであった。

ところで、西洋文明をめざす条件について、福沢は日本と中国とを比較する。「自由の気風はただ多事争論の間にありて存するものと知るべし」というのが福沢の考えである。中国では周末に百家が相争って、自由の気風があったが、その後独裁になってしまった。しかし日本は朝廷と武家の二元政治のせいで、中国より自由の条件があり、西洋文明の導入に適した条件にあるというのである。

ここで福沢は国体と政統と血統とを区別する。国体とは、nationality のことであると福沢は言う。人種や宗教や言語や地理や、そしてもっとも多くは共通の歴史によって結ばれた人々が一つの国を立てる。国体を維持するとは、独立を失わないということである。その国人が政権を失わないことである。したがって、中国は宋のあと元に敗れて国体を失った。また明のあと清に対して国体を失った。またインドはイギリスに対して国体を失った。日本の国体は一貫しているという。

これに対し、政統とは political legitimation のことであるという。中国でもフランスでも王朝は交代した。かつて共和制だったオランダは今は王制である。日本では藤原氏の時代もあれば北条氏の時代もあった。こうした政統の交代は、国体の存亡とは関係がない。

第三は血統である。血統が途切れたから政統が変わるわけではないし、まして国体が失われるわけではない。またインドのようにイギリスの支配下に入って血統が続いても、国体は失われたというほかはない。

こうした議論には底意があった。当時、文明開化は日本の国体と両立しないと論じるものがあり、福沢はそれを論破しようとしたのである。日本は国体を失ったことはない、大事なのは国体である、独立の維持である、それさえ達成されれば政統や血統は二次的である、現に政統は何度も変わった、朝廷の時代があり、武士の時代があったと論じたのである。

ここで福沢は「惑溺《わくでき》」という概念を使っている。惑溺とは、本来ある目的に対する手段であったものが、本来の目的を離れて自己目的化してしまうことをさす。武士にとって刀はがんらい身を守るためのものだった。しかし平時になってもこの習慣を廃止せず、かえって金銀をちりばめて帯刀するようになった。同様に、大切なのは国体の維持である、西洋文明の導入はそのために有効だと説いて、旧習に惑溺することは日本の国体を危うくすると論じたのである。

いうまでもなく、戦前において国体とは、福沢のいう国体とは異なり、何よりも「万世一系ノ天皇之ヲ統治ス」（帝国憲法第一条）という体制を指した。これを改変しよう、あるいはしてもよいという主張は、国体に反するものとされ、治安維持法（大正十四年）によって処罰される可能性があった。それを考えれば、ただ日本の独立の維持を眼目とし、政統や血統は二次的とする福沢の主張は、昭和戦前期においては相当の危険思想であった。のちに述べるように福沢は、昭和期の国体思想につながるような考え方は、皇室を政治的に利用するものであるとして、強く排撃していたのである。

人の安楽と品位との進歩

第三章は「文明の本旨を論ず」と題されており、あらためて文明を定義している。簡単に言えば文明とは、「人の身を安楽にして心を高尚にするをいうなり、衣食を饒《ゆた》かにして人品を貴《たっと》くするをいうなり」と述べている。言い換えれば、それは「人の安楽と品位との進歩」である。それを実現するものは、人の智徳である。したがって、文明とは人の智徳の進歩であるという。

ところで、文明の進歩と政治体制は、どういう関係にあるのだろうか。『学問のすゝめ』の冒頭で平等を宣言したことはあまりにも有名だが、それなら民主主義、民主政体をいるが、人間の智恵は昔から変わっていないとすれば、これは人民の気風に支えられて成り立つものであるという。一国の政治の善し悪しもまた、その国の人民の気風にこそ左右される。政治とは国民の気風の集まったものにすぎない。だとすれば、気風がすべての発展の根本にあるということになる。

唱えそうなものである。中江兆民の『三酔人経綸問答《さんすいじんけいりんもんどう》』に登場する紳士君は、君主独裁制から立憲君主制、そして民主制へという発展を強く主張していた。しかし、福沢は文明の進歩すなわち民主化とは考えなかった。西洋では改革の第一着手は貴族を倒すことであるということを認めながら、また日本では廃藩置県が行われ、士族の地位があやうくなっていることを肯定しながら、よい君主制もあれば、悪い共和制もあるという見方であって、その萌芽は『西洋事情』にも見られた。言い換えれば、政治体制の発展とは異なった、別の軸が文明の発展、智徳の発展だったのである。

では、個人の智徳ではなく一国の智徳をどのように測ればよいだろうか。第四章「一国人民の智徳を論ず」、第五章「前論の続」は、この問題を論じている。

福沢によれば、西洋にも愚かな者はいるし、アジアでも優れた人物はいる。それなのに西洋が進んでいるのは、西洋では愚かな者が世間を支配することがなく、アジアでは優れた者が世間を支配できないからである。その理由は一国の気風にあるという。

この気風という言葉は、やや多義的に用いられていて、正確な定義は与えられていない。むしろ歴史を決定する要因が気風であるとして、歴史の中から例示しようとしている。

周の末期に孔子が用いられなかったのは、時勢に合わなかったからであり、後醍醐《ごだいご》天皇や楠正成が成功しなかったのも、時勢に合わなかったからである。その時勢とは、そのときの人民の気風であって、後醍醐天皇でいえば、武士の世を覆すというのは、そもそも無理だったということである。要するに、勤皇というような超歴史的な尺度で歴史を断ずることに福沢は反対であった。

ともあれ、一国の文明の有様は一般国民の智徳によって知られる。それはその時代にあってあまねく人民の間に分布する智徳の有様をあらわしたものである。これを衆論というが、これについて、福沢は二つの重要な指摘をしている。

第一に、衆論は人の数によらないということである。明治維新を動かしたのは国内一般の智力であるという。それは少数ながら、優れた議論として力を持ち、ついに時代を動かした。そして、改革論というのは、概して智力があって銭のないものから出るものだと述べている。現状に満足しているものから改革論は出ないからである。これは『学問のすゝめ』におけるミドルクラスへの期待と同じ議論である。洋学を学んで時代を動かした自負がそこにあった。

第二に重要なのは、個人個人が優れていても、それは結合しなければ力にならないということである。日本の習慣は徒党を組むことを固く禁じた。しかし有志で議論することで、より高い智恵に到達することがある。こうして福沢は「交際」を重視する。概して言えば、西洋諸国の議論は、その国人の意見よりもさらに高尚であり、東洋においてはその逆である、その理由は習慣に制せられて自由闊達な交際と議論が出来ないことにあるというのが、福沢の指摘であった。

続く第六章「智徳の弁」、第七章「智徳の行わるべき時代と場所とを論ず」において、福沢は智と徳とを区別して論じている。

智とはインテレクトのことであり、事物を考え、事物を解し、事物を合点する働きである。また徳とはモラルのことであり、「心の行儀」のことであって、「一人の心の内に慊《こころよ》くして屋漏《おくろう》に愧《は》じざるものなり」と述べているが、これは誰にでもわかるような説明と、儒者に向けた難解な説明（『大学』や『中庸』に出てくる用語を用いて、道徳が完全に内面化され、人目につかないところにいても、何ら恥ずかしくない行動をすること）とを加えているところが福沢らしい。

さらに福沢は智を私智と公智あるいは小智と大智に分け、徳は私徳と公徳とに分ける。私徳とは貞実、潔白、謙遜、律儀など、一身のうちに属するものであり、公徳とは、廉恥《れんち》、公平、正中、勇強など、外物に接して人間の交際上に現れるものだと述べている。また、ものの理を極めてこれに応じる働きを私智といい、人事の軽重大小を分別し、軽小よりも重大を先にし、その時節と場所とを察して行うのを公智と呼んでいる。この公智は聡明の大智とも呼ぶという。

福沢が重視するのは公徳と公智である。東洋では私徳を重視することが多い。また囲碁、将棋、算盤のたぐいは私智である。しかし、アダム・スミスやジェームズ・ワットは公智のよい例である。奴隷制度を批判したトマス・クラークソン、監獄の改良を主張したジョン・ハワードは公徳の例である。こうしたことがらについて多数の例を引きつつ、福沢は徳より智、私徳より公徳、私智より公智が重要であることを力説している。なおこのような私智の軽視からも分かるとおり、福沢は芝居や音楽、ひいては芸術方面にあまり興味を持たなかった。これは啓蒙家福沢の少し物足りないところである。

西洋文明と日本文明の違い

第八章「西洋文明の由来」は、ギゾーの著作を紹介して西洋文明の起源を論じている。その中心命題は、西洋文明の根源はその多元性にあり、多元性の中に自由が発展したということである。福沢は述べている。

「そもそも文明の自由は、他の自由を費やして買うべきものにあらず。諸《もろもろ》の権義を許し、諸の利益を得せしめ、諸の意見を容れ、諸の力を逞《たくま》しうせしめ、彼我《ひが》平均の間《かん》に存するのみ。あるいは自由は不自由の際に生ずというも可なり」(第九章　日本文明の由来)

この第八章は、ギゾーを紹介したものとして、のちの第九章、十章と比べて軽いという評価が一般的である。しかし、決してそうではないと指摘したのが丸山真男『「文明論之概略」を読む』である。丸山が言うとおり、福沢はヨーロッパ文明の発展をギリシャ・ローマから論じているのではない。ローマ帝国の一元的支配の崩壊から論じている。そしてゲルマンの自由について、「一個の不羈《ふき》独立を主張して一個の志を逞しうせんとするの気風は、日耳曼《ゼルマン》の生蕃において始めてその元素あるを見たり」と高い評価を与えている。さらに封建領主の割拠、宗教権力と世俗権力の対峙、自由都市など、多元的要素の競争的共存の中に自由が生まれ、社会のダイナミックな発展があったことを指摘している。そしてその際の原動力は、例によってミドルクラスなのであった。

続く第九章「日本文明の由来」は、『文明論之概略』の中でももっとも有名な章であろう。ここで福沢は、西洋の多元性に対する日本の一元性、そして権力の偏重が日本文明の本質だと述べている。ここでいう偏重とは、平均の反対であって、バランスが取れていないことを指す。それは様々な人間関係の中に、とくに見られた。

すなわち男女関係では男、親子の間では親、兄弟の間では兄、それ以外でも、長幼の間でも、師弟主従、貧富貴賤、新参古参、本家末家、すべてに順序をつけてやまないのが日本である。

日本ではこうした関係が重要であって、長官は下役を威圧し、下役は名主を威圧し、名主は小者を威圧する。「甲は乙に圧せられ乙は丙に制せられ、強圧抑制の循環、窮極あることなし。また奇観というべし」という。丸山真男の著名な「抑圧委譲」の論は、ここから来たもののように思う。

日本における権力の偏重は、古代に王室に権力が集中したところから始まる。仁徳天皇がかまどの煙を見て民を慈しんだという逸話に対しても、福沢は、これは天皇が民を私物化したもので、さほど感心した話ではないと述べている。

次には武家に権力が集中した。それ以後の変化を含め、日本には政府の交代があっても権力の交代はないとまで福沢は述べている。国民を巻き込んだ大きな変革がなかったところでは、人民に国家の主人であるという意識が欠けてくる。このように福沢は批判し、「日本には政府ありて国民（ネーション）なし」と断ずるのである。

そこから結論の第十章「自国の独立を論ず」の中心命題が提出される。日本の最大の課題は、近代国際システムに参入し、生き残り、発展することだった。そのためには、日本は主権国家としての地位を確立し、そのためには国民に基礎を置いた国民国家にならなければならなかった。

これまで、日本においては、「君臣の義」とか、「先祖の由緒」とか、「上下の名分」とか、「本末の差別」とか、名称はいろいろであるが、日本人の交際を支配して、これまでの文明を達してきたものは「風俗習慣の力」であった。それによっては、人民は国民になれないと福沢は断ずる。

国際社会は苛酷である。福沢は小幡篤次郎の次の言葉を引いている。ペリーが日本にやってきて、通信、交易を求めた。その口実として言うには、「同じく天を戴き、同じく地を踏《ふみ》て、共にこれ四海の兄弟なり、然るに独り人を拒絶して相容れざるものは、天の罪人なれば、たといこれと戦うも通信、貿易を開かざるべからず」ということだった。「何ぞその言の美にして、その事の醜《しゅう》なるや。言行齟齬《そご》するの甚だしきものというべし」。つまり福沢は、欧米の進出が正義人道と言いながら、実際には極めて利己主義的なものであることを厳しく批判していたのであって、福沢が西洋崇拝者からははるかに遠い存在だったことがわかるだろう。

一方に次のような議論をなすものがいる。すなわち、各国の交際は「天地の公道」に基づいたものであり、必ずしも相手を害しようという趣意ではない。それゆえ、自由に貿易し自由に往来し、ただ自然に任せればよいと。しかしこれは大いなる過ちである。江戸時代、個人と個人との間にはそういう関係はありえた。しかし、ひとたび藩と藩との関係になるとそうはならなかった。国家には必ず一種の偏頗心《へんぱしん》があるのであって、そうした競争の中に生きざるを得ないのである。

かくして、福沢は、「外国交際は我国の一大難病にして、これを療するに当りて、自国の人民にあらざれば頼むべきものなし」と説く。これまで「君臣の義」「先祖の由緒」「上下の名分」「本末の差別」といったものは、いまや「本国の義」となり「本国の由緒」となり、「内外の名分」となり、「内外の差別」となって、ますます重要になっている。

日本の課題の大きさと広さについて、福沢は言う。「英に千艘の軍艦あるは、ただ軍艦のみ千艘を所持するにあらず、千の軍艦あれば、万の商売船もあらん、万の商売船あれば、十万人の航海者もあらん、航海者を作るには、学問もなかるべからず、学者も多く、商人も多く、法律も整い、商売も繁昌し、人間交際の事物、具足《ぐそく》して、あたかも千艘の軍艦に相応すべき有様に至りて、始めて千艘の軍艦あるべきなり」。かくして強兵よりも富国、それよりも政法、さらにそれよりも精神の革命が、何よりも必要だった。

第九章 維新のリーダーと福沢諭吉

明治9年（1876）撮影。壮年期を迎えた福沢の洋装姿。中年以降はほとんど和服だった（慶應義塾提供）

木戸との共感

以上のように、明治四年から九年にかけての時期は、福沢にとって『学問のすゝめ』と『文明論之概略』執筆の時期であった。『学問のすゝめ』は『文明論之概略』の応用編であり、『文明論之概略』は『学問のすゝめ』の理論編であった。明治四年秋から福沢は『学問のすゝめ』を書き進め、そのさなかに理論的基礎の確立の必要を感じて明治八年には集中して『文明論之概略』を書き上げた。そしてまもなく明治九年、『学問のすゝめ』を書き終えたのである。それは、廃藩置県から西南戦争に至る時期であった。

こうした福沢の活発な活動は、当然、政府や在野の政治家、実務家の関心を呼んだし、福沢もやがて自ら明治国家の構築に参画するようになった。その関係を次に見ていきたい。

幕府の頃から交際があった人物は別として、福沢が政府要人と会うようになるのは、明治六年の秋頃からである。それは、明治四年に出発した岩倉使節団がようやく帰国し、留守政府との間に状況認識と政策において大きなずれが見られるようになった頃であった。

当時の焦点は言うまでもなく征韓論であった。すなわち、明治維新以来国交の途絶えていた朝鮮に対し、特使を派遣して強硬な交渉を行うべきだというグループと、欧米との格差を痛感して帰国したグループは、対韓特使派遣が軍事衝突に発展することを恐れ、国内整備が先決だと主張した。

福沢が最初に木戸孝允に会ったのは、明治六年九月四日のことである。木戸は岩倉使節団の副使として欧米を旅行し、七月に帰ったばかりだった。木戸の日記には「共に時勢を慨歎」したとある。欧米旅行の参考書として、彼らは当然『西洋事情』を読んだであろうし、欧米見聞の先達として、福沢と会って意見を交換したいと思ったであろう。

その次に、九月十六日、今度は木戸が福沢を訪問し、朝七時から午後二時まで滞在し、昼食を饗せられたとある。二週間もたたないうちに訪問し、七時間も滞在したのだから、よほど意気投合したのだろう。福沢の門下生の一人が、あるとき木戸がやってきて、茶汲みを言いつかったところ、暴風雨で仕出し屋も休みで、芋を煮たお菜に香の物という粗末な昼食を出した、と回想しているのは、多分このときのことであろう。両者の交情がうかがわれる。

木戸が「慨歎」した中身はもちろん征韓論と関係していたであろう。特使派遣論は、二度閣議で決定されたが、大久保利通と岩倉具視《ともみ》の強引なリーダーシップで取り消された。十月二十四日のことである。

しかし、政治危機が終わったわけではなかった。これまでも維新後の変革に対して反感、不満をもつものははなはだ多かった。しかし政府の中枢にあった参議の過半数が政府を離れ、とくに声望もっとも高かった西郷隆盛が野に下ったことは大きな衝撃だった。政府の方でも、今後明治国家をどのように建設していくか、展望を描き、国民に示すことが必要となっていた。

征韓論をめぐって政府が分裂した直後、政府内部では改革の動きが起こり、明治六年十一月二十日、伊藤博文、寺島宗則が政体取調掛を命ぜられた。そして大久保利通は、「立憲政体に関する意見書」を起草して伊藤に渡し、福沢を取調の一員に加えるよう推薦している。

この中で、大久保は民主政治と君主政治の利害得失に触れ、民主政治が原理的に優れているとしながらも、民主政治を作動させる条件が日本には欠けているとし、「君民共治ノ制」(ほぼ立憲君主制に相当する)をめざすべきだと述べている。大久保と福沢とはそれほど遠いところにいたわけではなかった。

なお、伊藤は福沢を委員に採用する件について、反対ではないとしながら、木戸の意見を求め、結局、これを行わなかった。加える以上はその意見をある程度採用せねばならず、しなければかえって不満を招くという理由であった。

しかし、これは若干こじつけのような気がする。むしろ、福沢を加えた場合、強い影響力を持ちすぎることを恐れたのではないだろうか。とくに福沢の親友だった寺島が参加していたから、その影響力は相当に強いものとなったであろう。

明治七年一月、愛国公党が結成され、民選議院設立建白書が出された。日本最初の政党ということになっているが、愛国公党の結成に連署したのは九名、建白書に署名したのも八名であって、少数有力者の結集、宣言に過ぎなかった。しかも署名者の一人であった江藤新平はすぐに佐賀に帰り、佐賀の乱を起こすから、実態はごく短命であった。

建白書や愛国公党に対する福沢の態度はよくわからない。民選議院については、明六社の同人の間でも大いに議論となった。その中では、原理的反対論者はいなかったが、時期尚早という者が少なくなかったらしい。福沢は、制度の変革よりも精神の覚醒が先だとする立場であり、反征韓論の木戸と親しかったから、民選議院に賛成ではあったが、深くコミットすることはなかったのだろう。

明治七年の二月には、台湾出兵が決定された（五月出兵）。これは対外的冒険という点では征韓論と同じであり、それゆえに木戸孝允は反対して参議の地位を辞している（四月）。しかし、これを主導した大久保にはそれなりの理由があった。大久保にとっては薩摩にいる西郷の去就こそもっとも気がかりであった。それゆえ、佐賀の乱は断固として粉砕しなければならず、また薩摩のエネルギーを外にそらすべく、主として薩摩で兵力をつのって、西郷従道《つぐみち》をリーダーとして台湾出兵を行ったのであった。

こうした大久保の行動は、木戸から見て目的のためには手段を選ばないものと見え、二人の間は大きく疎隔することとなった。

この事件に対する福沢の態度はよくわからない。台湾出兵に対しては、やや否定的な態度だったらしいが、強い反対もしていない。また佐賀の乱についても、とくに強い反対も支持も見当たらない。ほぼ木戸と近い位置にいたが、ある程度は大久保の立場も理解して、著作と教育にもっぱら力を注いでいたのではないだろうか。

明治八年三月、大阪で大久保と木戸および板垣との会談が行われた。征韓論問題で政府を去った板垣と、台湾出兵問題で反対して政府を去った木戸を政府に復帰させることが目的であった。その条件として、漸次立憲制の詔勅が出され、日本はいずれ立憲制を採用することが明らかにされた。また地方官会議を設置すること、参議・卿の分離、大審院の設置などの約束がなされた。全体として立憲政治への歩みが大きく進んだのである。このとき福沢は、漸次立憲制移行の詔勅については、賛成しており（四月二十九日付富田鉄之助宛書簡）、また五月一日の明六社の会合では、加藤弘之の民選議院時期尚早論に反対している。

しかし、その後、板垣退助は大久保と意見を異にして政府を去り、また左大臣島津久光も政府を去った。一人残った木戸は大いに批判にさらされた。このとき、福沢はいろいろと木戸を激励したらしい。『木戸日記』の明治八年十一月十四日には、「福沢諭吉来話。当時世論紛紜《ふんうん》然し余独りその怨府となり、平生我心志を想察し、傍観に堪えず、具《つぶさ》に同人の意見を陳述せり、余実にその心切に感ずると雖も、今日この際に臨み、諸氏と違約する能わず、実に今日余の心事語るに堪えず、名を顧みず、身を顧みず、聊《いささ》か丹心の誓いをもって国家に報じ一日を安んずるなり」と述べている。内容は判然としないが、福沢の親切に深く感謝しつつも、国家のために全力を尽くすしかないと述べているわけで、福沢との深い結びつきを感じ取ることが出来る（以上『考証』下）。

福沢の人権、大久保の政権

このように、福沢は政府内部の穏健派であった木戸と近い立場にあった。それでは最大の実力者、大久保とはどうだったか。

大久保と初めて会ったのは明治八年六月十三日、二度目が明治九年二月二十七日のことらしい。最初は数人の相客もあったが、二度目は福沢が主なゲストで、随分話し合ったらしい。大久保の日記に、「五字ヨリ鮫島子相訪。福沢子入来ニテ種々談話コレアリ、面白ク流石《さすが》有名ニ恥ジズ」と書いている。福沢はのちにこの日のことを回顧して、次のように述べている。

福沢に対して大久保は「天下流行の民権論も宜《よ》し、されども人民が政府に向かって権利を争えば又これに伴う義務もなかるべからず」などと述べた。それは暗に自分を目して「民権論者の首魁《しゆかい》」と認めたかのようであった。そこで自分は、国民には政権と人権がある、政事は政府が自由にやればよい、しかし人権については譲ることが出来ない、官吏が平民を軽蔑するのは封建時代の武士が百姓町人に対するのと同じではなはだよくない、自分が争うのは人権の方だけである。しかし、いつか政権の議論も盛んになり、大騒ぎになることもあるだろう、そのとき自分は決してその動きに加わることはなく、「今日君が民権家と鑑定を附けられたる福沢が却って着実なる人物となりて、君等の為めに却って頼母《たのも》しく思わるる場合もあるべし、幾重にも安心あれ」と述べたという（「福沢全集緒言」）。

大久保が民権論の正当性をある程度認めていたということも面白い。福沢が人権とくに人間の尊厳について強い主張を持っていたことがわかる。また、政権つまり人民の政治参加についてはかなり慎重な意見をもっていたことも、他の文献から確認できる。二人の間には、それほど大きな違いはない。大久保は政府の確立に力を注ぎ、福沢はその根底にある人権の確立に力を注いだ。両者は矛盾対立するというよりは、関心と活動の領域において違っていただけである。むしろ、そうした関心領域、活動領域の違いを前提とすれば、明治を代表する権力者と明治を代表する知性との間には、相当深い対話が成り立っていたと言ってよいだろう。

「分権論」

明治九年十一月、福沢は「分権論」という論文を書いている。これは、中央集権と地方分権との関係、そして武士の気力について述べた注目すべき論文である。明治九年といえば、士族反乱が起こっていた時期である。そして明治十年二月には最大の士族反乱である西南戦争がはじまる。以下に紹介するように、その内容は時節柄かなり微妙だったので、しばらく公刊されなかったものである。

その中で福沢は述べている。物事を動かす力というものは一朝一夕に生じるものではない、漢書を読む能力を持つものは洋書を読む能力にも優れているし、商人は商売を変えてもある程度やっていける、政治についても同じことが言える。これまで国事に対する関心を持ち続けたのは武士であった。武士以外にもいたが、八、九割は武士であったとして、国政における武士の役割を再検討する。

明治維新の大変革は、なによりも政治の変革だったが、その担い手は武士だった。今日、士族は三つの種類に分かれる。ひとつは文明開化の方向で政府に入り、しかるべき地位を占めているもの、あるいは政府以外で職業を得て活躍しているもの、第二は、文明開化の域に入ったものの、その中でうまくいっていないもの、つまり、政府に入ったが辞めたり、入りたくても入れなかったりするものである。つまり「精神においては慊《こころよ》くして恥ずることとなし、その志を達する地位なきがゆえに不満なきを得ず」というものである。今日の民権家がそれであると福沢は言う。その中には、学者もあり、その議論は「簡易正直」である。「簡易正直の論は、よく天下の人心を動かすに足るべし」と、福沢は一見取るに足りぬ彼らの議論を軽視しないように説いている。「簡易正直の論は、よく天下の人心を動かす」とは、今日でも通用する重要な指摘ではないだろうか。

そして第三が、士族の気力を保持しているが、旧来のあり方を守って変革を好まないものである。この中には鋭敏の才能は少ないが、決して無気無力ではない。その人数は士族の七、八割に及ぶので、中には有力なものがあり、品行に優れている。とくに修身の私徳においては人を感服させる力を持っている。「人事の法則に於て、無智の腕力は必ず私徳のある所に帰するを常とす」としている（これまたなかなか味わうべき言葉である）。

ここで福沢が念頭に置いているのは、西郷隆盛である。のちに述べるように、福沢は西郷に温かい感情を持っていた。行方をつかみかねている、また力の有り余っている多数の士族が、私徳の体現者たる西郷の周りに集まっていく様子を、西南戦争勃発二カ月前に論じているのである。

福沢は言う。守旧派はいずれ政府によって鎮圧されるであろう。そして政府の基礎はますます堅くなるだろう。しかしそれで日本はよいのだろうか。福沢の持論は独立の気力ある人民があってこそ、国家は独立を保ちうるということであった。この観点からすれば、士族の気力を葬り去ることは決して望ましいことではなかった。そこで福沢は士族の働き場所として地方をあげる。

その前提として、福沢は政権と治権という概念を持ち出す。政権とは、法律、軍事、租税、外交、通貨など、全国を一律化するための権力である。他方で治権とは、警察、道路、橋梁、堤防、学校、社寺、遊園、衛生、区入費の取り立てなど、各地の便宜にしたがい、地方人民の幸福をはかるためのものである。

福沢は政府による民業圧迫の弊害について大蔵永常《ながつね》（江戸後期の農学者）を引用し、また地方分権の重要性についてトックヴィル（小幡が翻訳した）を引いて力説している。ところが、そのころ政府は、区長・戸長を選挙せしめ、これを平民の上においていた。これでは分権とはまったく違い、中央政府の一細分子にすぎないと福沢はいう。「この区戸長が村の扱所に帰れば、無鳥里《とりなきさと》の蝙蝠《こうもり》、自から官員の気取りを以て小前《こまえ》の者共に傲《おご》り、願書の文句字体を差図し、用紙の美濃たり半紙たるを咎め、一本の書面に三、四通の扣《ひか》えを出さしめ、一事の届に四、五度の足を労せしむるその有様を見て分権の旨というか。余輩の考えには、何れもこれを分権といわずして、却って集権の密なるものと認めざるを得ず」。これなど、現代の官僚行政にもあてはまるユーモラスにして鋭い指摘ではないだろうか。

こうした中央の地方支配に対し、民権派も十分な関心を払っていない。民選議院の議論は盛んであるが、それは地方分権とは違う。議院の実現の有無にかかわらず、中央では集権、地方では分権を行う必要がある。このように福沢は政府においても民権派においても、中央に関心が行き過ぎて地方分権が軽視されていることを批判したのであった。

西郷に対する愛惜の念

そして明治十年西南戦争がおこる。福沢は征韓論に対しては反対だったが、西郷に対しては深い敬愛の念を抱いていた。それは、福沢を狂喜せしめた廃藩置県が西郷の決断によることが大きいことを知ったことにより、また戊《ぼ》辰《しん》戦争で東北諸藩に対して寛大な取り扱いをしたことを知ったことにより、始まったらしい。

あるとき、西郷は警察制度について、人を派遣して福沢の意見をたずねさせたことがある。また薩摩から慶応義塾への入社者は非常に多く、明治六年には三十五名に達していた。この年の入門者の一五パーセントにあたる。その背景には西郷の勧めもあったらしい。

西郷自身は、東京を離れたあとも、福沢の文章を読んでいた。明治七年十二月十一日、東京の大山弥助（のち巌《いわお》、西郷の従弟である）にあてた書簡で、「福沢著述の書有難く御礼申し上げ候。篤と拝読仕り候ところ、実に目を覚まし申し候。先年より諸賢の海防策過分に御座候えども、福沢の右に出候もの之《これ》あるまじくと存じ奉り候」と述べている。本を贈ってくれた大山への感謝の気持ちをこめてのことではあるが、相当な賛辞である。残念ながら、専門家の研究でも、この本がどの本のことか分からないらしい。『学問のすゝめ』の第十二編、第十三編が出たのが七年の十二月だから、『学問のすゝめ』の中の第十一編以前、あるいは別の雑誌論文ではないかという。また西郷は、『文明論之概略』を読み、その「識見の高邁、議論の卓抜」を称揚して、周辺に推奨していたらしい。

西郷は何のために、またどういう気持ちでこういう本を読んでいたのだろうか。前者は、東京を去って一年ほどたった頃である。日本の外交政策に対してどういう関心を持ったのだろうか。また後者は、明治八年の後半のことであろう。若者の政府に対する独立不羈《ふき》をたたえた部分などに、深い関心を持ったのだろうか。

福沢の西郷に対する態度は、すでに「分権論」に明らかである。先進的な知識をもっているわけではないが、私徳に優れた人物とは西郷のことであった。

西南戦争が勃発するや福沢は、西郷が政府に尋問のかどがあるというなら、これだけの功臣なのだから、特使を派遣してその申し条を聞くべきだと考えた。そしてその趣旨の建白書を旧中津藩藩士との連署で京都の行在所《あんざいしょ》に差し出そうとしたが、交通事情などで間に合わなかった。しかし、福沢はさらにこれを書き改め、一時休戦を行い、臨時裁判所を開いて薩摩側を召喚し、言い分を聞いて公平な処分をするよう希望するという趣旨の建白書を書き、七月二十四日付で天皇のもとに差し出した。その頃すでに西郷軍は敗色濃厚であった。

結局、西郷は九月、城山で自刃した。福沢はその直後、有名な「明治十年　丁丑公論《ていちゅうこうろん》」を書いた。その第一の要点は、抵抗の精神の重要性である。すなわち、政府は専制に陥りやすいものであり、人民はこれに抵抗しなければならない、しかし維新以来抵抗の精神は消滅しつつある。西郷が武力で抵抗したことには賛成出来ないが、その抵抗の精神はまことに重要である、という趣旨であった。また第二点は、反乱者の扱いを寛容にすべきだということである。かつて大鳥圭介や榎本武揚を赦免して、かえって政府の役にたったように、国事犯は許してよいものが多いと述べている。これはのちの官民調和論につながるものである。

とはいえ、この「丁丑公論」に独特の性格を与えているものは、西郷に対する愛惜の念である。そこで福沢は、西郷が皇室崇拝の念が厚く、個人的な徳義、政党に対する態度などでまことに立派な人物であることを称揚し、「西郷は天下の人物なり。日本狭しと雖《いえど》も、国法厳なりと雖も、豈《あに》一人を容るゝに余地なからんや。日本は一日の日本に非ず、国法は万代の国法に非ず、他日この人物を用るの時あるべきなり。これまた惜しむべし」と述べている。福沢の文章の中でももっともパッショネイトなものの一つであろう。ただし、当時は西郷は賊軍であり、新聞雑誌も口を極めて西郷を非難していた。福沢の論文はこれに真っ向から立ち向かったのであり、時節柄、外に出すことは困難だと考えられたので、以後二十年ほど、外に出ることはなかったのである。

第十章
「国会論」と十四年政変

三田演説館内部。明治8年（1875）に建設された日本最初の演説会堂（慶應義塾提供）

慶応義塾の経営危機

さて、この間、慶応義塾はどのような状況にあったか。

慶応義塾に入社するものの数は、明治元年（慶応四）に百名に達し、明治四年に三百七十七名にまで増加した。しかし、そこから減り始め、明治六年には二百四十名となった。その後、若干持ち直し、明治八年は二百七十三名になったが、そこからまた減り始め、明治十年には百五名と、明治元年と同じレベルにまで減少した。

これはおそらく士族の入門者の減少と関係していた。入門者は、当初ほとんどが華士族で、藩の支援を受けるものが多かった。しかし廃藩置県以後、こうした援助が減り、士族の入門は減ったのである。その間、平民出身者は増加を続け、明治十三年には士族出身をしのぐようになり、全体として、入社数も増加するようになったということらしい。

授業料は物価騰貴にしたがって徐々に引き上げられた。当初は、塾生一人から二分（五十銭）をとった。やがて、最高で二円二十五銭にまでなったが、明治十二年には改定されて一円七十五銭となった。二円二十五銭とはかなりの負担であり、田中館愛橘《たなかだてあいきつ》（物理学者・東大教授）は、その負担に耐え切れず、授業料五十銭の東京大学に移ったという。

一方、教師の方は薄給であった。事務を兼任しても、五十円ないし六十円だった。彼らが外で雇われると、二、三倍になるのはざらだった。それだけ、教師は慶応義塾に愛着を感じていた。

しかし、明治九年、十年頃には、さすがに財政基盤は厳しくなった。福沢は思い切った教員数の削減を考えたが、反対が多く、給料を減らすこととなった。なかには本俸四十二円、その他合計五十五円から一挙に十三円に下がったものもあった。

西南戦争の頃、福沢は大胆な資金調達案を考えた。その第一は、二十万円を十年間無利子で借り、その利子で塾を運営するという案だった。第二は、塾の地所、建物、書籍を二十万円で売り、塾は買主のものとし、福沢は二十万円を塾に寄付して塾の世話人になるという案だった。第三は、土地だけを二十万円で買ってもらい、塾は二十万円をもらって移転するという案だった。

この二十万円の根拠は次のとおりであった。当時、士族のために発行された金禄公債が七分利付だったので、二十万円あれば、年一万四千円入ることになる。他方、当時の経費は八千円程度だったので、少々インフレがあっても十年くらいはやっていける、という計算だった。福沢は真剣にこの案を試み、とくに徳川家から資金が得られないか奔走したが、駄目だった。明治十一年のことである。

ついで福沢は政府から資金を借りられないか、親しかった大隈重信《おおくましげのぶ》に相談した。大隈は好意的だったが、政府全体はそうではなかった。福沢は民権派と見られていたし、財政が膨張気味のときに、新しい補助金を出すのは難しかった。福沢は、学校のためなら駄目だが、事業のためなら可能性があると言われて、「製茶輸出に付資本拝借」という願書を出そうとしたり、二十五万円（このときは二十五万円案だった）無利子が駄目なら四十万円低利ではどうか、などといろいろ奔走したが、やはり駄目だった。反対論者だった井上馨《かおる》に対しては、政府は三菱の商船学校には毎年一万五千円を出しているではないか、ある靴屋（伊勢勝）は靴のために政府から五万円を拝借している、どうして学校に出せないのか、と難詰した。

結局、期待したような成果は得られなかった。政府の中では、福沢がうるさいから勲章でもやっておこうかという声があり、福沢は憤然として願書をすべて取り下げた。それが明治十二年六月のことであった。こうした状況に、福沢は一時は塾を止める決意を固めた。福沢の決意を知って、義塾の関係者から動きが起こり、明治十三年十一月には、慶応義塾維持法案が作られ、募金を開始した。それでようやく存続することになったという。

福沢が一時は慶応義塾の存続のために政府に頼ろうとしたことを、意外に感じる人もあるだろう。それだけ教育の財政的自立は難しいことだったのである。また、後年ほど、福沢は政府と距離を置いていなかったことも注目に値する。福沢がいったんは塾の閉鎖を決意したことについては、さらに意外に思う人があるだろう。福沢はこの頃、生活に窮していたわけではないから、もっと私財を投入することが出来たかもしれない。しかし、それはおそらく福沢のいう独立とは矛盾することであった。独立の精神は経済的独立から始まるのであって、学生にも教員にも自助努力が必要だった。福沢は資金面で塾経営を強力にサポートしてはいたが、塾の方がそれを当然とするようでは、独立の精神を教えても仕方がなかったかもしれない。ある限度を超えれば塾は打ち切りと考えたのは、やはり福沢らしいと思う。

演説の実践

さて、『学問のすゝめ』以来の福沢の名声は全国に広がり、その活動は慶応義塾の外に広がっていった。まず慶応義塾の活動自体が、外に広がっていった。

明治七年六月には、三田演説会が発足した。福沢が演説に対して持った深い関心についてはすでに述べたとおりである。そして明治八年五月には、そのための演説館（五十七坪）が開館し、積極的な演説の実践が始まった。

その隣に、明治九年十一月、万来舎を建設した。これは二十畳の広間と八畳の二室からなる小さな建物で、自由に集まり、談笑するためのものであった。これは、一種の社交クラブを目指したものであり、福沢はよくここに来て来客と談話していたという。

福沢が義塾で講義をしたのは、明治七年頃までだったらしい。明治七年といえば、『文

『明論之概略』のための勉強に没頭していた頃であるから、講義をする時間的余裕がなくなったのであろう。

その後、福沢は明治十一年十月から講義を再開した。毎月三度、塾生と一般聴衆を相手に講義したもので、在塾生以外からは、月一円の聴講料をとった。最初は『文明論之概略』を講義したが、話は各方面に及び、興がのれば二時間も三時間も続けたという。福沢は大あぐらをかいて、太いキセルで煙草を吹かしながら講義し、その格好は、まるで山賊のようだったという。この講義は、しかし、そのうち出席者が減少し、一、二年で終わりになったらしい。

大学の外では、まず明六社の活動があった。これは、明治六年二月、森有礼《もりありのり》の発案で、当時の代表的な知識人を集めて結成されたもので、福沢はその初代社長に推されたが、固辞したため森が社長となった。最初のメンバーは森、福沢のほかに、津田真道《まみち》、西周《にしあまね》、中村正直《まさなお》、加藤弘之、箕作麟祥《みつくりりんしょう》ら十名で、いずれも著名な洋学者であった。

明六社は定期的に会合を開き、また雑誌を発行して社会に大きな影響を及ぼした。活発な論争も行われ、『学問のすゝめ』中の「学者の職分を論ず」については、反対論も大いに発表された。福沢の演説推奨に対しても、日本語は演説に適さないと言うものがあった。ある日、福沢は立ち上がって、ちょっと諸君に聞いてもらいたいことがあると言って、当時話題となっていた台湾出兵について意見を述べた。そののち、自分の説への賛否はともかく、自分の言うことはよく分かったかというと、みんな分かったという、そこで、今のがすなわち演説である、日本語でスピーチは出来ないというのは誤りだというと、みんな笑いのうちに福沢の説を認めたという。

また、森は『学問のすゝめ』の第四編を大久保利通に送り、「近来の上出来物と存じ、……その中不穏の処も間々之《これ》あるよう存じ候えども、全体の趣甚だおもしろく、尤言《ゆうげん》を用る懇切、論を立る術を得、有志の者はすべからく一読すべき一冊子と存じ候」と述べて、強く一読を推奨している。森は時に福沢と対立したが、このように推奨している点、当時の第一級の学者は度量が広く闊達な精神の持ち主だったこと、そして政治と学問の距離が近かったことがわかる。

明治十一年末、文部大輔田中不二麿《ふじまろ》は、福沢、西周、加藤弘之、神田孝平《たかひら》、津田真道、中村正直、箕作秋坪《みつくりしゅうへい》の七名を招き、学術教育について討議する機関として、東京学士会院の設置について意見をきいた。全員賛成して、この七名を核として東京学士会院が設置された。明治十二年一月十五日、第一回例会が開かれ、福沢が初代会長に選ばれた。のちの帝国学士院、今日の日本学士院である。

この七名は、ほぼ全員が明六社の同人であった。福沢はかなり熱心に参加していたが、明治十三年十二月、脱退している。文部省の雰囲気が変わったことが理由らしいが、本物の学者との交際には、福沢は決して冷淡ではなかった。

しかし、それ以上の活動に割く時間はなかった。明治十一年末、第一回府県会議員選挙が行われると、福沢は芝区から第一位で選出された。得票数は二百票で、東京で最高であった。二位は福地源一郎で、知識というものが、尊敬され、評価されていた時代だったのだろう。

福沢は辞退すると思われていたが、意外にも引き受けた。分権論を唱え、自治を重視していたことからすれば、不思議ではない。翌十二年一月、府会の副議長に選ばれたが、これは辞退した。その後、一年ほど議員を務めたが、ほとんど活躍はせず、十三年にやめている。さらに選出されたこともあったが、辞退しつづけた。

明治十三年一月には交詢社《こうじゅんしゃ》が設立された。先に述べた万来舎（明治九年）もクラブとして構想された面があったが、本格的なクラブとして構想されたのが交詢社だった。そのための最初の相談会は明治十二年八月四日に開かれている。交詢社の目的は、塾の卒業生を中心に君子の交わりの場を作り、もって社会風俗の改良を志す、というものであった。福沢が交際を重視し、智徳の向上を説いたことは、すでに述べた。

交詢社には参加希望者が多く、明治十三年一月二十五日、社員千七百六十七名、出席者五百九十六名で発会式が行われた。東京在住社員のうち、実に九三パーセントが出席であった。全社員のうちから、福沢を含む二十四名の常議員が選ばれたが、その半分は塾出身者ではなかった。

明治十三年二月には、横浜正金銀行が設立された。これは、のちの東京銀行（現在は三菱銀行などと合併して三菱ＵＦＪ銀行となっている）で、戦前には外国為替を専門とする唯一の銀行だった。福沢はかねて外国貿易の利益を外国商人に独占されていることを嘆き、日本の貿易商人の利益を守るために一大銀行を設立すべきだと考えていた。明治十二年、福沢が銀行設立案を大隈に説き、大隈が賛成して実現したものである。頭取は中村道太、副頭取は小泉信吉《のぶきち》、いずれも福沢の推薦にかかるもので、小泉は福沢門下の最古参、中村は門下生ではないが、福沢と近い人物であった。

その他、福沢が関連した事業ははなはだ多かった。慶応義塾出版局、早矢仕有的《はやしゆうてき》に創業させた丸屋商社（現在の丸善）、堀越角次郎や森村市左衛門に勧めた貿易商社、岩倉具視に勧めて決断させた日本鉄道株式会社、明治生命など、多くの事業の発足にあたって、直接間接に強い影響力を行使した。

「国会論」と国会開設運動

このように、西南戦争が終わった明治十年秋から、福沢の旺盛な活動は驚くべきもので、『学問のすゝめ』の内容を各方面で実践しているかのようであった。明治十年から十三年にかけて塾の経営が危機にあった頃、福沢はこうした塾を超えた活動に、より大きな関心を持っていたのかも知れない。

明治十二年七月から八月にかけて、福沢は「国会論」を書いた。『自伝』によれば、西南戦争のあと、政治の世界は静かになって、人はかえって無聊《ぶりよう》に苦しむようになっていた。それで国会を論じたら、天下に応じるものもあるだろうと考え、書き下ろして、郵便報知新聞の藤田茂吉と箕浦勝人《みのうらかつんど》らにその草稿を渡し、適当に手直しして原作者が分からないようにして発表してみないか、と勧めた。二人がそれを報知の社説に掲載したところ、大きな反響が起こり、天下の世論となったと述べている。

国会開設の大きなうねりが福沢の論説で生み出されたかどうかは、やや留保が必要だろう。少し振り返ってみよう。

かつて明治八年、板垣退助をリーダーとする土佐の立志社は、大阪で全国によびかけて愛国社を結成した。これが最初の全国政党ということになっている。しかし、その規模は四十数人であり、まもなく板垣が政府に入ったため、すぐに消滅してしまった。

西南戦争後の明治十一年、板垣は大阪で愛国社の再興に着手し、同年秋になってこれを実現した。愛国社は明治十二年三月、東京で第二回大会を開き、十一月の第三回大会で、国会開設に目標を定める。この運動は、明治十三年に向けて盛り上がり、十三年三月の愛国社第四回大会では、片岡健吉・河野広中らが中心となって、八万七千余名の国会開設願望書を提出した。

西南戦争後に自由民権運動が高まり、国会開設運動が高揚したのは、武力によってはもはや政府に対抗できないことが明らかになったからであった。その中で、以上のプロセスを見ると、十二年夏の福沢の「国会論」は愛国社の第三回大会の三、四カ月前のことであり、国会開設運動に、重要な影響を及ぼしたものに違いなかった。

またすでに述べたとおり、交詢社の成立が明治十三年一月である。慶応義塾のみならず各方面の全国の名士を網羅した千名の集団は、それ自体福沢政党の結成だと考えるものがあったとしても不思議はなかった。

しかも慶應義塾の中では、演説会が行われており、それはさらに模擬国会へと発展していた。その第一回は明治十三年三月六日で、中心メンバーの一人には犬養毅《いぬかいつよし》がいた。模擬国会は、一方に政府委員、他方に議員がおり、年長者が議長となって、月に二度行われた。時には福沢が議長となったが、途中から議員の発言をさえぎって自説を述べたりするので、はなはだ評判が悪かったという。ある塾生は、議長が勝手に放言するのは議事法違反だと食ってかかり、福沢は君たちが思ったことをいえないのでジレッタイから補ってやるのだとやり返す一幕もあったという。初期の慶応義塾では、福沢は神格化されておらず、まことに闊達な雰囲気があったらしい。

十四年政変

明治十三年末、井上馨から福沢に接触があった。当時、政府では官報を刊行する計画を進めていた。この「官報」とは今日の官報ではない。政府が支援する正確で責任ある新聞という趣旨であった。そういう新聞の発刊に政府は取り組もうとしており、福沢にその事業にあたることを求めた。

これに対し、福沢は熟考の末、新聞発行は一大事業である、政府がどれほどの覚悟があるのか、よく知りたいと申し入れた。これに対し井上は、打ち明けて言えば、政府は国会を開設する決意である、ついては、世論の善導が必要だと考えてお願いするのだと答えた。

福沢は大いに喜んで、そこまでの覚悟とは知らなかった、そういうことなら協力したいと答えた。十四年一月には、福沢、井上に伊藤博文と大隈重信が加わって、交歓の場が持たれた。あるときは君が政権を持つ、その次は誰が政権を持つ、というような打ち解けたやり取りがあったという。

その頃政府は、明治十二年からの国会開設運動の盛り上がりに対し、政府の案を提示する必要を感じていた。そして各参議に、それぞれに憲法案を提出させた。ところがもっとも有力な地位にあった大隈参議はしばらく提出しなかった。三条太政大臣が催促したところ、大隈は三月になってようやく、誰にも示さないようにと言って、私案を示した。それは明治十五年末に選挙、十六年に国会開設、それも議院内閣制によるという、かなり急進的なものであった。

大隈の案は、しかし、自由民権運動に政権を明け渡すものではなかった。大隈は当時政府第一の実力者であったが、政府全体としては薩長が優位であり、その地位はやや不安定であった。その地位を、福沢と結んだ憲法案を受け入れる中で固めようと考えたのであろう。伊藤との間に、若干の意見の違いがあっても、三条の同意その他の既成事実を作れば、伊藤らも取り込めると読んだのであろう。

これを知って驚いた三条は伊藤らに相談した。伊藤は大隈が伊藤らを出し抜いたことに激怒した。三条のとりなしで、何とか両者は関係を回復したが、相当なしこりが残ったことは間違いない。

ところが、大隈と伊藤との関係がほぼ修復した七月、新しい問題が生じた。北海道開拓使官有物払い下げ問題である。明治四年から開拓使は薩摩の黒田清隆長官のもとで千五百万円近くを投じて北海道開拓を進めてきた。それが明治十四年、終了することとなり、これを民間に払い下げることとなった。そこに名乗りを挙げたのが、関西貿易商会という会社だった。その背景には、五代友厚《ごだいともあつ》ら、薩長の人物がいた。

払い下げは、関西貿易商会が獲得した。時価三千万円といわれたものが、無利息三十年賦、三十八万円余で払い下げられた。黒田には黒田の理屈があった。不採算部門があり、まとめて経営してほしいということもあった。しかし、理由は何であろうと、公正には見えなかった。それを新聞は厳しく批判した。当時の新聞の世界で大きな勢力を持っていたのは福沢系の新聞だった。関西貿易商会に競争で敗れたのは、大隈と親しい三菱だった。

こういう連関を見ると、政府の中の保守派とくに薩派が、福沢と大隈が組んで政府を乗っとろうとしていると考えたとしても、不思議ではない。薩摩は、西郷隆盛の下野と西南戦争を経ても、なお隠然たる勢力を警察と軍の中に持っていた。

こうして伊藤と井上は、薩派と組むか、それとも大隈との関係を続けるかの選択に直面した。大隈と組めば、薩派という実力を持った勢力を敵に回さなければならない。しかも、大隈の下手に立つことを余儀なくされる。薩派と組めば、本来の文明開化路線をややスローダウンさせざるを得ない。しかし文明開化は不可避だから、そのリーダーシップを取るのは薩派ではありえず、伊藤と井上以外にありえない。こうして、伊藤と井上は、とくに伊藤の判断で大隈の切り捨てを決断した、と私は考える。

明治十四年十月十一日、御前会議で大隈重信参議の罷免、北海道開拓使官有物払い下げの中止、明治二十三年の国会開設が決定され、翌日発表された。明治十四年政変である。大隈免官に反対して、矢野文雄、尾崎行雄、犬養毅、中上川彦次郎、小野梓《あずさ》など多くの官僚が辞職した。その中心は福沢系の官僚であった。福沢と福沢の門下生たちも、大隈とともに政府から切り捨てられたのである。

しかし福沢の側から見れば、事態は不可解だった。大隈と井上と伊藤は一体だと福沢は信じていた。福沢は明治十四年十月十四日、伊藤と井上に対して長文の詰問状を送った。そこで福沢は、これまでの経緯を述べて確認を求め、説明を求めた。井上はいずれ説明すると答えたが、ついに説明することはなかった。伊藤の方は一度も返事をよこさなかった。

「時事小言」

明治十四年は福沢にとって劇的な変化が生じた年だった。

この年、福沢は「時事小言」という長編を書いた。そこで福沢は、果たして国会が開かれたら、どういう政治になるのかを論じている。つまり国会開設という形式上の変化に対応すべき実質的内容に関する議論を展開したわけである。

その第一編は「内安外競之事《ないあんがいきょう》」と題されている。日本において重要なのは、内における無用の争いを避け、外の競争に備えることである。西洋諸国は進んでいるといっても、到底追いつけないほど進んでいるわけではない。内安外競によって、日本は追いつけるという。

そして福沢は政権と政務とを区別している。今日、自由民権運動が目指しているのは政権の改革である。政務の変革ではない。誰が政権をとっても、政務においては、それほど大きな違いはないと福沢は考える。

国会開設の熱望は、薩長土が政府の要職を独占していることへの不満ゆえである。今この不平の原因を取り除き、社会の安寧を維持するためには、「国会を開いて政体を一変し、多数を以て政府の基礎とするの外にその路なかるべし」という。

これまで薩長政権が行ってきたことを、福沢は評価する。彼らは「虎穴に入りて虎子を得たる者」である。官員録を見れば、たしかに高級官僚に薩長の人士が多いが、維新前後に国事に倒れたものも多い。彼らがこうした位置を占めるのは当然である。

しかし、こうした変革をもたらしたのは、英雄豪傑の功績ではない。むしろ時勢のしからしむるところである。それに、大きな功績があったからといって一定期間以上に権力を独占することが許されるものではない。そういうものを「閥」というのである。

福沢は、すでに維新後の世代が台頭していることを指摘する。世代交代が進み、昔のことを知るのは、三十三、四歳以上の者だけになっている。維新の功績をすでに若い者は知らない。「記者の如き老人の心に於ては……十三年前の維新は昨日の如くに思うのみ。政府の当局者に於ても必ず然らん」と述べる。このあたり、福沢も老いを感じ始めていたのかも知れない。

昔を知らない世代は、薩長の権力独占には不満だろう。今の政権は、廃藩置県、法律整備、軍事整備、文物、工業振興など、まことに「豪胆剛毅」な大変革を行ってきた。そうした大胆な政治家が、国会開設くらいのことで躊躇するのはおかしい。国会を開いても、今の人物を全部排除して政府が出来るはずがない。

他方で福沢は、もっぱら政権奪取をめざす民権論者や、政務の一変を説く民権論者を批判する。つまり、政府に対しては譲歩して政権に民権派を容れるように説き、民権派に対しては政務の継続を説いたのである。

政権の改革は、「時勢」の要求であり、「国安《こくあん》」のために不可欠である。どうせ与えなければならないのだから、一挙にこれを与えるべきだと述べている。注意すべきは、福沢は権力の縮小を主張しているわけではないということである。国家の基礎を立てるためには、「政権は強大にすべし」というのがむしろその主張であった。ただし、「厳正は可なり、圧制は不可なり」であって、アメリカのように「威あって猛《たけ》からず」を望んだ。

それでは継続すべき政務、つまり政策課題とは何か。

まず軍事の優先だった。現在の徴兵七万は、かつての武士四十万と比べれば、国民経済上の負担は軽いという。その目的はアジアの安定であった。「亜細亜東方の保護は我が責任なりと覚悟すべきもの」と述べた福沢は、自分の家を石室にしても、隣家が木造板屋なら類焼の危険があるとして、こうした隣家に対しては、「武以てこれを保護し、文以てこれを誘導し、速かに我が例にならいて近時の文明に入らしめざるべからず」「或は止むを得ざるの場合に於ては、力を以てその進歩を脅迫するも可なり」と述べた。こうした主張については、のちにもう一度触れるが、とにかく軍備増強を怠ってはならないというのが福沢の重視する政務の第一だった。

そして、そのためには財政の充実が不可欠だった。福沢によれば、日本は豊かであった。たしかに維新以来職を失ったものは多い、駕籠《かご》屋が人力車に職を奪われたのはその例である。しかし、これをもとに戻せというものがあるだろうか。進歩は不可逆的である。現在、日本政府の財政は苦しい。しかし国民にはまだ担税力がある。政府の必要を理解してこれを担うのが国民である。「一身独立して一国独立す」という主張を繰り返しつつ、国家の運命を自分の運命と考える人々、国民を育てることを福沢は主張した。

『時事小言』の主張は、大隈、伊藤、井上と組んで改革しようとしていた方針とぴったり一致する。そして、『時事小言』において、福沢が転換し始めたとして、批判される。その理由は政権への接近であると言う人もある。

しかし、「一身独立して一国独立す」を現実のコンテクストで実行に移すと、どうしてもこういうことにならざるを得なかったのではないだろうか。アジア主義的言説については、もう少し精しくのちに検討するが、『時事小言』は、かなりの程度、それまでの福沢の主張の論理的帰結であったのではないだろうか。

もちろん、そのきっかけとしての大隈、伊藤、井上との提携構想は重要だった。そしていったん『時事小言』に発表した意見から福沢は戻ることはなかった。これ以後、政府内部におけるパートナーを失った福沢は、政治からの自立というテーマをいっそう強調しつつ、政府以上の富国強兵論を展開することになる。

第十一章
家庭と日常生活

晩年の福沢夫妻肖像写真。明治33年（1900）撮影（慶應義塾提供）

人倫の大本は夫婦なり

明治十四年政変で挫折したことによって、福沢は政府と距離を置いて、独立の位置から言論で社会を指導していくという立場を、最終的に確立した。十四年以前にも、もちろん福沢の言論は独立したものであった。しかし、ときに政府に物事を依頼したり、慶応義塾を閉じようとしたり、いくつか行動に迷いも感じられた。しかし、十四年政変以後、迷いはなくなった。言論の拠点においても、福沢は自らを最終的に確立したように思われる。

その時、福沢は満四十六歳だった。人間としても円熟の境地に達しつつあった。このあたりで人間としての福沢、家庭における福沢について、述べておきたい。

福沢は機会の平等を重視した人物であった。個人が自由に能力を発揮し、その競争の中から社会は進歩すると信じた。その反面として、家庭は情愛の世界であった。外における競争は、内における家族の親密さと対をなしていた。こうした競争の重視という点で福沢は異色であり、他方で、家庭における情愛の重視という点で、当時の権威主義的で男尊女卑が主流の家族観と、大いに異なっていた。

その中心は夫婦であった。明治三年に書いた「中津留別《りゅうべつ》の書」において、「人倫の大本《たいほん》は夫婦なり。夫婦ありて後に親子あり、兄弟姉妹あり」と述べて、夫婦関係こそすべての基礎だと断じたのである。さらに続けて、「天の人を生ずるや、開闢《かいびゃく》の始め、一男一女なるべし。数千万年の久しきを経るもその割合は同じからざるを得ず。又男といい女といい等しく天地間の一人にて、軽重の別あるべき理なし」と述べて、明確な男女同権、一夫一妻を主張している。

福沢の結婚については、すでに述べたとおり、文久元年（一八六一）のことであった。あるところで福沢は、「妻を貰う前にも後にも、未だ嘗《かつ》て一度も他の婦人に接した事がない」（「福沢先生哀悼録」、『伝記』第四巻、一五九ページ）と述べている。そして妻の錦を「きんさん」と呼んでいたわった。なお福沢は、子供もすべて〇〇さんと呼び、生徒も来客も同様だったという。

夫婦の間には、まず文久三年（一八六三）に長男一太郎、慶応元年（一八六五）に次男捨次郎が生まれた。ついで明治元年（一八六八）に長女里、明治三年（一八七〇）に次女房、明治六年（一八七三）には三女俊、明治九年（一八七六）には四女滝、明治十二年（一八七九）には五女光と、五人の女子が続いた。さらにそののち、明治十四年（一八八一）に三男三八、十六年（一八八三）に四男大四郎が生まれた。あわせて四男五女、最後の四男が生まれたとき、福沢は五十歳であった。この九人全員が無事成人したことは、幼児死亡率の高かった当時としては異例のことであろう。これに加えて、明治三年には母於順《おじゅん》を引き取り（明治七年没）、また甥の中上川《なかみがわ》彦次郎もしばしば一緒に生活したので、一家はまことににぎやかだった。

福沢は家族揃ってよく旅行をした。明治三年、発疹チフスにかかり、一時危篤になったが、初秋に回復したのち、熱海温泉に家族で出かけ、一月近く滞在したのが最初だった。明治六年には箱根塔ノ沢に滞在し、明治九年には長男、次男を伴って関西旅行に行くなど、当時としては家族旅行が多かった。

子供の教育方針

福沢の教育は、まず健康第一だった。栄養あるものを与え、温和と活発を旨とし、強制はなるべくせず、とくに体罰は絶対にしなかったという。

明治四年、福沢は一太郎と捨次郎のために、毎日毎日「ひゞのをしへ」という文章を書き与えた。読み書きの基礎と道徳の基礎を教えるためである。二子がそれぞれ数え八歳と六歳のことで、今に比べれば遅いが、福沢自身が、読み書きを始めたのも遅かった。「ひゞのをしへ」の初編は次のようになっている。

おさだめ

一、うそをつくべからず。

一、ものをひらふべからず。
一、父母《ちちはは》にきかずしてものをもらふべからず。
一、ごうじやう《強情》をはるべからず。
一、兄弟けんくわ《喧嘩》かたくむよふ《無用》。
一、人のうはさ《噂》かたく無用。
一、ひとのものをうらやむべからず。

また、十月十四日のところには次のように書かれている。多忙を極めた福沢が、子供に注いだ深い愛情と行き届いた教育方針を示して余すところがない。

ほんをよんで、はじめのはうをわするゝは、そこなきおけに、みづをくみいるゝがごとし。くむばかりのほねをりにて、すこしもみづのたまることなし。されば一さんも捨さんも、よんだところのおさらへをせずして、はじめのはうをわするゝときは、よむばかりのほねをりにて、はらのそこにがくもんの、たまることはなかるべし。

福沢は明治十一年二人の子供を東京大学予備門に入学させた。のちの第一高等学校にあたる。慶応義塾が七年生の課程を作ったばかりだったので、やや意外な感じもする。やはり東京大学が、政府の力を入れている最高学府だと考えたのだろうか。あるいは慶応義塾ではスポイルされてしまうと考えたのであろうか。

ところが、寮に入ったところ、二人とも胃が悪くなり、自宅で治療することとなった。治ったように見えたので、寮に戻すと、また胃が悪くなった。この繰り返しで、福沢もついに予備門での勉学を断念して退学させ、慶応義塾の普通課程を履修させた。

その後、明治十六年、福沢は二人をアメリカへ留学させた。子供を留学させることは、福沢の念願だった。かつて明治四年に、ある横浜の豪商が洋学校を開きたいので面倒を見てほしい、ついては将来お子さんの留学費用を見させてほしいといってきたことがある。福沢は随分迷った末、これを断った。子供はぜひ留学させたい、しかし人の金を当てにし、人の好意に頼ってまですることは無いと割り切って、断ったという。しかし、幸い、留学させられるようになったのである。

アメリカに向かったとき、一太郎は二十一歳、捨次郎は十九歳、英語の読書力はあり、またアメリカ人やイギリス人の家庭教師もつけてあったので、会話も大丈夫だった。

福沢は二人に対して、便船のあるたびに手紙を書くように命じ、用が無いときは用がないという手紙を書けと、かたくいいつけた。そして彼自身三百数十通の手紙を書いたという。

出発前、福沢は次のような心得書を与えている。第一に、日本に何があっても、父母が命じるまでは帰国するな、父母の病気と聞いても狼狽して帰国するな。第二に、健康第一で、三年が五年になっても構わない、などであった。また二人の進路については、一太郎は農学と決めたので、実用を忘れず、その方面に努力せよ、捨次郎は物理学がいいと思うが、本人が決めればよいとした。さらに福沢は、「餞二子洋行《にしのようこうにはなむけす》」という七言絶句を作っている。

努力太郎兼次郎
双々伸翼任高翔
一言猶是餞行意
自国自身唯莫忘

努力せよ太郎よまた次郎よ
双々翼を伸べて高く翔《と》ぶに任す
一言猶お是れ行《こう》に餞《はなむけ》するの意は
自国と自身と唯だ忘るる莫《なか》れ

福沢はこの最後の一行が気に入って、その後しばしば留学する門下生に書き送ったという。西洋に学ぶのはただ日本の独立のためである、西洋にあって自国と自身のことを忘れてはならない、というのはまことに福沢らしい言葉であった。

二人のうち、一太郎はコーネル大学で農学を学んだが、途中でコースを変え、結局、どの大学も卒業しないで二十一年に帰国した。帰国後は慶応義塾で英米文学を教えたり、時事新報社で外国の新聞通信社との折衝にあたったりした。福沢と小幡が没したのちは義塾の社頭となった。捨次郎はＭＩＴ（マサチューセッツ工科大学）で鉄道土木を学び、卒業して同じく二十一年に帰国した。そして山陽鉄道に入り、中上川彦次郎の下でエンジニアとして活動し、のちに時事新報社の社長となった。

ところで、一太郎は在米中、アメリカ女性との結婚を真剣に考えるようになった。相談された福沢は、生計をたてることが出来るなら構わないと述べた。しかし、さらに問われて、今度は反対した。外国女性を本当に満足させられる生計を立てられるか、それは相当難しい、自信がなければやめよという意見であった。

一方、女子については、教育は基本的に家庭で行われた。また義塾の中に設けられた幼稚舎でも行われた。

一度、福沢は次女、三女、四女の三人を横浜のミッション・スクール、共立女学校へ入学させようとしたことがある。しかし、年頃の娘が三人も急にいなくなって、福沢はさびしくなり、呼び返してしまったらしい。一説には、福沢夫人が呼び返したのだともいわれている。

以上からも分かるとおり、福沢はまことに家族を愛した人であった。それをよく示すエピソードがある。

福沢の三女お俊が卵巣嚢腫となったことがある。福沢が『時事新報』に掲載した「同病相憐」（明治二十四年三月二十五日）はそのことに触れて次のように述べている。

病気のことが分かってからは、本人に何と知らせようかと悩みぬいた。娘の顔を見ればわざと笑って平生通りにし、物見遊山に行ったりして楽しく暮らした。しかし、夜になって妻と二人で一室に対座すると、何時も替らぬ相談を繰り返し、やがて無言に沈んでただ泣くだけであった。結局決心して手術を受けさせることとしたその当日、娘を手術室に送り出す時は生きた心地がしなかった。「父母の目には花とも珠とも譬かたなき十七歳の愛児が、病室を出で看護婦に扶けられて手術場に行くその背影《うしろすがた》を見送れば、……。魂も消え腸《はらわた》も断えて身の置く所を知らず」。

しかし、やがて手術成功の知らせがやってきた。「今まで張り詰めたる気も弛るみて茫然たること、夢中に夢みるが如し」。無事退院したのちには、「十七歳の女子初めて誕生したるが如く、一家の喜びは言語にも筆紙にも尽し難く、ひたすら……氏等の恩を謝するのみ」であった。手術の前の心配は、実に父母の寿命を三年も縮めたが、今はその心配も消えて、「今日の喜びは却って三百年の齢を延ばすに足るべき程の仕合せ《しあわ》」である、と。

この文章を、福沢は、西洋医学をたたえる趣旨で書いたのであるが、手術前の胸のつぶれそうな不安と術後のあふれるような喜びが、目に見えるように描かれていて、福沢という人の愛情の深さを遺憾なく示している。福沢が『自伝』の中で、喜怒哀楽を表に出さないことをモットーとしたと述べていることは有名であるが、実際の福沢は、感情を持つことにおいても、表現することにおいても、相当激しい人だったように思われる。

大食大酒

福沢の健康、食事などについても触れておきたい。

福沢が四十八歳で明治生命に保険を申し込んだ時の身体計測が残っている。それによれば、身長一七三・五センチ、体重七〇・二キロだった。当時の平均身長は一五八・七センチだったから、堂々たる抜群の体格であった。多くの写真で、たいていの人よりは背が高い。またそのときの肺活量は五一五九立方センチで、当時の平均三〇四一立法センチと比べると一・七倍もある。

福沢は大食漢で大酒飲みであった。牛飲馬食といってもよいほどであった。しかし、中年からは節制したという。そのきっかけは明治三年に発疹チフスで死にかかったことであった。

酒は、何度も触れたように、幼児の頃から大好物だった。一度長崎で一年禁酒した以外は、目がなかった。それ以後一度、緒方塾時代に禁酒を試み、気分を紛らわせるために煙草を始めた。ところが禁酒は失敗し、煙草は残ってしまい、晩年の病気まで続いた。

本気で節酒を始めたのは、明治三年に発疹チフスで重病となってからである。その頃から酒量を減らし、まず朝酒を廃し、次いで昼酒も、来客のある時だけとした。やがて昼の酒は一切廃止し、さらに晩酌も量を減らして、落ち着くまで三年ほどかかったので、牛飲の時代はほぼ十年だという。その代わり、酒の質には敏感で、飲むのはいつも灘の本場醸造ものとし、わずかな差異も言い当てたという。また、晩年にはビールも飲んだらしい。なお、福沢は大酒家でありながら、飲んでも顔色も言語態度もほとんど変わらず、わずかに談話が陽気ににぎやかになる程度だった。

食事についても、大食だったが、やはり三十歳代から減らしている。もっとも、ぜいたくはせず、また、毎回酒をつけたため、食事はゆっくりよくかんで食べ、間食は一切とらなかった。晩年には、あまりゆっくりだったので、同席した者が福沢の分まで食べてしまい、そのあとで福沢がお代わりをしようとしたら、もうなくなっていて、みんな困ったという話が残っている。

明治二十八年、六十二歳の頃、静岡で開かれる同窓会に出席するとき、同地のものに旅宿での待遇について希望を書いた手紙がある。それによれば、朝は三州味噌の汁、肴も鰹節も入れず、ねぎか豆腐、それで十分だが、食前に牛乳に紅茶かコーヒー、パンにバターがあればありがたい。昼は魚肉、野菜取り混ぜ二品、夜は肴類を少し多くして、酒の極上を少々用意してほしいということであった。

米つきと居合と散歩

福沢はきわめて早寝早起きであった。朝は四時には起き、夜は十時には寝た。人にも多数会ったので、この朝の時間が貴重な執筆時間だったのではないだろうか。

着物には無頓着で、縞の着物に同じ羽織の着流しであった。散歩に行くときはパッチに尻端折《しりばしより》で、あまり優雅ではなかった。おおむね和服で通したが、文明開化といって西洋風を取り入れることの多かった当時、西洋化の最右翼の福沢がいつも着物の着流しだったというのは面白い。

執筆はかなり狭い部屋で行われた。狭い部屋が落ち着くといっていた。また、装飾には興味がなく、飾りは偽物に限ると公言していたのは、福沢らしい露悪趣味である。

原稿はすべて筆で書いた。すずりは出来るだけ低いものを選んだ。水平に筆を運ぶのが理想だが、そうもいかないので、なるべく丈の低いものを選んでいると、語っている。着物は普通は木綿であったが、絹は袖のすべりがよく、執筆に便利だと、かなりの年齢になってから気づいている。

少年時代に鄙事《ひじ》多能だった福沢は、成人してもまめに動き、何でもやった。たとえば米つきでも、後始末まで自分でしたし、執筆中にちょっと紙がなくなったから手を打って女中を呼ぶなどということはせず、さっさと自分で取りにいったという。

福沢は体力にふさわしい運動をした。得意としたのは米つきと居合であった。米つきは子供の頃からのことである。江戸時代には、下級士族は扶持米《ふちまい》としてもらった米をその家でついて白米にしたものであり、福沢もそれをやっていた。修業時代には遠ざかっていたが、江戸に出てからは時々米をつくようになり、三田に移ってからは米つき小屋を作り、夏冬をとわず浴衣一枚で毎日一臼《ひとうす》つくのを日課とした。つきあげた米は一家の食料となり、また懇意の人々に贈られた。

居合も子供の頃に習ったものである。何か武芸が出来なくてはというので、中村という師匠について習った。攘夷の盛んな頃には、かえって危険だとして刀を売り払うほどだったが、世間が落ち着くと刀を取り出し、また居合を始めた。明治二十三年に郷里の旧友に送った書簡に、「小生も幸いに異無く、唯今にても米をつき、又少年の時中村庄兵衛先生に学び得たる居合を以て運動致し、近来は少々上達の様に覚え候えども、何分にも立身新流の先生これなくして悪しき処を直して貰う方便を得ず残念に存じ候」と述べている。ではどれくらい居合をやったのだろうか。次のような手記が残っている。

明治二十六年十一月十七日

居合数抜、千本

午前九時十五分より十二時まで、六百四十本

午後二時より三時半まで、三百六十本

刀、鍔元より長さ二尺四寸九分、目方、三百十匁

明治二十七年十月二十五日

居合数抜、千二百本

午前九時十五分より十二時まで、六百八十本

午後二時前より四時まで、五百二十本

刀は二十六年のものに同じ

明治二十八年十二月三十一日

居合数抜、千本

午前八時半少し過ぎより午後一時までに終り休息なし

刀は前年に同じ

この記録からみて、福沢は居合で自らの体力の衰えをチェックしていたのだろうか。すごい回数である。

六代目尾上梅幸《ばいこう》は子供の頃、養父の五代目菊五郎に連れられてよく福沢の家に行ったが、福沢は食後にいつも居合をやっていて、それを見せられた。福沢は刀の柄に箸をたて、箸が下に落ちないうちに鞘を払ってこれを二つに切ったり、狭く窮屈なところで刀を抜くの

を得意としたという。また福沢は旅行には居合用の刀を持参し、米つきができないからと居合をした。食後に数十分刀を振り回しているところに女中が来て、悲鳴をあげたことがあったという。福沢側近による証言なので、本当の実力は分からないが、これほどの回数をやったのだから、相当の実力だったのではないだろうか。

晩年になると、運動が過激だと医師に注意され、居合か米つきのいずれかをやめるように言われた。どちらをやめるべきか尋ねると、力の必要な米つきのほうをやめるように言われた。福沢は、居合の方がはるかに力がいるのに、医者は何も知らないと言ったという。

福沢はまた乗馬を好んだ。明治三年に発疹チフスから回復してから、病後の運動として勧められて始め、病み付きになったらしい。三田には馬場があり、馬で外出するようになった。明治十六年、時事新報社が日本橋の通《とおり》三丁目に移転したあとは、自宅から馬で出社した。あるとき、落馬したため、家族に止められて馬車にしたという。明治十七、八年、五十一、二歳の頃のことである。

言うまでもなく、下級士族は馬に乗らない。福沢が馬に乗って時事新報社に出社する図は、なんとなく意外である。福沢は明治十年以後、武士を再評価するようになるが、武士的なものは実は家庭の日常生活の中でも復活していたのである。

福沢はさらに散歩を好んだ。明治二十一年一月二十九日には、日曜だったので、娘三人を連れて横浜方面に向かった。疲れたら、大森でも川崎でも中止して、汽車で帰る計画だった。結局、朝十時に出て、午後五時半に神奈川の停車場に着いて、汽車で帰宅した。このことを福沢はみずから『時事新報』に記事として次のように書いている。「東海道中かつ談じかつ笑い、……茶屋に腰うちかけて渋茶を喫し焼芋を食うなど、令嬢三名は生来始めての挙動にて、少しく驚く中にもその楽しみは限りなし。次の日曜にもまた何《いず》れへか遠足せんとて家君を促して止まずとぞ。是等こそ実に家族団欒の一快楽事なるべし」。自分のことを第三者として書くのは変であるが、それだけこの散歩は楽しく、また費用のかからぬ一家団欒の方法として推奨したくて書いたに違いない。

晩年には毎朝一里半ほど少年の学生を連れて散歩した。その格好は、尻端折、股引《ももひき》、鳥打帽子、竹の杖、寒いときには手袋をするという格好だった。下駄は桐で軽くて質素なものを特注し、二カ月で五足をはき潰した。値段は三十五銭で、それまで使っていたものが二円だったのに比べ、安いものだった。なお福沢は、歩いていると下駄が片曲がりに減って歩きにくくなるので、それを自ら鉈《なた》で削ってなおしていた。鄙事多能の少年は、年老いてもそうだった。散歩が日課になると、塾の寄宿生や近所の下宿生が集まって散歩した。これを散歩党といった。それは病気で倒れるまで続いた。

第十二章

朝鮮問題

朝鮮留学生らと福沢一太郎（前列左）・捨次郎（後列右）。明治15年（1882）頃（慶應義塾提供）

『時事新報』創刊の目的

十四年政変の結果、日本の政治は大きく変わった。その後数年間を特徴づけるのは、自由民権運動の高揚と後退、対朝鮮政策をめぐる緊張、そして政府による保守化政策である。まず自由民権運動について見ていこう。明治十四年十月十八日、大隈追放から一週間後、自由党結成大会が開かれ、十一月、板垣退助が総理に就任する。また明治十五年三月十四日には大隈系統の元官僚、知識人が、立憲改進党の設立を発表し、四月十六日、大隈を総理としてこれを設立した。これと前後して、自由、改進両党に対抗して、福地源一郎らによって立憲帝政党が三月十八日、結成された。四月六日には、自由党の全国遊説の最中、板垣が岐阜で襲撃されて負傷するという事件が起こり、「板垣死すとも自由は死せず」と叫んだという伝説が生まれた。これは自由民権運動の高揚とこれに対する反動の象徴的な事件であった。

福沢が『時事新報』を創刊したのは、明治十五年三月一日、自由党に続いて改進、帝政の二政党が設立される直前であった。

福沢の新聞設立計画は、すでに述べたとおり、大隈、井上、伊藤との約束で、明治十四年の初めから進めていたものであった。それは十四年政変の結果、頓挫することになったが、長年新聞に深い関心を持っていた福沢にとって、簡単に断念できるものではなかった。すでに準備も進んでいたため、福沢は断行を決意し、中上川彦次郎を社長に起用した。中上川は福沢の甥であり、慶応義塾で学び、また教え、福沢の負担によってイギリスに留学し、政府に入って外務省の局長にまでなっていたが、大隈の辞任とともに政府を去り、この事業にあたった。

それまで日本の新聞は政論を中心とする大新聞《おおしんぶん》と、今日でいう社会面を中心とする小新聞《こしんぶん》があったが、大新聞はいずれかの党派と関係するものであった。これに対し、公平な観点から独立の見識を有する新聞を発行することは、福沢にとって快事であった。

福沢は『自伝』に次のように述べている。十四年政変は、双方主義の相違で喧嘩をしたものである、政治上の喧嘩だけでなく、経済でも商売でも同じようなことが起こるだろう、その場合、重要なのは不偏不党の説である、しかし不偏不党はなかなかむつかしい、一身の利害に引きずられては、とても公平の説は立てられない、全国を見渡して、いささか独立の生計を有し、知識と考えがあって、政治にも商売にも野心がなく、超然たりうる者は、おこがましいが自分以外には少ないだろう。こう考えて、『時事新報』の設立に踏み切ったというのである。

また福沢は、『大阪新報』の本山彦一《もとやまひこいち》に書簡を送り、『時事新報』は三月一日から発行する予定で、最近、下稽古と思って社説のようなものを書いている、「次第に慣れて誠に容易に出来、著述と違い骨折りは誠に少なく、是ならば頭を痛めるに足らずと独笑致し居り候」と述べている。天下の諸問題にただちに判断を下し、明快な文章でこれを書き下ろすことは、福沢にとって難しいことではなかった。天性の新聞記者、あるいはオピニオン・リーダーだったと言うべきだろう。

『時事新報』第一号の冒頭で、「本紙発兌《はつだ》之趣旨」が明らかにされている。そこでは、慶応義塾との密接な関係が明らかにされている。義塾の卒業生はすでに三千五百名に達し、「専ら英米の書を講じて近時文明の主義を採り」、卒業後各方面に発展してきた。その社中の気風は、「独立不羈」である。その方針をもって、「専ら近時の文明を記して、この文明に進む所以《ゆえん》の方略事項を論じ、日新の風潮に後れずして、これを世上に報道せんとする」のが発兌の趣旨であるという。

さらに「趣旨」は、「我が学問は独立にして西洋人の糟粕《そうはく》を嘗《な》めるなきを欲し、我が商売は独立して彼の制御を仰ぐなきを欲し、我が法律は独立して彼の軽侮を受けるなきを欲し、我が宗教は独立して彼の蹂躙を蒙るなきを欲し、結局我が日本国の独立を重んじて、畢生《ひっせい》の目的、唯国権の一点に在るものなれば、いやしくもこの目的を共にするものは我が社中の友にして、これに反する者は間接にも直接にも皆我が敵なりといわざるを得ず」と言い、各分野における日本の独立こそが目的であると強調する。『時事新報』は、国会開設に賛成であるが、それは国会の開設によって政府の威権を強大にして、「全国の民力を一処に合集」できるからであり、近時政党が出現、しかし国権のことを忘れているという。今後、政党は相互に競争し、あるいは発展し、あるいは滅び、結合するなど、多くの変化があるだろう。しかし、われわれは政党ではない。政治の野心はまったくない。「唯我が輩の主義とする所は、一身一家の独立よりこれを拡《おしひろ》めて一国の独立に及ぼさんとするの精神」であると述べた。つまり、福沢の「一身独立して一国独立す」を主義として推し進めることが、『時事新報』の目的であった。

まもなく時事新報は日本第一の新聞としての名声を確立することになる。のちのことであるが、明治四十三年、イギリスから皇族が来日した時、新聞界の代表が二名出席することとなった。それに選ばれたのは、一人は時事新報から、もう一人は他の十四社から抽選で選ばれたという。時事新報は別格の待遇を与えられていたのである（伊藤正徳『新聞五十年史』二一四ページ）。

官民調和論

ところで、自由民権運動の高揚は長くは続かなかった。政府は明治十五年六月三日、集会条例を改正して学生生徒の参加を禁止するなど、政治活動への制限を厳しくした。さらに翌十六年には新聞紙条例を改正して、府県知事に事実上行政処分の権限を与えるなど、取り締まりを強化している。

秋になると、自由党党首・板垣退助の洋行計画が明らかとなった。重大な時期に党首が長期に留守をするということ自体問題だったし、その資金は政府から出たものではないかという疑惑があった。実際、それは政府が自由民権運動に打撃を与えるため計画したものであった。しかし、結局、板垣は後藤象二郎とともに十一月十一日に出発し、翌明治十六年六月二十二日まで日本を留守にすることになる。この問題をめぐっては、党内の批判があり、改進党からの批判があり、自由党から改進党への反撃（改進党が三菱から資金援助を得ていることを批判し、ニセ民党であるという、いわゆる偽党撲滅運動）があり、民権運動全体にとって、計り知れない打撃であった。

さらに、松方デフレが進行し、米価は二年ほどでほとんど半落し、自由民権運動の基盤である豪農層に大きな打撃を与えた。

やがて民権運動は停滞し、その中で急進派が過激な行動に出、それがさらに一般党員を離反させるという悪循環に陥った。明治十七年になると、群馬事件、加波山《かばさん》事件、秩父事件、名古屋事件など、実力行使に及ぶ事件が頻発し、その中で十月、自由党は解党を決定する。自由党結党以来わずか三年のことであった。また改進党も、十七年十二月、大隈重信が脱党し、解党はしなかったものの、党勢ははなはだ不振となったのである。

そういう状況の中で、福沢は先に述べたとおり、独立不羈の言論を展開した。もっとも厳しく批判したのは立憲帝政党だった。福沢は社説以外にも、「漫言」という欄にも筆をとり、皮肉揶揄の中にその主張を述べたが、そこでは低声党と呼んだり、三人党（福地源一郎ら三人以外に著名な人物がいなかった）と呼んだりして、帝政党のことをからかった。

福沢の批判はまず、その名前に向けられる。そもそも政党の名前とは自他を区別し、その方針を示すものでなければならない。自由党でも改進党でも保守党でも、それは同じである。しかるに天皇が日本を統治することに反対の者はいないはずである。にもかかわらず、自らが帝政党を名乗り、他と区別するのは、旧加賀藩で前田党を名乗り、他を非前田党であると言うようなものである。

福沢は皇室を政治に巻き込むことに強く反対した。今の言葉を用いて言い換えれば、皇室は国民統合の象徴であって、皇室を政治に利用して国民を分断することは許されないという立場であった。帝政党の福沢批判、帝政党の福地源一郎との長年の微妙な関係もあったが、福沢の長年にわたる根本思想がそこにはあって、こうした考え方は「不祥」であるとまで述べた（三月三十一日、四月一日）。さらに福沢はこうした考え方を、「帝室論」にまとめて出版している（明治十五年五月）。

こうした帝政党に対する批判は、もちろん政府にも向けられていた。福沢は十五年五月十七日から六月十七日にかけて、長大な「藩閥寡人《かじん》政府論」を連載し、維新後の政府の発展について述べた。それによれば、維新後の政府の実権は、強藩の藩主の手に帰すと思われたのが、強藩の士人の手に帰し、寡人政府つまり少数者が実権を持つ政府を作った。そして、門閥政治を排し、文明を進めるのに大きな役割を果たした。平民に乗馬を許し、苗字を名乗らせ、民権を進めたのは、この寡人政府である。しかし、多事の日が去るとともに弊害が目立つようになった。現在の民権論は、維新以来の寡人政府のなしたことをむしろ引き継ぐものである。政府はよろしく在野の人材を容れ、寡人政府ならぬ多人政府とするべきであると論じた。その中で、政府批判が過激と思われたところがあったため、『時事新報』は発行停止となっている。

ところで、七月になると朝鮮で壬午《じんご》事変が起こり、日本全体の関心も福沢の関心もそちらにひきつけられるようになる。朝鮮問題については、あとでまとめて論じることにするが、内政的には、それは福沢の官民調和論を一層強めることとなった。

八月六日、福沢は岩倉具視に書簡を送り、今日こそ官民調和の絶好の機会であると述べた。なぜなら、政府の力は強大であり、今、在野の人物を採用しても、決して弱さの証拠とは考えられない、むしろ国事多端のため、役立つものを採用したと受け止められるだけだろう。そこで在外の有栖川宮《ありすがわのみや》も伊藤博文も呼び返し、在野の副島、後藤、板垣、大隈、その他の維新の功臣はもちろん、在野の有力者をすべて採用し、参事院を拡張し、その多数でものごとを決するようにすれば、それは官選の議会に他ならない、それを基礎にやがて民選の議会とすればよい、とした。ともかく、五名ないし七名で政府を組織しても不和は免れない、それなら五十名、七十名を採用しても同じである、二百でも良い、これによって天下の人望を集め、「維新勲功の元素を以て明治政府を支配するの事実」は変わることはないのだと、論じたのである。なお、福沢はこの参事院に在野の有力者を入れるべきだという説を、この年の六月下旬に岩倉を訪問して申し入れており、この説自体は壬午事変以前からのものであった（『福沢諭吉書簡集』第三巻、解説）。

明治十五年秋以後の政府と民権運動との対立は、福沢の危惧したものであった。九月二十九日、三十日、福沢は「極端主義」という社説を書き、国民を官権、民権の二つに分かち、一方を忠義、他方を不忠、一方を良民、他方を乱賊とする見方を強く批判した。そういう態度は、「敵なきに味方を作るもの」（十一月十三日）であり、そういう動きに狂奔する帝政党や『東京日日新聞』について、「狡兎《こうと》死して良狗《りょうく》烹《に》らる」（兎を追うために犬は大事にされているが、兎が居なくなれば食べられてしまう）と批判した。

そのように政府が民権派を追い詰めれば、彼らはついに本物の破壊党になってしまうというのが、福沢の不安であった。十六年以後の自由党を見れば、それははなはだ正確な展望だったのである。

反福沢の動き

さて、以上のような政府の民権派に対する抑圧の背後には、保守イデオロギー強化政策があった。政府の中には、十四年政変当時から、福沢を敵視するグループがあったが、政変以後、彼らは政府の実権を握り、福沢の影響力をそぐような手段を打ち出していた。その中心が太政官大書記官井上毅《こわし》だった。井上は明治十四年十一月七日付の意見書で、福沢諭吉の影響力が恐るべきものであると述べ、これをそぐために、新聞誘導、中学および実業学校の充実、漢学の奨励、ドイツ学の奨励などが必要であると述べている。

たしかに、政府はこれまで初等教育に力を入れており、高等教育は慶応義塾が最高の位置を占めていた。これに加え、十四年政変で野に下った大隈重信が東京専門学校（のちの早稲田大学）を設立したので（開校は明治十五年十月）、政府は慶応義塾の魅力をそぐことに力を入れるようになった。

漢学の復興、儒教徳目の強化、ドイツ学の強化、官吏養成における東京大学の位置の強化などは、いずれも十四年政変以後に進められたものである。とくに強烈だったのは、慶応義塾に対する徴兵猶予の取り消しであった。それまでは慶応義塾在学者は徴兵を免除されていた。ところが、明治十六年末の徴兵令の改正で、この措置が取り消された。これは学生には大きなショックで、五百八十八名の塾生のうち、退学者が百人を超えたという。もちろん福沢はこれに強く抗議し、学問をして国家に尽くす点で官学、私学に差があるはずがないと政府を批判した。

もっとも、こうした動きは十四年政変から始まったのではない。十二年の国会開設運動の頃から、政府の中には文明開化の教育を転換すべきだという意見が出始めていた。その最初の動きは明治十二年八月の教学聖旨《せいし》で、天皇は侍講元田永孚《ながざね》を通じて儒教的徳育の強化を命じたというものである。一年後、明治十三年三月、文部大輔《たいふ》田中不二麿《ふじまろ》は司法卿となったが、これは欧化主義的教育の責任をとらされたものだといわれている。

田中のあと、文部省で実権を握ったのは文部少輔《しょうゆう》の九鬼《くき》隆一であった。九鬼は明治四年から慶応義塾に学び、五年に文部省に入った。福沢は「読書は不得手なれども性質怜悧」と述べている。それ以来欧化教育の一端をになってきたのであるが、明治十三年頃から、慶応義塾と疎遠となり、交詢社の結成にも関係したが、一度も顔を出さなかったという。ところが、十四年夏ごろから再び福沢に接近し、政変とともにぴたりとそれもとまった。以後、福沢批判に同調したので、塾では九鬼の変節を憤り、スパイだったとして批判した。

明治十七年、九鬼は駐米公使としてワシントンに赴任することとなり、その前に福沢を訪問した。そのことを福沢はニューヨークの森村組の村井保固《やすかた》宛に次のように書いている。

九鬼は明治初年塾に学び、「性質怜悧」で、親しく接近し、官僚になっても自分の家に出入りして、家族同様にしていたが、三、四年前から「何か本人にインテレストある事と見え」、すっかり姿を見せなくなった。ところが今度突然やってきて、ご子息に贈り物はないか、お世話をしたいなどという。別にないと断ったが、本当に鉄面皮の男で、福沢の子供は幼い頃からよく知っていて、面倒を見るように頼まれているなどといっており、迷惑千万《せんばん》である、と。こうして福沢は九鬼を生涯許さなかったという。

朝鮮問題

さて、明治十五年夏頃から、福沢が『時事新報』を舞台に繰り広げた最大の問題は、対朝鮮政策であった。やがてそれは明治十八年の「脱亜論」となり、日清戦争賛美となる。今日、福沢のこうした主張に対して厳しい批判が向けられており、福沢評価においてもっとも問題とされる部分である。福沢とアジアとの関係を、どのように考えるべきだろうか。まず最初に、朝鮮問題の経緯を述べておきたい。

江戸時代における日朝関係は、概して平穏であった。両国関係は対馬藩を通じて処理され、対馬藩は釜山に草梁倭館《そうりょうわかん》を置いて貿易を行っていた。朝鮮は将軍が代わるごとに日本に通信使を送り、日本はこれを歓迎した。一行は数百人からなり、江戸まで時間をかけて往復した。その間、日本の多くの学者は通信使の宿を訪ね、詩文を交換した。当時はとにかく儒学が盛んであり、朝鮮はその点で先進国だった。なおここで通信とは外交、通商とは貿易を意味しており、江戸時代は完全な鎖国だったわけではない。外交は朝鮮と、貿易は清国およびオランダと、限定した形で行われていた。

しかし、明治元年九月、日本が王政復古を朝鮮に通告すると、朝鮮政府は、この文書の受け取りを拒絶した。文書の中に天皇という言葉があり、勅語という言葉があったからである。なぜなら、朝鮮は清国に対してゆるやかな従属関係にあり、朝鮮は清国の優位を承認し、そのかわりに清国は朝鮮国王の統治を承認していた。清国は皇帝、朝鮮は王であり、「皇」や「勅」という語は、清国の皇帝だけに使う言葉だったからである。

江戸時代の日本では、名目的とはいえ、将軍の上に天皇があった。それゆえ朝鮮国王と日本の将軍とが対等であれば、天皇は清国の皇帝と対等ということが理屈の上では可能であった。

しかし、天皇と朝鮮国王とが対等ということになると、日本は清国より下位にあることになる。日本が清国と対等であるためには、日本が清国同様、朝鮮に対して優越的な位置に立つか、あるいは朝鮮が清国に対して独立的な位置に立つか、二つに一つであった。

当時、朝鮮の実権を握っていたのは朝鮮国王の父・大院君《たいいんくん》で、激しい攘夷路線をとっていた。一八六六年にはアメリカの商船を撃沈し、フランスの艦隊をも撃退して、攘夷の成功を誇っていた。一八七一年六月、アメリカ艦隊が六六年の問題の解決と開国を求めてやってきたが、再び撃退された。大院君が全力をあげて築いた江華島《こうかとう》の砲台は最新式の大砲にはまったく歯が立たず、全滅してしまったが、アメリカ艦隊は引き揚げた。それは依然として攘夷路線の勝利ととらえられたのである。

こうした情勢で、朝鮮が簡単に日本の主張に応じるはずはなく、交渉は行き詰まった。日本には、朝鮮は無礼であり、撃つべきだという議論があった。その他に、士族の反政府のエネルギーを外にそらせるための出兵論もあった。木戸孝允は明治元年十二月、こうした計画を大村益次郎と相談している。国内の不安定を除くために出兵するというのは、途方もない話であるが、リベラルとして知られる木戸にしてそういう考えがあった。そういう時代だったのであり、また当局者は、それほど士族の動向に悩んでいたのである。

しかし政府はむしろ清国との関係の調整をはかり、明治四年七月二十九日(一八七一年九月十三日)、日清修好条規を結んだ。ここに両国は対等となった。

しかし朝鮮との実務関係の途絶を放置するわけにはいかなかった。政府は廃藩置県にともなって、対馬の宗氏を経由して行っていた外交を政府に接収し、また明治六年四月、長い歴史を持つ草梁倭館を政府に接収した。これによって朝鮮との関係はさらにこじれることとなった。征韓論が噴出したのはそのような状況においてであった。

福沢は征韓論には反対だった。そのあとの明治七年の台湾出兵にも反対だった。台湾出兵が終わり、これに関する北京での交渉を大久保利通が成功のうちに帰国した頃、福沢は

『明六雑誌』において、戦争で利益をあげたのは外国の商人であって、その利益は日本の賠償金よりはるかに多い、悔しい限りであると述べている。福沢にとって警戒すべき相手は西洋の商人であり、課題は商売、商戦であった。

ところで、明治六年十一月には、大院君は閔妃《みんぴ》によって失脚させられ、朝鮮はやや開国の方向に動き始めた。その機会に、日本は明治八年九月、江華島において朝鮮を挑発して、武力衝突を起こさせ（江華島事件）、その責任を追及して、明治九年二月、日朝修好条規を結んで朝鮮を開国させた。欧米列強に学んだ典型的な砲艦外交であった。

このとき福沢は、「亜細亜諸国との和戦は我栄辱に関するなきの説」を『郵便報知新聞』に発表し、日本の真の課題は欧米との競争であり、それも軍事における競争ではなく貿易、商売における競争である、朝鮮の無礼をとがめて事を起こすのは、事柄の大小緩急を誤ったものであると述べ、殖産興業、内地優先を力説したのである。

壬午事変

福沢が軍備増強を主張し始めるのは、明治十四年の『時事小言』からであった。そこではすでに引用したとおり、西洋諸国の進出はまことに恐るべきものであり、われわれはアジア諸国をこれから守ってやり、文明開化に誘導してやらなければならない。場合によっては、「力を以てその進歩を脅迫する」こともやむをえないと述べていた。

それは、福沢が朝鮮に強い関心を持ち始めた時期とほぼ一致している。明治十四年六月、朝鮮から三名の若者が福沢のもとにやってきて、うち二名が滞在して勉学するようになった。ロンドンにいた小泉信吉《のぶきち》らにあてた六月十七日付の書簡のなかで、福沢は、「本月初旬、朝鮮人数名、日本の事情視察の為渡来、その中壮年二名、本塾へ入社いたし、二名共先ず拙宅にさし置き、やさしく誘導致し遣《つか》わし居《お》り候。誠に二十余年前自分の事を思えば同情相憐れむの念なきを得ず、朝鮮人が外国留学の頭初、本塾もまた外人を入るゝの発端、実に奇遇と申すべく、右を御縁として朝鮮人は貴賤となく毎度拙宅へ来訪、その咄《はなし》を聞けば、他なし、三十年前の日本なり。何卒今後は良く附合い、開らける様に致し度事に御座候」と述べている。すなわち福沢は近代化をめざす朝鮮の国民に深い共感を持ち、協力を惜しまなかったのである。こうした朝鮮改革への共感が、福沢の態度を変えた大きな理由の一つだった。なお、朝鮮改革の有力者、金玉均は、明治十四年十二月、日本を訪問し、十五年六月、福沢邸にやってきている。

福沢は明治十五年三月十一日の『時事新報』に「朝鮮の交際を論ず」を掲載している。その中で福沢は、次のように述べている。朝鮮を開国に導いたのは日本であり、アメリカが日本を開国させたのと同じである。日本の外交においてアメリカが指導的な地位を保持したのと同様、日本は朝鮮の外交において指導的な位置をしめるべきであり、そのまま放置すべきでない。それだけではない、西洋諸国のアジア進出が激しいなか、これに対抗する中心勢力は日本しかない。近隣の清国、朝鮮は日本を中心にして西洋に対抗すべきである。ところが、彼らは頑迷固陋であって、もしそのままに放置すれば、必ず西洋の手に落ちる。今の清国人が清国を、また今の朝鮮人が朝鮮を支配していれば、さほど問題はないが、もしこれらが西洋諸国の手に落ちれば一大事である。したがって、日本は類焼を免れるために、清国や朝鮮の問題に干渉しなければならないのである。

こうした文明化の役割だけでなく、朝鮮在住の日本人の安全のため、軍隊を置くべきだと福沢は説いた。かつて幕末日本では外国人襲撃がしばしば起こった。それでイギリスなども軍隊を横浜に置いた。三月三十一日、朝鮮北東部の元山津において、日本人が襲撃され、一名死亡、二名が重傷を負うという事件が起こった。これについて福沢は、四月二十五日の『時事新報』に、「朝鮮元山津の変報」を書いている。すなわち、その頑愚憫《あわれ》むべく、その凶暴悪《にく》むべきであるが、罪は朝鮮側だけにあるのではない、開明化の最初の段階は難しい、もし元山津の港に日本の軍艦が三隻あり、警官五十名、陸軍士官二十名があれば、こうした事件は起こらないはずである、元山と釜山と、これから開く江川《こうせん》の三カ所にそういう手当てをぜひしておくべきだと、福沢は力説した。生麦事件の処理で苦慮した経験が、そこに感じられる。

それからまもなく、明治十五年七月二十三日、壬午《じんご》事変（または壬午軍乱）が勃発した。

当時、大院君一派を追い落とした閔妃の一族は、近代化をはかり、新式軍隊を建設していた。その中心が、日本の堀本礼造中尉などからなる教導団であった。しかし閔氏の専横も大院君と同様であり、軍隊への給与の支給は十カ月も滞る有様だった。この状況で、新式軍隊が相対的に優遇されていることに対し、旧来の部隊の兵士は強い不満を持ち、それを大院君が扇動したため、暴動が起こったのである。彼らは日本人教導団を殺戮し、市内の日本人に暴行を加え、日本公使館にも乱入した。花房義質《よしもと》公使はかろうじて脱出し、仁川まで逃れたが、再び暴徒に襲われ、漁船で脱出して洋上を漂流中、イギリスの沿岸測量船に拾われ、長崎に送り届けられるという始末であった。

これは一言でいえば大院君による反革命クーデターであった。この事態にどう対応すべきか、政府では激論が闘わされたが、和平の目的をもって強硬な談判を行うこととなり、花房公使は兵力を伴って八月十二日に朝鮮に戻った。大院君はなおも強硬な姿勢をとったが、清国は早期に事態を収拾しようとし、大胆にも大院君を拉致して天津に拘禁するという措置をとった。そして八月三十日、済物浦《さいもつぽ》条約が結ばれ、朝鮮が賠償金を支払って落着した。

この間、福沢は十分な兵力を派遣し、責任者を処罰し、断固たる態度を取るよう主張した。しかし、その主眼は戦争ではなく、あまり重くない賠償金を取って落着させることであった。

このとき、目覚ましい動きを示したのは清国であった。清国は南方でフランスとの対立を抱えていたこともあって、日本との対立を望まず、かつ朝鮮の宗主国であることを天下に誇示するような大胆な政策をとったのである。その中心人物がのちの中華民国初代大総統・袁世凱《えんせいがい》であって、当時まだ二十三歳だった。

軍備強化の主張と脱亜論

福沢は済物浦条約に一応満足を表明したが、その後、朝鮮への関心はさらに深まった。明治十五年十月、条約締結後の対日謝罪使（正使・朴泳孝、副使・金晩植）の随員として、金玉均は再び訪日し、福沢との関係を深めた。朝鮮から慶応義塾への留学生が増え、また福沢は朝鮮の内政改革の助言者として、牛場卓蔵を朝鮮に送った。そのとき福沢は、「牛場卓蔵君朝鮮に行く」という長編の社説を二度にわたって書き、そのはなむけとした。

壬午事変後から、福沢は軍備強化論を一層強めることとなった。明治十五年十二月七日から十二日にかけて連載された「東洋の政略果して如何せん」は、朝鮮情勢が重大であることを述べて、富国強兵を一段と進めるべきことを説いた注目すべき論説である。福沢によれば、日本が東洋三国の文明開進を目的としたのに対し、清国は大胆であり、朝鮮を併合して高麗省にすることまで考えられる。またロシアの野心も危険であり、元山津の沖に軍艦を派遣する可能性がないとは決していえない。その場合、他のヨーロッパ諸国が黙視するとも思えない。こうした情勢に、日本の軍備は過去十年間、さしたる強化はなされていない。

福沢は自らの主張を顧みて、数年前自分は、内治優先で鉱山、築港、その他勧業の急務を説いていた、しかし、今から考えれば慙愧《ざんき》に堪えない、今からでも遅くはない、軍備の充実に全力を入れるべきである、そのためには増税も止むをえない、ただ、民間がその負担を受け入れるには、官民の交情が必要である、そのために、在野のリーダーを政府に入れるべきだと説いた。

福沢の軍備充実論は、もちろん狭義の軍備に留まらなかった。たとえば、福沢はかねてから積極的な鉄道建設論者であったが、壬午事変後には、鉄道の軍事的価値に注目するようになり、一段とその主張を強めた（「鉄道論」明治十五年九月二十二日、二十五日）。また「文明開化の進歩は次第に其速力を増す」（明治十六年四月十七日）において、必ずしも富強国とはいえないイタリアが、毎年二百ないし三百マイルの鉄道建設を行っているのに、日本では五十マイルの鉄道の敷設のために、評議一年、工事に一年をかける有様では話にならないとして、その速成を主張している。

一方、朝鮮では清国の大院君拉致によって、壬午事変以後、再び閔氏が政権に復帰していた。しかし閔氏政権は保守色を強め、伝統的な清国への依存を深めていた。清国が推薦したドイツ人メルレンドルフを関税行政の責任者とし、そこから内密に宮廷に資金が流される有様であった。彼らは大（つまり清）に事《つか》えるというので、事大党と呼ばれた。

これに対し、名門出身の若手官僚の金玉均・朴泳孝《ぼくえいこう》らは本格的な改革が必要だと考えていた。金玉均は一八五一年生まれで壬午事変の時に三十一歳、二十三歳で科挙に首席で合格した秀才だったし、朴泳孝はさらに十歳若く、国王につながる名門の出だった。彼らは清国からの完全な独立が必要だと考え、独立党あるいは開化党と称した。それはすなわち日本と接近することであった。事大党と独立党の関係を、日清の勢力争いと考えるのは、正確ではない。むしろ国王専制を変革し、近代国際関係に参入するかどうか、という問題であった。彼らは福沢の強い影響を受けていたが、それは当然だった。この問題に日本（ないし当時の世界）で誰よりも明快な回答を出していたのは福沢だったからである。

独立党は日本の支援を求めたが、日本は慎重だった。しかし明治十七年八月、インドシナで清国がフランスと衝突し、清仏戦争が勃発すると、清国は朝鮮に駐在させていた三千の兵力の半分を南方に割いたため、日本の姿勢にも変化が見られた。その機に乗じて、独立党は国王高宗の支持のもと、日本軍の協力を得て、クーデターを起こそうとした。十二月四日のことである。独立党が約百名、日本軍が二百名、国王の周囲にある王宮の守備隊が四百名で、清国の千五百名にあたろうとしたのである（甲申《こうしん》事変）。

独立党は事大党の有力者を倒し、いったん国王を擁した。そして国王が日本軍の保護を求めたので、日本の竹添進一郎公使は兵を率いて王宮に入り、五日には独立派の政権が一度は誕生した。しかし翌六日から清国軍の千五百名の反攻が始まり、朴泳孝、金玉均らは日本に亡命し、竹添進一郎公使などもあやうく難を逃れるという有様だった。クーデターは完全な失敗に終わった。このクーデターに福沢がどの程度関与したかは分かっていないが、武器援助も含めて相当深くコミットしていたという説もある。

翌明治十八年一月、日本と朝鮮との間には、漢城条約が結ばれた。日本は表面上被害者ということになっていたので、朝鮮は日本に謝罪使を送る、事変で遭難した死傷者と損害を受けたものに対して十一万円を支払う、磯林大尉を殺害した犯人を逮捕して処刑する、日本公館の建築のため二万円を支払う、などを約束した。また、この紛争の本当の相手は清国だったので、清国との交渉が行われ、伊藤博文が四月、天津に出かけて李鴻章《りこうしょう》と交渉し、天津条約を結んだ。その骨子は、四カ月以内に日清は朝鮮に駐留する兵を撤兵する、朝鮮兵士教練のために日清両国は共同で教師を派遣する、「将来朝鮮に派兵する場合には互いに文書を以て知照する」などであった。

世論はこの天津条約に不満であった。しかし政府はこれに対する批判を厳しく取り締まったので、新聞雑誌で自由な批判は出来なかった。福沢の場合も厳しい批判は出来なかったが、同じ時期に清国と和平を結んだフランスの態度が軟弱だと批判した論文がある。これは間接的に天津条約を批判したものだといわれている。

福沢の有名な「脱亜論」は、天津条約の発表に至らない明治十八年三月十六日のものであった。そこで福沢は、日本はすでに遅れたアジアの域を脱している、それに比べ、中国と朝鮮の二国は儒教流から変わることがなく、西洋文明を取り入れようとしない。このままでは西洋諸国の分割の対象となるかもしれない。日本は隣国の開化を待ってともにアジアを興す余裕はない、「寧ろその伍《ご》を脱して西洋の文明国と進退を共にし、その支那、朝鮮に接するの法も隣国なるが故にとて特別の会釈に及ばず、正に西洋人がこれに接するの風に従って処分すべきのみ」、悪友と親しむ者は悪名を免れられない、われわれは心中でアジア東方の悪友を謝絶しよう、と主張した。

ここで「処分する」という言葉が、あるいは侵略を意味するかのように取られる可能性がある。しかしその当時の状況では、侵略ということは日程には上っておらず、ここでは、西洋と同じマナーでアジアと交際するというだけのことである。むしろここで福沢が言っているのは、日本は朝鮮を独力で文明開化に導き、特殊密接な関係を作りあげたいという明治十四年以来の構想を断念したということであった。むしろ、朝鮮の文明開化に熱中した福沢の敗北宣言（坂野潤治《ばんのじゅんじ》）であった。のちに福沢が清国との対決を主張したのは確かであるが、この「脱亜論」がそうした強硬外交を説いたものであると考えるのは適切ではないように思われる。

第十三章

内閣制度の創設と条約改正

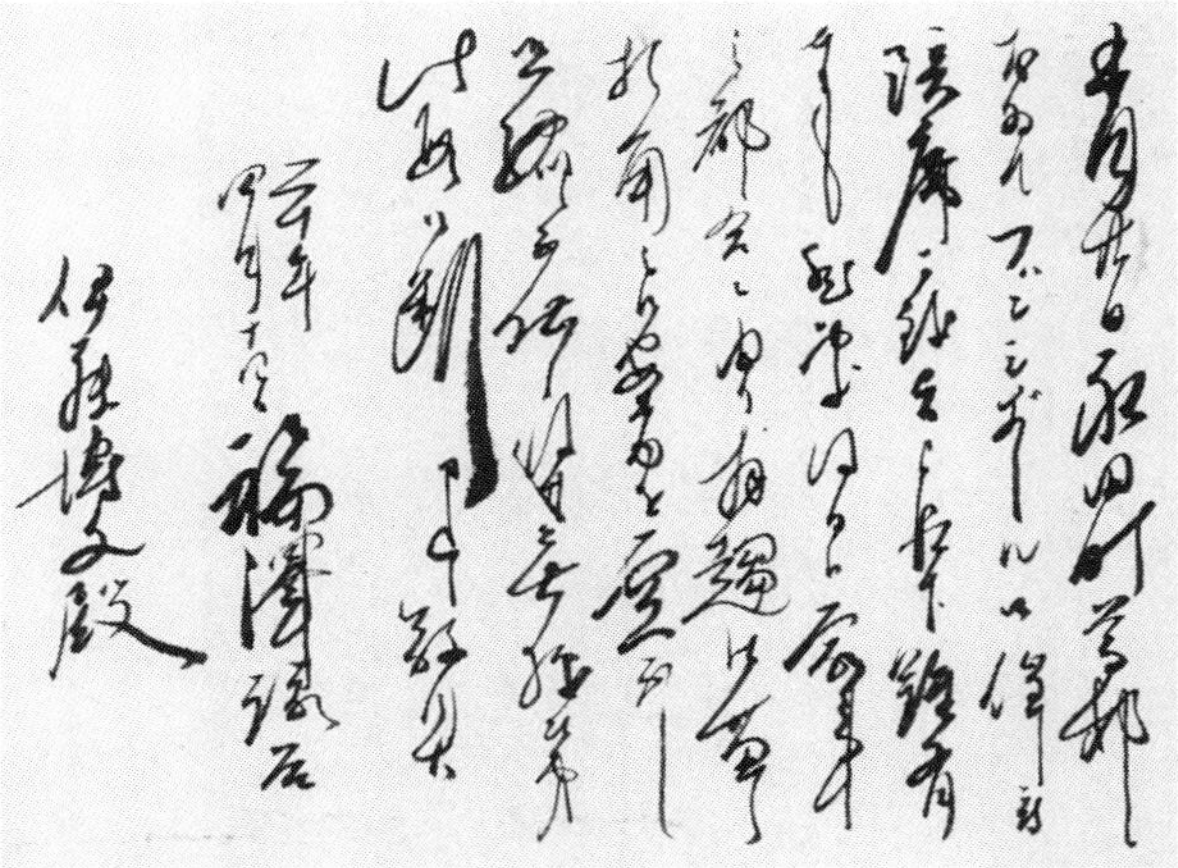

福沢の伊藤博文宛の手紙。舞踏会への招待を謝絶したもの。明治20年（1887）4月14日（慶應義塾提供）

伊藤首相の出現

明治十七年末の甲申事変によって、朝鮮との関係が一段落した頃、日本の政治に新しい動きが始まった。近代国家建設の歩みが最終段階に入ったのである。

明治十五年三月に憲法調査のため渡欧した伊藤博文は、翌十六年八月に帰国していた。そして宮中に制度取調局をおき、その長官となって、憲法制定の前提としての制度の建設に着手した。たとえば十七年、新しい華族制度が出来た。これは従来の日本の貴族、つまり公家と大名以外に、新たな華族を創設したものであった。憲法を作ると議会が必要になる、議会には上院がある、その基盤は貴族であるということで、ヨーロッパのように貴族がいるから上院が出来たのではなく、上院を作るために華族を作ったのである。

そして明治十八年末には、太政官制度が改められ、内閣制度が創設された。そして伊藤博文が初代首相となり、これまで太政大臣だった三条実美《さねとみ》は内大臣となった。それは、天皇を常時補佐するために、新しく設けられた地位であった。

福沢はこれを歓迎して次のように述べている。今回の制度改革で重要なのは、三条が内大臣となり、伊藤が総理大臣となったことである。今まで、政府には中心がなく、各参議は対等であった。しかるに今や伊藤は政治の中心である。伊藤伯の政府という表現を用いてなんら差し支えはない。明治維新以来、大久保の政府という言葉はありえた。それは大久保の実力によるものであった。しかし、今や新制度によって伊藤の政府という表現が可能となった。こうした政府の中心が出来たことはまことに喜ぶべきである。

さらに進んで福沢は、政府は呼称においても伊藤が最高権力であることを明らかにすべきであると考えた。そして「新陳代謝は幾度するも日本政府は必ず常に責任総理宰相の内閣組織にして永く変わらざらんことを希望する」と述べて、中心権力の座が作り出されたことを歓迎した。

実際、内閣制度の発足と伊藤の首相就任は画期的な事件であった。それまでの太政官制度では、天皇の下には太政大臣、左大臣、右大臣があり、その下に参議があり、その下に行政長官である卿《きょう》があった。参議は卿を兼ねることが多かったが、それでも二層、論理的には三層の構造であった。

しかも大臣は三位以上の公家でなければならなかった。公家には政治的に実力のある者は稀であり、最上位に天皇、次に三大臣という中空システムであった。この体制が何とか維持されてきたのは、右大臣に公家の中には例外的な実力者である岩倉具視がいたからであった。その岩倉が明治十六年に死去して、明治政府は困難な局面に至っていた。方法は二つ、実力はあるが身分の低い政治家、たとえば伊藤博文を大臣に起用するか、それとも新しい制度に変えるかであった。結局、後者の道が選ばれて、太政官制よりもより効率的な内閣制度が実現したのである。

幕府の頃と比べると、これは巨大な変革であった。かつて天皇の下には将軍があり、その下には徳川幕閣があり、それを動かしていたのは老中たち、つまり譜代大名であった。その位置に、いやそれよりはるかに重要な位置に、足軽出身の伊藤博文が就任したのである。明治維新が身分を超えた人材登用の革命であることを、これほど如実に示す変革はなかった。そして福沢は、その重要性を確かに見抜いていたのである。

海軍拡張論

この新しい内閣に対し、福沢がもっとも強く主張したのは、軍備とくに海軍の充実であった。

明治十九年（一八八六）八月には、清国北洋艦隊の鎮遠、定遠、済遠、威遠の四隻の新鋭軍艦が長崎に来航した。これらは、当時世界の新鋭艦で、清国の誇りであった。ところが、その際、水兵が上陸後、飲酒して乱暴を働き、警官が取り押さえたところ、今度は士官水兵三百人あまりが警察署を襲い、乱闘となるという事件が起こった。清国側は士官一名、水兵三名が死亡、日本側は巡査一名が死亡、双方で負傷者八十名以上という大事件となった。長崎事件である。

福沢はこの事件に激怒して、これはたんなる酒乱の上の事件ではなく、艦長も責任は免れない、厳重に交渉して賠償を取るべきだと主張した。また、東京から長崎に至る鉄道を早急に充実させるよう主張した。

明治十九年九月二十一日の社説「宮古八重山を如何せん」も興味深い。福沢は、兵備拡張は持論であると述べ、外国と交際を開いた以上、国の独立を守る兵備は当然必要である、「自国の力の強弱をも顧みずして、漫《そぞろ》に他国に向って戦を挑み、又は土地を攻め取らんなどいう欲深き謀」ではなく、自国を自国で守るだけのものは不可欠である、ところが沖縄の諸島についてはそうした配慮さえなされていないと批判する。そして、少なくとも八重山に軍艦を繋留させるか、陸上に兵力を置き、八重山から宮古、沖縄を経て、鹿児島に電信を引き、軍艦を平時から巡回せしむることが必要だと説いている。イギリスは、その頃、朝鮮の巨文島を占領したことがあった。あのようなことがあるかも知れない、要害の島を失ってはならないと、よびかけた。

ただ、福沢の言うのは、狭義の自衛ではなかった。明治二十年一月六日、福沢は「朝鮮は日本の藩屏《はんぺい》なり」において、日本を守る防御線は朝鮮である。朝鮮半島が敵の支配するところになれば、日本の不利益は大きく、日本を守るために倍のエネルギーを要するようになると述べている。日本は甲申事変以来朝鮮を忘れたような有様であるが、清国は袁世凱を派遣し、電信を敷設し、巨文島を租借しようとするなど、活発な活動を行っているとして、警戒を呼びかけたのである。

実は政府も、軍備拡張とくに海軍拡張に力を入れていた。明治十七年度に比べると十九年度は(十八年度は九カ月予算だったので比較が難しい)、他の省はさほど増えていなかったにもかかわらず、海軍は百六十五万円、陸軍は百二十一万円増加していた。また明治十九年には公債五百万円を発行して海軍軍拡にあて、二十年にも六百四十八万円を発行して海軍軍拡にあてた。しかし、ドイツは十九年度の予算は七億五百八十八万マルクで陸海軍費はその半分以上を占める。日本は七千九百九十三万円のうち二千四百五万円で三分の一にも満たない。これではまだまだ不十分だと福沢は述べていた(「海防費の下賜」明治二十年四月四日)。

明治二十年三月、皇室費から三十万円を海軍拡張に下賜された。福沢はこれを歓迎し、早速外国の例と比べている(同上)。各国の皇室費は、オーストリアは日本円で四百八十八万円、イタリアは三百八十九万円、イギリスとプロシャは巨額の財産がある上に、それぞれ二百五十七万円と百四十七万円、ロシアは帝室費というものはないが、巨額の財産があって、そこから入る収入は毎年千五百七十万円である。これに比べ、日本の帝室費は二百五十万円で、しかも皇室財産からの収入は僅かである。つまり実質年間経費の十分の一以上のものである、官吏もこれにならって俸給の一部を献納し、民間もまた同様にすべきだが、数年来の不況でそれは難しい。

ではどうするべきか。何よりも政費節減が必要だと福沢は言う（「唯節減あるのみ」明治二十年四月五日）。その内容としては、官吏の数を減らすこと、各省の事務を減らすこと、とくに教育、衛生、土木に「異常なる節減」を加え、政府の民間への干渉や民間への保護は全廃し、大規模な政府の建築も廃するなど、とにかく徹底的な節減をすべきだと主張した。

さらに進んで福沢は、献金者に位階を授けてはどうかという。その頃、献金すると位階がもらえるといううわさが流れ、これを批判する声があったが、福沢は別に悪いことではないと主張した。官は実権のあるもので、変な人物がその地位にあれば害をなす、しかし位は形式であって、別に害は生じない、軍人や武士が槍で手柄をあげ、政治家や外交官が国家のために働き、実業家が国富を増し、国を利するのは大きな功績である、アメリカの大富豪ヴァンダービルトは、慈善事業に応じないが、それは自分の仕事がすなわち国家への貢献になっているからだと豪語している由だが、まことにもっともであると述べた。福沢が官に対する民の自立を強調し、実業の重要性を強調したことは有名であるが、その面目躍如たるものがある。

井上条約改正と福沢

さて、この明治二十年になってにわかに政界を動揺させることになったのが、条約改正問題であった。

条約改正は、伊藤内閣が取り組んでいた最大の事業の一つであり、その中心は井上馨《かおる》であった。井上は明治十二年以来外務卿の地位にあり、内閣制度の創設とともに外務大臣となっていたが、明治十九年五月から各国公使と条約改正会議を開いて本格的な交渉に着手した。交渉は翌明治二十年四月頃、合意に近づいていた。

井上の条約改正案の内容は、二年以内に内地を開放して外国人の通商・居住を認め（内治雑居）、外国人に土地所有権・鉱山採掘権を与え、近代的な法典を制定して、西洋諸国の承認を求め、主要な裁判所の判事に西洋人を任命して西洋人に関わる事件の審理に関与させ、とくに西洋人を被告とする裁判には西洋人判事が過半数を占めるようにする、というものであった。

この間、政府は鹿鳴館《ろくめいかん》で盛んにパーティーを開くなどして、日本の西洋化を諸外国にアピールしていた。明治二十年四月二十日、首相官邸における仮装舞踏会は、なかでも著名なものであった。ちなみに、この日のパーティーには、福沢にも招待状が来たが、はなはだ冷淡な断り状を出している。伊藤とはまだ冷戦中であったし、華美は好まなかった。

条約改正をめぐるこうした動きに対しては、政府内部からも反対があり、ボアソナード法律顧問や保守派の谷干城《たにかんじよう》農商務大臣は反対の意見書を提出した。七月、谷が辞職すると、閣議は分裂し、政府は条約改正を当分延期することとなった。

条約改正問題は、自由民権運動に再び火をつけることとなった。明治十八年頃には、松方デフレの打撃もようやく弱まり、民権運動復興の動きが出始めていた。明治十九年十月二十四日、星亨《ほしとおる》が中心となって、旧自由党を中心とする全国有志大懇親会が開かれた。

奇しくもその夜、紀州沖でイギリス船ノルマントン号が沈没し、日本人乗客二十三人が溺死したのに、英人乗組員二十七人はボートで脱出するという事件が起こった。そこには、明らかに日本人に対する軽侮があった。しかも、十二月に行われたイギリスの領事裁判では、船長は僅か禁獄三カ月という軽微な刑罰を宣告されただけであった。この結果に世論は激昂し、領事裁判権の廃止を強く求めるようになった。この状況の下で、鹿鳴館がどのように受け止められたかは、説明する必要はないだろう。

明治二十年五月、旧自由党有志は、第二回全国有志大懇親会を開いた。ボアソナードや谷の政府内部における反対論を入手した星は、これを印刷して配布し、九月、外交政策の刷新、地租軽減、言論集会の自由を三大目標とする運動を開始した。運動は元参議・後藤象二郎をリーダーとして十月から十二月にかけて高揚した。東京は騒然となった。明治十

四、五年に匹敵する動きが始まったのである。

これに対して政府は、九月、井上を辞職させ、伊藤が外務大臣を臨時兼任することとした。また伊藤はこれまで兼任していた宮内卿を辞めて、農商務大臣だった土方久元《ひじかた》を宮内大臣とし、内閣顧問だった薩摩の黒田清隆《きよたか》を入閣させて農商務大臣とした。伊藤・井上が保守派に譲歩して、宮中府中を壟断《ろうだん》しているという批判をかわし、黒田を入れて内閣を再強化したものであった。続いて政府は十二月、突然保安条例を発して約五百七十名を皇居から三里外に追放した。戒厳令に近い措置だった。

そして明治二十一年二月には、大隈重信を外務大臣として入閣させた。これは、前年夏頃から計画されていたもので、大同団結運動を切り崩す（改進党は大同の主力ではなかったが、その一部を構成していた）ものであった。さらにもう一年後には、政府は後藤象二郎を逓信大臣として入閣させることになる。

このような条約改正と大同団結運動の高揚、それに対する政府の対応に、福沢はどのように反応しただろうか。

まず、当時、条約改正に関して、内地雑居尚早論というものがあった。外国人を内地に入れれば、その勢力は恐るべきものとなるという説であった。

これについて福沢は、明治十九年四月二十一日と二十二日の「全国雑居」において次のように論じている。内地雑居には、全国一斉の雑居論と、県庁所在地などに限るべしと論じるものと、二つがある。日本が特別に宝の山というわけでもなし、内地を外国人に開放しても、それほど大勢押しかけるはずはない。また、外国人には土地所有を制限すべきだという説がある。たしかにアメリカでも土地購入については一定期間アメリカに在住したものに限るとか、イギリスでも数年前までは外国人の土地購入は一定面積以下という制限があった。しかし、それも無用である。外国人が大量の土地を買えば、日本に不便が生じるというが、需要が多ければ価格が上がり、外国人もむやみに買うはずがない。それに、税金を納めるのだから、さしたる不都合はない。むしろ土地だけあってこれを利用する資本のない国では、外国の資本家を招くことが普通である。フリードリヒ大王もアレクサンドル一世もそうだった。外国人の土地利用のますます多いことを望む。このように福沢は論じたのである。かつてヨーロッパに行ったとき、外国人でも土地が買えることを知って、驚いたことがあった。そのときのことを、福沢は思い出していたことだろう。

ただ、福沢は条約改正を強く支持していたものの、条約改正それ自体を最大の目標としていたわけではなかった。日本が対等な条約の下で対等の責任を担いうるかどうか、その基礎にあるべき独立の精神において不十分なところはないかということに、福沢はより強い関心を持っていた。明治十九年九月六日の「条約改正の愉快は無代価にて得られるべきものに非ず」、七日の「条約改正すれば外国交際もまた一面目を改むべし」において、福沢は条約改正の進展を歓迎するとともに、これまでの不平等は外国の悪意よりもむしろ保護者的な態度から来たものであると述べ、日本の官尊民卑がもっとも心配である、民間の自立こそもっとも必要だと論じているのである。

したがって、明治二十年六月二十四日、福沢は「条約改正は事宜に由り中止するも遺憾なし」と題する論説を著して、次のように述べている。治外法権はまことに遺憾なものである。ぜひとも早く改めたいものである。そして内地雑居に進むべきである。そのためには新しい法律が必要である。今のままの規則では外国人で難渋するものが出るだろう。しかし法律はそれぞれの国の民情、風俗を背景に発達したものであって、外国から移植すれば済むものではない。治外法権という部分的な主権の制限を改めるために不本意な法律を作るようなことがあってはならない。

おそらく福沢は条約改正の進展の程度を知っていたのであろう。そして、井上条約改正に対して、いったん中止することを求めたものと思われる。これは厳しい政府批判と受けとめられ、『時事新報』はそのために発行停止の処分を受けている。

しかし、福沢の言うとおり、まもなく条約改正会議は法律編纂まで延期となった。福沢は「条約改正会議延期」（八月四日）において、条約改正延期に賛成し、一刻も早くよい法典を編纂して条約改正を進めるよう述べた。そして九月十九日には「内閣員の更迭」と題する論説を著し、外交政策は内閣のものであるから井上が代わっても変わるものではない、黒田は伊藤内閣と異なった意見があるといわれているが、入閣するのだから、一致点に到達したのであろう、首相が宮内大臣との兼任を辞めたことは結構である、と述べている。全体に井上辞職と条約改正中止の衝撃を最小限に止めたいという意図が見える。また、伊藤が外務大臣を臨時兼任したことを、前例がなく、何か意味があるのだろうと述べているのは、政府と大隈との入閣交渉について、知っていたのかもしれない。

明治二十年十二月、福沢は『時事新報』創設以後を回顧して、持論の「官民調和論」を繰り返していた。日本は政府だけで成立するのではなく、また人民だけで成立するのでもない、両者あいまって成立している、政府は人民を疎外してはならず、人民は政府を怨望してはならない、相互に妨げず、官尊民卑を改めなければならない。これが実現されたかと言えば、汗顔の至りであるが、今後もこの議論を繰り返すだろうと述べている。

そう述べたところに、良いニュースと悪いニュースがやってきた。悪いニュースは保安条例の公布（明治二十年十二月二十六日）であった。一部の活動家に対して、皇居から三里以遠に退去するように命じたのである。あまりの措置に、尾崎行雄は愕然としたとして、その後、号を愕堂《がくどう》（のち咢堂）としたほどであり、官民調和の期待を打ち砕くこと甚だしいものであった。一方の良いニュースは大隈の入閣（明治二十一年二月一日）であった。「外務大臣の更迭」（明治二十一年二月二日）において、福沢は官民調和の一端として、大いに歓迎した。

大隈条約改正と福沢

明治二十一年二月、大隈は伊藤内閣に入閣し、条約改正に取り組むこととなる。その関連で、何度か内閣の構成に変化があった。以下、条約改正問題とそれに関連する政局の動き、およびそれに対する福沢の議論について、見ておきたい。

明治二十一年四月三十日、大隈が入閣してから二カ月後、伊藤博文は総理大臣を辞して、新たに設けられた枢密院の議長となり、総理大臣には黒田清隆が就任した。

福沢はこの内閣に対し、巧みに政務を処理するよりは固く守って事をなさないことを勧めている。それは、福沢が伊藤の内閣を基本的に支持していたからであり、薩摩に対して懸念を持っていたからであろう。同時に、福沢はこの枢密院について懸念を持った。これまで内閣に集中していた権限が、まもなく設立される国会に加え、枢密院まで出来たことで政務の渋滞が起こらないかと、不安を感じていた（「内閣と枢密院と」明治二十一年五月二日）。

ところが七月になると、一年ほど野にあった井上馨が農商務大臣として入閣した。これについて福沢は次のように論じている。井上の入閣は驚きをもって迎えられたが、決して驚くほどのことではない。現在の政府は何と言っても薩長が中心であり、それは理由のあることである。しかし福沢は、井上が功をあせらずに進むことを望んでいる(「井上伯の入閣」、明治二十一年七月二十六日)。大隈に次いで井上が入閣したことに期待をもったのは当然だろう。

ただ、条約改正については、やはり最重要課題とは考えていなかった。「条約改正敢て求めず」(明治二十一年九月一日、三日)において、福沢は述べている。欧米は日本が驚くべき進歩を遂げたというが、それは以前の評価が低すぎただけである、ところが、驚くべき進歩を遂げたのに、それ以前の条約を変えようとしないのは、驚くべき不条理である、そもそも条約改正の利益は日本人だけにあるのではない、外国にも利益の多いものである、にもかかわらず条約を改正しないとすれば、不愉快な話であるが、条約励行論が力を増すであろう。すなわち、外国人は居留地から出るべからずという、条文に忠実な方策が出てくるであろう、そうならないためにも、外国は条約改正に応じるべきであると、警告を発した。

明治二十二年三月になると、大同団結運動の首領・後藤象二郎が逓信大臣として入閣して、世間を驚かせた。それは、大同団結運動に対する切り崩しであった。福沢はしかし、これをむしろ歓迎している(「後藤伯の入閣」明治二十二年三月二十三日)。世間は意外として驚くが、自分は当然と考える、むしろ今まで野に閑居していたことを不思議に思う。維新の論功行賞で言えば、現存者では黒田清隆が七百石、山県有朋が六百石だったのに比べ、後藤は千石だった。西郷、木戸、大久保、それに広沢真臣《さねおみ》、大村益次郎が没した今、現存の維新の功労者で後藤以上の者はいない。昔の功績を基準に考えることに問題はあるが、こういう功労者を野に置いては、政治はうまくいかないと、持論の官民調和論を述べた。このように福沢の立場は、いわゆる藩閥とも民権論者とも大きく異なっていたのである。

政府が後藤を取り込んだのは、条約改正が再び大きな問題となっていたからである。明治二十二年一月七日、大隈外務大臣は英露仏墺伊各国に条約改正案を示して交渉に入った。二月にアメリカが同意し、六月にドイツ、八月にロシアが同意した。もちろん、いずれも批准には至らなかった。この状況について福沢は、イギリスは近江商人のようなもので、これまでの販路開拓などに功績は大であり、その優位を失う恐れがあるから反対しているが、長期的にはイギリスにとっても有利なはずだから、遠慮する必要はないと考えていた。

この間、三月に駐米公使陸奥《むつ》宗光から、外国人判事の任命は憲法違反ではないかという問い合わせがあった。すでに大日本帝国憲法は同年二月に発布されていたから、この問題が生じたのであった。これに対し、大隈は違反ではないと答えていた。

しかし問題は簡単ではなかった。四月、ロンドンのタイムズに条約改正案が掲載され、これが五月末から新聞『日本』に翻訳掲載されて、日本で反対論が沸騰することとなった。八月下旬、反対派は全国連合大演説会を開き、これに対し、大隈を支えるため、改進派は九月下旬、条約改正断行全国同志大懇親会を開いた。

福沢はこれが党派的に利用されていることを懸念した。

条約改正それ自体には賛成だった。「条約改正、法典編纂」(七月十七日、十八日)と「法典編纂の時期」(七月二十五日)において、福沢は、内地開放とくに外国人の土地所有権を恐れるものに対し、エジプト人はたしかに外資のために蹂躙《じゅうりん》せられたが、アメリカは外資によって発展したと述べ、問題は外資導入の是非ではなく、これを利用する人民の能力であるとして、日本人はエジプト人ではない、と自信を示した。また大審院のみ外国人判事を置くという大隈案については、今は我慢することもありうると考えた。

しかし、八月頃から、徐々に条約改正は難しいと考え始めた。その障害は、むしろ国内にあると考えた。「条約改正の困難は公論の裏面にあり」(八月九日、十日)において福沢は、現在の条約改正案は二十年の改正案より進歩しているものの、根本的な変化ではないとして、同じものの値段が百円から五十円に下がったようなものだと述べた。それを、余りに画期的というと前の関係者が嫉妬する。この進歩は時勢によってもたらされたのであって、当局者の手腕だけではない。当局者はよく嫉妬に注意して、自ら手柄を専らにするようであってはならないと述べている。

果たして改正は難航し、井上は辞職し、伊藤も枢密院議長を辞職した。そして十月、外務大臣大隈重信は爆弾テロに遭い、片足切断という重傷を負った。気丈な大隈はなお闘志を見せたが、十二月、黒田内閣は辞職に追い込まれた。

なお、これより先、二十二年二月、憲法発布の直後、文部大臣森有礼《ありのり》が暗殺されていた。一年に二人の友人がテロに遭ったことは、福沢にとって衝撃であった。その背後にはかつての攘夷運動にも似た旧思想があるように思われた。それは十四年政変以後の政府の保守化政策によって復活したものであった。

政治権力の限定

繰り返して述べているように、福沢は条約改正には原則として賛成であったが、それに過度に熱中はしなかった。むしろ、こうした条約改正をめぐる政治熱の沸騰に対して、懸念を持っていた。

明治二十年八月十五日から十七日にかけて連載された「政略」という社説において、福沢は次のように論じている。およそ人間として名利を好まないものはない。しかし何が名利であるかは、社会によって違う。商業を重んじる英米では、名利は商売社会にある。武を好むドイツでは、名利は武人の中にある。日本では政治に熱中する武士の伝統から、名利は政治社会の中にあるという。このあたりは権力の偏重を指摘した『文明論之概略』の議論と同様である。

ところが、福沢によれば、名利はまた嫉妬羨望の対象となる。人間社会は人情の世界であって、道理の世界ではない。人情七分、道理三分というところである。したがって、古今の政治家で、よく成果をあげた者は、道理に明るい者よりも、巧みに人情を制する才智を持つか、不言のうちに人情を満足せしむる徳義を持つ者が多い。

具体的に、嫉妬を避けるためにはどうすればよいか。第一に、為政者は決してそれ以外のことに手を出してはならない。江戸時代に目付《めつけ》となったものは、実の父母の病気見舞いを除けば、近親との往来も避けるほど気を遣った。交際が広いだけで疑惑の対象となるから、注意しなければならない。第二に、政治以外に高い地位を作って、国中に多くの中心を作ることである。江戸時代には大藩の藩主は老中になれず、また本願寺、増上寺、知恩院などは諸侯の上にあるなど、権力の一元的序列を避けたのは、こうしたことに対する配慮からであった。第三に、為政の地位にあるものは、私徳を慎んで節倹を守らねばならない。ロシアのニコライ帝（一世）は、内殿に使う靴は一足のみ、それも破れると皇后が繕うという有様だった。このように、福沢は江戸時代その他、なじみの深い例を引いて、権力の安定条件を論じたのである。

ただし、福沢は一般的に奢侈《しゃし》はいけないと言っているのではない。それは官僚についての説であって、人民の贅沢は自らの労力から作り出したものだから、少しも遠慮することはないと述べている（「人民の豪奢は寧ろ之を勧むべし」明治二十年九月二十六日）。

政治に対置すべき価値の一つは、もちろん学問であった。福沢は学問という価値の自立性について、強い自負を持っていた。ややのちのことであるが、明治二十四年、大槻文彦の国語辞書『言海《げんかい》』の出版記念祝賀会が開かれた。その次第書（プログラム）には、まず伊藤博文の祝辞、次いで福沢の祝辞となっていた。福沢はこれに納得せず、文事において政治家の下につくことを好まないから、自分のものは削除してほしいと申し入れ、次第書を印刷しなおさせた。福沢が学問の自立、政治に対する対等性ということを、いかに重視していたかを示すエピソードであると同時に、伊藤に対してなお釈然としない気持ちを持っていたからであろう。

こうした政治権力の限定という考え方から、福沢は地方分権を重視する。その一環として、旧大名は地方に戻って住むことを提唱している。かつて廃藩置県において、旧領主は東京に出た。それが廃藩置県の重要な一部であった。それを福沢は強く歓迎したことはすでに述べた。その大名の東京在住を、今度は否定しはじめたのである。

そして、地方政治においてこそ、政治の社会に対する関与はとくに限定的でなければならなかった。「府県治は人民の快楽に干渉すべからず」（明治二十年九月二十七日）において、福沢は人民の自治が基本であることを強調している。先日所要があって横浜に往復したが、川崎大師の縁日で大賑わいであった。それを迷信だとか、浪費だとか、盗難が発生するとか、風紀が乱れると言って咎めることはおろかなことである。大師の縁日は民俗習慣に重んずるところであり、信者はその信心を満足させているのであり、治者は法律の範囲を超えない限り、これに干渉してはならない、むしろ鉄道局はこれに協力しているが、これが正しいやり方だと述べている。

また福沢は、地方から慶応義塾に学ぶ学生に対し、東京で立身をはかることだけが人生ではないといましめ、資産のあるものは地方に帰って地方の文明化に貢献することを説いた（「慶応義塾暑中休業に付き演説」明治十八年七月三十一日）。また地方から来た学生には、親を心配させないよう、また東京と地方とのコミュニケーションを密にするため、頻繁に手紙を書くよう勧めた。彼自身がよく手紙を書く人であったことは、すでに述べたとおりである。

通商国家の主張

福沢は、このように社会の自立を図り、政治の役割を限定したが、さらに必要なのは経済力の充実であった。そのためには戦略が必要だった。

福沢がこの方向で大きな見取り図を書いたのは、明治十二年の「民情一新」においてである。そこで蒸気、電信、印刷、郵便を文明開化の四大利器であると述べている。通信、輸送に大きな価値を置いていたのである。

鉄道については、もっとも積極的に建設すべきだという論者であった。福沢は明治十五年の「鉄道論」(九月二十二日、二十五日)において、主要国と比較して、日本のそれが極めて遅いと批判している。こういうものは外国公債を発行してでも急速に完成させるべきものであった。さらに福沢は、軍事的価値も付け加えて、鉄道の充実を再三強調している。

また、海運の発展に力を入れ、補助を行うべきだという論を、繰り返して主張した。三菱と共同運輸の争いには、強い関心を払った。さらに明治十九年頃になると、アメリカとの間の海底電信の敷設を積極的に主張するようになる。要するにこうした公共財については政府が主導して一気に建設を進めるべきだという意見であった。

それゆえ、鉄道がある程度軌道に乗ってくると、民営でもよいと考えるようになった。時代の動きの中で、技術変化の中で、技術を考えたのである。現代であれば、福沢はおそらく熱心なIT革命推進論者となったであろう。

なお福沢は晩年、後藤新平と親しく交際したといわれるが、後藤のような大規模な発想と進取の気性は、福沢の好んだところであったに違いない。

産業については、福沢は米作偏重の批判者であった。江戸時代の日本はなんと言っても米本位であったし、明治初期には米は重要な輸出商品であった。しかし、比較優位の点で、日本の米作に明るい未来はないと考えた。そして養蚕に力を入れるべきだと考えた。生糸は日本にとって有利な商品でありうるし、また士族授産としても適していると考えた。すでに述べたとおり、下級武士はほとんど職人のようなものであって、その内職の経験を積んだ福沢は、養蚕なら武士に出来ると考えたのであろう。ただし、これも永久の策ではなかった。中国の追い上げがあったからである（「日本の蚕糸家は支那の競争を忘るべからず」明治二十年八月五日）。

いずれにせよ、福沢がもっとも重要としたのは貿易であった。富は貿易から生まれるというのが、福沢の信念であった。とくに日本のような国は貿易立国たらざるを得ないので、ますますその必要性は自明であった。そして世界の貿易を牛耳っているのは英米である。したがって日本人はまず英語を学ぶべきで、次いで中国語を学ぶべきだと論じている（「英語と支那語」明治十八年九月十六日）。

こうした福沢の主張は、少しずつではあるが、実現されていた。その結果、日本には貧富の差が拡大しつつあった。福沢の「貧富論」という論文が書かれたのは、明治十七年十月二十四日から三十日にかけてであった。その中で福沢は、人は生まれながらに平等ではない、貧しいのは学問をしないからではなく、出来ないからだという議論を展開している。『学問のすゝめ』の冒頭と、ほとんど正反対の論である。しかし、その解決策はますます富豪を作ることであるというのは、福沢らしい議論であった。

第十四章
初期議会と日清戦争

明治24年（1891）頃。現行一万円札の肖像を作成する際に最も参考にされた（慶應義塾提供）

地租軽減に反対する

明治二十三年七月一日、最初の衆議院議員総選挙が行われた。このときは、政府が超然主義、つまり政党と関わらないという姿勢をとっていたこともあって、選挙干渉なども少なく、比較的クリーンな選挙だった。福沢はこの結果を喜んで、「その結果の意外に十分なりしに驚かざるを得ず」「上出来なりというを憚《はばか》らざるものなり」「西洋諸国に向かって誇るに足るもの」と述べている（「議員選挙の結果」七月九日）。

最初の議会は同年十一月二十五日に開かれた。この議会の焦点は予算であった。山県有朋の内閣が、民党（自由党と改進党）が多数を占める議会の承認をいかに取り付けるかであった。翌年二月二十日、政府提出の歳出総額八千三百七万五千余円から、民党は八百五十万円を削減し、これを財源として地租を軽減しようとした。政費節減、民力休養の主張である。

その政費節減のため、警視庁の廃止など、制度改革案も含まれていた。しかし、憲法六十七条には、天皇大権に基づく既定の歳出、法律の効果による歳出については、政府の同意なくして修正できない、とされていた。

福沢は政費節減には大いに賛成だった。ただ、制度改革を伴うような改革は、方針が急激であるわりに、実質の削減額は小さいと、批判的だった。福沢の主張はより単純で、官吏の数は半減すべし、そして余分な仕事（繁文《はんぶん》）を減らすべきだと考えた。役所では、一人で出来ることを数人でやり、一時間で済むことを一日でやり、人民に無用の手間をとらせていると批判した。

他方で福沢は、地租軽減には反対であった。議会が始まってまもない明治二十三年十二月三日から五日にかけての「地租軽減」という論説で、福沢は次のように論じている。地租を軽減しても、細民のためにはならない。小作料は需要と供給で決まるものである。かつて二十二年に特別地価修正があったときも、地主は小作料を下げなかったではないか。自作農については、たしかに軽減になるが、昔に比べれば地租はずいぶん軽減されている。地租軽減は無意味であると論じたのである。

それでは余った資金はどこに使うべきか。福沢は海運事業に対する補助金を出すべきだと主張する。「航海業国」（三月十八日～二十一日）において福沢は、日本は通商で進むしかない、そのためには、イギリスのように世界に中等以上の日本人が居住しなければならない。しかるに航海業はまだ外国勢力に牛耳られている、イギリス人が世界に住むのも、航海の便利の結果である、したがって政府より補助すべきであると考えた。外国もみな補助金を出しており、補助なしに世界と競争は出来ない。ぜひ、航海条例を定め、航海の哩数に応じた補助を出すべきだと論じた。福沢は明らかに農業でなく商業を中心に進むべきだと論じたのである。

結局、第一回議会における予算審議は、政府が自由党の土佐派を切り崩して、当初歳出削減八百五十万円だったのを、六百五十万円の削減に切り下げさせて成立した。

議会が終了すると、山県は辞職し、五月六日、松方正義がこれに代わった。福沢から見れば、松方は伊藤らに比べてかなり格が落ちるだけでなく、松方デフレを評価しなかったので、やや失望した。

松方への低い評価は、他方では表に立とうとしない伊藤への批判であった。「政界の若隠居」（六月七日）という論説は、伊藤を批判、揶揄したものである。自他ともに政界の第一人者の伊藤が表舞台に立たないのは、養子に行く家に若隠居がいるようなものである。養子はやりにくくて仕方がない。伊藤は責任の地位に立たないなら完全に引退せよ、そうでないなら責任の地位に立て、と批判した。

ところで、松方内閣の成立早々起こったのが、五月十一日の大津事件であった。日本を訪問していたロシア皇太子（のちにニコライ二世）を巡査津田三蔵が襲い、負傷させた事件である。日本国中に衝撃が走り、政府の中には、ロシアの復讐を恐れて津田を厳罰に処すべきだとする声が高まった。暗殺未遂の最高刑は無期徒刑であるが、皇族に対する暗殺未遂を適用すれば死刑にできるとして、この法律を適用すべきだという主張であった。しかし、最終的には、大審院は藩閥政府の圧力を跳ね返して、津田を無期徒刑とした。これは、日本における司法権の独立の輝かしい一歩として知られている（しかし、この解釈には、やや問題がある。楠精一郎『児島惟謙《いけん》』参照）。

事件は、福沢にとっても衝撃であった。五月十四日の「如何にして其情を慰め奉る可きや」において、福沢は息子を傷つけられたロシアの皇帝・皇后の衝撃を思いやる。いかにも家族思いの福沢らしい。そして皇太子を派遣することを提唱している。第二に、長老を集めて議論することを提唱している。幕府の頃も、非常の場合にはそういうことをしたとして、参議経験者すべて（板垣、大隈を含め、全部で十四人いた）を集めて協議することを提唱した。官民調和論の福沢らしい。第三に、天皇の見舞いが大変効果をあげたことを指摘して、政治に超越する天皇をいただく効果を強調している。

政府の措置については、福沢はおおむね評価している。政府が極刑を望んだのは当然であり、司法が法律にしたがって決断したのも喜ばしいとして、「我輩は人民と共に我帝室の万歳を祝して、併せて我法律の独立を賀する者なり」と述べて、政府、司法、天皇のいずれをも賞賛した。

なおこのロシア皇太子訪問のさいには、訪日の意図について、他日日本を征服するための下見であるとか、さまざまな憶測が流れた。それには尾ひれがつき、皇太子一行の道案内をしているのは西郷隆盛である、西郷は城山を脱出してロシアに行き、今回帰国して道案内をしているという噂まで流れた。これにふれて、福沢は、明治二十五年四月十日、

「西郷どんの帰来怖くない」という面白い漫言を書いている。西郷が生きて東京を見れば、さぞ驚くだろうというのである。西郷は無欲淡白、簡易質朴の人で、家賃三円の茅屋《ぼうおく》に住まい、焼き芋を食い焼酎を飲んで文武を論じた人物である、その頃西郷に焼き芋を食わされた連中は、いまや殿様となり、おかみさんは奥方様、倅《せがれ》は若様、娘は姫様となっている、豪邸に住み、連日のように鹿鳴館、帝国ホテルという具合で、西郷は驚愕して早々に日本から出て行くだろうという。もちろん、政府要人の贅沢を厳しく戒めたのであった。

明治二十四年十一月、第二議会が始まった。この議会に、民党は再び政費節減、民力休養を唱えて臨んでいた。これに対して政府は海軍拡張をめざしていた。しかし福沢は、むしろ政府の予算は消極的で、積極的な事業に乏しいと感じた（「消極と消極との撞着」十二月十五日）。たしかに、二十三年度の剰余金六百四十五万円と官制改革による節減四十五万円、合計六百九十万円があるのに、新事業は製鉄所のみであった。もっと政費を節減して、もっと積極の方針をとり、続々進歩の事業を企て、全国人民に訴えよと福沢は考えた。

それゆえ、民党が政府の海軍拡張に反対し、政府が議会を解散したときは、むしろこれを支持した（「衆議院いよいよ解散せられたり」十二月二十六日、「国会解散して政府の方向は如何」二十九日）。

ただ、政府と政党との対立は、実は感情問題に発している、官尊民卑、権力の偏重こそが原因であり、まずこれを改めよ。そして政府は超然主義などやめて大いに運動して多数を占めるよう努力せよ、多数が得られなければ、再度解散の覚悟もせよ、と論じた。福沢の立場は政府寄りでも民党寄りでもなく、あくまで政策本位であり、また政権を持っているものは断固として信念を貫けというものであった。

この解散の結果行われた第二回総選挙（明治二十五年二月十五日）では、日本の選挙史上、もっとも激しい選挙干渉が行われ、死者二十五名、負傷者三百八十八名が出た。しかし福沢はそれをさほどきびしく批判してはいない。

この選挙のあとには、やはり民党が多数を占め、第三議会で松方内閣は苦慮することとなった。もう一つ難しかったのは藩閥内部における批判者であった。伊藤博文を中心とするいわば文治派は、松方の政治運営が強引であると批判して、松方内閣を辞職させることとなった。その結果、八月、伊藤博文が元勲総出の内閣を組織することとなった。

伊藤への失望

福沢はこれまでの持論から、この組閣を歓迎し、「新内閣組織成る」（八月九日）と「新内閣の方針如何」（十日）において、その顔ぶれを紹介して、論評を加えている。井上の内務大臣は意外だが、重要な位置なのでとくに起用したのであろうと述べ、陸奥《むつ》外務大臣については、技量も熟練もあり、「畢生《ひっせい》の力を尽して運動したらんには、我が外交は近き中に面目を改むることあるべし」と、強い期待を表明している。また、大山巌《いわお》陸軍大臣、仁《に》礼《れ》景範《かげのり》海軍大臣も人を得たものであるとし、山県、黒田といった首相経験者が入閣したことも内閣に重みを加えたと歓迎した。そして、これまでの内閣は民党に対する硬論か軟論かが問題とされたが、そうした硬軟の議論を超えて、出色の案を見たいものだと述べた。

しかし、福沢は伊藤内閣が議会から温かく迎えられると思っていたわけではない。むしろ逆であった。伊藤内閣の成立は近来の一大快事であるが、民党はいっそう激しく対抗するだろうと予測している。したがって、内閣は多少の変通《へんつう》を考え、当局者自ら出席して詳細に説明し、民党の過激の言論も柳に風と受け流し、世辞愛嬌を旨とする態度が必要である、そして必要な場合には賄賂も使えばよいとまで述べている。さらに、元来維新の元勲であって、伊藤、黒田、山県の上にいてもおかしくない板垣、大隈を入閣させることも考えるべきだと述べている。しかし、いかなる政略を用いても、地価修正や地租軽減は絶対に行ってはならないと、福沢は主張した（「新内閣の対議会案」八月十二日、「新内閣の注意を望む」八月十三日、「内閣組織の円満を望む」八月十八日）。

ところが、伊藤内閣の政策は、福沢の期待するようなものではなかった。とくに失望させられたのは、十二月の議会開会冒頭に提出された田畑地価修正案であった。福沢は地租は軽減されているという判断であった。それは事実であった。そこで地価修正という事実上の地租軽減をやる必要がどこにあるのか、政府は一体強いのか弱いのか、明治九年には三分を二分五厘とし、二十二年には地価の特別修正を行って三百万円以上を減税したが、地方の財産家、有識者で失望したものは少なくなかった。とにかく「地租は立国の根本にして、苟《いや》しくも経世の考えあらんには断じて動かすべからざるもの」であった。江戸時代に城を明け渡す時には、第一に城、第二に兵器、第三に年貢帳を引き渡した。したがって、地租軽減は降伏に等しい、修正案の提出は明治政府の一大失策だと福沢は批判したのである(「地価修正案に対する政府の意見何れに在りや」明治二十六年一月十三日)。

しかも、海軍の軍備拡張計画のうち、甲鉄艦ならびに巡洋艦の建艦予算が、いずれも否決されてしまった。陸軍に比べて海軍の態勢は整っていない。海軍の現状ではまかせられぬという批判には一理ある。しかし、そんなことをしていたら、いつまでも何もできない。こうなっては、緊急勅令を発して軍備拡張に踏み切り、事後承諾を求めるしかない。しかし次の議会も反対するだろうから、再三再四解散の覚悟が必要だ。このように福沢は激烈な議論を展開した(「軍艦製造費の否決に対する政府の覚悟は如何」一月十二日)。

内閣と政党との対立の結果、明治二十六年一月十七日から五日間、衆議院は休会となり、また衆議院は一月二十三日に、内閣弾劾の上奏をしようとして十五日間の停会を命ぜられた。そして衆議院は再び二月七日から十九日間休会した。結局、二月十日、天皇が詔勅を発し、政府と議会が歩み寄り、政府は歳出を削減し、議会は予算を承認するよう求め、天皇も内廷費から毎年三十万円を支出するということで危機は切り抜けられた。

精しい論説は存在しないが、福沢はこの措置に反対だったと思われる。この少し前、政府が弾劾の上奏をしたとき、これに反対している。皇室を政治に迎え入れるのはよくないという考えからであった。

しかし、福沢は元老老いたりという感想を持った。「吾は少壮者に与《くみ》せん」（明治二十六年三月十六日）において福沢は、一般に壮者は思想単純で顧慮するところ少なく、事を謀《はか》って違算多く、ややもして失敗を免れないが、進歩はその中からうまれることが多い。これに対して、老者は思慮は密であり、謀る所は周到、失敗のおそれは少ないが、守るに専らで、進歩の精神は見られない、老壮の協力が望ましいが、いずれかといえば、自分は少壮者をしてことに当たらしめたい、と述べている。

明治の初め、江藤新平にせよ前原一誠にせよ、西郷隆盛にせよ、そのやり方ははなはだ乱暴だったが、いわば主義のために命をかけて争ったわけであり、政府当局者も同じだった。勝者は勝ち、敗者は敗れて、日本社会の進歩はむしろ進んだのである。ところが、今日、ただただ穏便を図り、山県は何も言わずに司法大臣の地位を去り、かつて松方内閣で選挙干渉にあたり、伊藤の批判を受けて退いた西郷（従道）が、今度は伊藤の内閣に入った。いずれも主義主張にして言うべきことがありながら、情実のためそれを表に出さない。かつて乱暴書生だった元老は年老いてしまった、というのである。

朝鮮問題と挙国一致

さて、こうして初期議会のあり方に不満を覚えるようになった福沢は、その打開の鍵を対外問題に見出すようになった。

明治二十五年七月の「一大英断を要す」という論説(十九日、二十日)において、福沢は民党は明治政府の直面したもののうち、もっとも恐るべきものであると述べている。なぜなら、西南戦争その他の反乱は、兵力で鎮圧できるが、民党は立法府の中に正統の位置を占めているからである、場合によっては責任内閣まで行くことがあるかも知れない、しかるに民党の人物には不足はないが、経験が不足している、明治政府二十余年の治安も危機に瀕していると述べた。そして福沢は、明治初年の木戸孝允の征韓論に言及し、耳目を外に転ずることによって、内政の統合を成し遂げるというやり方について述べている。その対象は、南洋という手もあるが、やはり朝鮮である。ただし、その方法は、巨額の費用を費やして無用の戦争をするのではなく、活発な外交によって、「内は一般の人心を刺撃」し、外は朝鮮の難局を救い、また日本の利害にかなうものでなくてはならない、と述べている。

また福沢は述べる。朝鮮に対しては、ロシアが野心を持っており、また何よりも清国との関係が問題である。朝鮮が清国に所属するのか、あるいは独立なのか、それが最大の焦点であった。しかし所属といい独立といっても言葉の上のことで、真に重要なのは実態である。朝鮮の独立のためには、内政を整理して、軍備、財政、郵便、電信、汽船、鉄道などの事業を起こさなければならない。日本は朝鮮を放置し傍観するのでなく、その方向に向けて援助するようにしなければならないと論じた。

かつて福沢は対外問題のために挙国一致を主張したが、今度は、ある意味で挙国一致のために対外問題を利用するというきわどい主張が登場するのである。

さて、この間、福沢にとって忘れることの出来ないのは甲申事変で亡命した金玉均のことであった。

金玉均に対して、朝鮮政府は何度も日本に引き渡しを要求し、政府はこれには応じなかった。しかし金に対する態度は極めて冷淡であり、また明治十八年十一月には、大井憲太郎らが、金を擁して朝鮮に攻め込もうとして爆弾の手配をしたことが発覚し（大阪事件）、取り締まりはいよいよ厳しくなった。明治十九年には金は対清外交の障害であるとして小笠原に送られ、そこで病気となると、今度は北海道に送られ、明治二十三年、ようやく東京に住むことを許されるという有様だった。

それまでは、政府が最低の生活費を出していたらしいが、それ以後は手当ては打ち切られたので、同志は金玉均の生活費を用意することになった。福沢はその中心人物の一人であった。もちろん金だけではなく、金をしたう若者が集まり、朝鮮の情報収集も必要であり、将来のためのいわば軍資金も必要だったので、その金額は相当のものだったはずである。

その際の大きな問題は、金を慕って朝鮮からやってきたと称するものの中には、朝鮮政府のスパイが混じっていたことである。その一人、洪鐘宇は、金を清国に招きたいといって言葉巧みに上海に連れ出し、そこで金を暗殺した。金玉均が日本を発ったのは明治二十七年三月上旬のことで、福沢はそのとき留守だった。暗殺の報が入ったのは二十八日のことだった。

清国の李鴻章は、天津でこの報に接すると、朝鮮政府に祝電を送り、天津駐在の朝鮮官吏を上海まで派遣し、金の遺体と洪を引き取らせた。朝鮮政府は金玉均の遺体の首と胴体と手足をバラバラにし、漢城その他でさらしものにした。洪は英雄として賞賛され、官職を与えられた。

福沢は金の死を肉親を失ったように悲しみ、自宅に位牌を作り、法名をもらい、四月二十四日午後五時から、ひっそりと自宅で法要を営んだ。そこに参列した者は、後藤象二郎の秘書として金と親しくしていた三宅豹三《ひょうぞう》、金に漢城で世話になり、金の首がさらされているのを憤ってひそかに遺髪を盗み取って持ち帰った甲斐軍司、そして永く金の側近く仕えていた少年和田延次郎があった。それだけ、もっとも親しい人々の間のひそやかな法要だったと思われる。

そして五月二十日には、より盛大な葬儀が浅草東本願寺別院で行われた。一行は有楽町の事務所に集まり、浅草まで行き、そこから青山墓地まで行列が進んだ。参列者は近衛篤《あつ》麿《まろ》公爵、谷干城子爵、尾崎行雄、犬養毅、大井憲太郎、井上角五郎《かくごろう》ら、千名を数えたという。金玉均を悼む気持ちと残酷卑劣な行動をした朝鮮、清国に対する怒りの感情は、一段と高まった。それが、二カ月後の日清戦争の気分を作り出していた。

日清戦争

日清戦争のきっかけとなったのは、東学党の乱であった。東学とは、西学に対する言葉で、東学党は儒教、道教、仏教などを取り入れ、キリスト教に対抗する民間新興宗教だった。政府はこれを取り締まり、鎮圧していたが、明治二十六年末には、朝鮮半島南端の全羅道で大きな反乱が起こり、政府は取り締まりに苦慮するような規模となった。そしてついに清国の救援を求めることとなった。

福沢はこの情勢を展望して、もし清国が出兵する場合には日本もただちに出兵すべきだと説いていた(「朝鮮東学党の騒動に就いて」明治二十七年五月三十日、「速やかに出兵すべし」六月五日、「計画の密ならんよりも着手の迅速を願う」六月六日)。

朝鮮が清国に出兵を依頼したことを知った日本政府は、六月二日、ただちに出兵を決定した。明治十八年の天津条約において、両国が朝鮮に出兵する場合には相互に知らせあうこととなっていたので、六月六日、清国は属領保護のため出兵すると日本に通知した。日本は、朝鮮は清国の属領ではないとして抗議し、七日、公使館保護のため出兵すると通告した。

朝鮮における清国の勢力を打破しようとしていた日本は、陸奥宗光外務大臣のリーダーシップのもと、積極的に行動した。清国に対して、東学党の共同討伐、朝鮮内政の共同改革を提案し、清国がこれを拒絶すると、朝鮮政府に対して改革を要求し、七月二十日、清国に対する宗属関係の破棄を迫った。これが拒絶されると、二十三日、日本は朝鮮王宮を占領し、朝鮮軍隊を武装解除した。

日本はこのように、外交的には正当な要求が拒まれたのでやむなく行動したという形を取りつつ、軍事的には機先を制していった。壬午事変、甲申事変ともに、日本は兵力の差で清国に敗れていた。今回は日本が先手を打ち、清国が遅れて大兵力を送り込もうとしたとき、両国の海軍は衝突した。七月二十五日の豊島沖《ほうとうおき》海戦である。続いて陸上でも戦闘が起こり、宣戦布告がなされたのは八月一日のことだった。

福沢は戦争の遂行に全力をあげて協力した。福沢は世間で行われる寄付には一切応じない主義であったが、このときは軍費醵出運動を起こし、報国会を結成した。ところがその最中に政府が軍事公債募集を発表したので、運動のメンバーがそちらに流れ、報国会は解散した。しかし福沢はこれを喜ばず、『時事新報』で募金の取り扱いを開始し、自ら一万円を投じた。今日の一億円を優に超える金額だったと考えられる。日清戦争終了までに献金したもののうち、最高は毛利元徳《もとのり》の一万五千円、次いで一万円が福沢と井伊直憲、酒井忠直、吉田三郎右衛門の四人であった。

福沢は貴族でも富豪でもなかった。ある程度の収入はあったが、出費も多かった。ただ筆一本で稼いだ資産から、「家内中相談の結果、あらゆる経費を切り詰めて」一万円を義《ぎ》捐《えん》することにしたという（『考証』下、六九一ページ）。

福沢は戦争を文明の野蛮に対する戦争として熱狂的に支持した。休戦の際にも手を休めてはならないといい、硬論であった。しかし、明治二十八年三月、李鴻章が狙撃されると、これを厳しく戒めた。また三国干渉については、譲歩はやむを得ないという考えであり（「他日を待つべし」明治二十八年五月七日）、盲目的な硬論では決してなかった。

それにしても福沢の戦争中の態度は熱狂的であった。彼の手になる論文はともかく、漫言（ともに、彼の手によるものとは限らないという説もある）には、中国、朝鮮に対する露骨な差別用語が頻出して、思わず眉をひそめざるをえない。

こうした見方から、福沢こそ日本の大陸膨張政策の起源であるという見方がある。戦前は、それゆえに福沢は評価され、戦後はそれゆえに批判されている。

しかし、この見方は正しくないと考える。

第一に、福沢は日清戦争を文明の野蛮に対する戦争と見て、これを歓迎したが、当時の清国は満州族という異民族統治の国であり、辮髪《べんぱつ》と纏足《てんそく》の国であった。当時、清国そのままでは西洋の進出に対抗できないのは明らかだった。その清国の影響下にあったのでは、朝鮮が独立を維持できないのも、発展できないのも、ほぼ明らかであった。文明の野蛮に対する戦争という見方は、簡単に否定できるものではない。

第二に、福沢は朝鮮の独立を本気で考えていた。明治二十七年九月二十九日の「朝鮮の独立」という社説において、福沢は朝鮮が日本を師とすべきか、他の西洋諸国を師とすべきかは、朝鮮が自由に判断すべきだと述べている。それがイギリスでもフランスでもドイツでもロシアでも、西洋の文明国であって、日本の利益、名誉に関係がなければ一向に差し支えがないと述べていた。「その国土を併呑《へいどん》し又はこれを保護国と為すが如きは、たとい好機会あるもその機に乗ずることを為さず」と述べて、朝鮮の併合や保護国化を明確に否定していた。

第三に、福沢は政府の肥大化に反対しつづけた人である。植民地統治は、それがもたらす経済的利益はともかく、そこに寄生する官僚機構や商人が発生するという弊害がある。日本の朝鮮統治、のちの満州統治にしても、それがもたらす官職、経済的保護、それが政治的力となって逆流して、本土の政治を麻痺させるという面があった。これこそ福沢がもっとも嫌ったものであった。福沢がこの持論に反して植民地化に賛成したとは到底考えられないのである。

第四は、福沢は日本の将来は、貿易国家として発展するしかないと考えていた。大陸国家となることに日本の未来がかかっていると考えていたとは思えない。清国や朝鮮の資源に注目した議論は、ほとんどないのである。領土の拡張によって安全と富裕を達成しようとする大陸主義者の発想と、まったく無縁であった。

さらにもう一つ付け加えると、最近の福沢研究の発展で、『時事新報』社説のうち、どれが福沢のものでありどれがそうでないかが、かなり明らかになってきている。『時事新報』の論説の中には、福沢が本当に書いたものから、他人が書いたものに少し手を入れただけのものまで、いろいろある。しかし、強硬な主張をしている論説の中に、他人が書いてあまり福沢の筆が入っていないものが多いことが分かってきている（井田進也「福沢諭吉『時事新報』論説の再認定」、『思想』一九九八年九月号）。

以上の理由で、筆者は、福沢が日本の大陸膨張政策の源流であるとは考えないのである。

第十五章 晩年と死

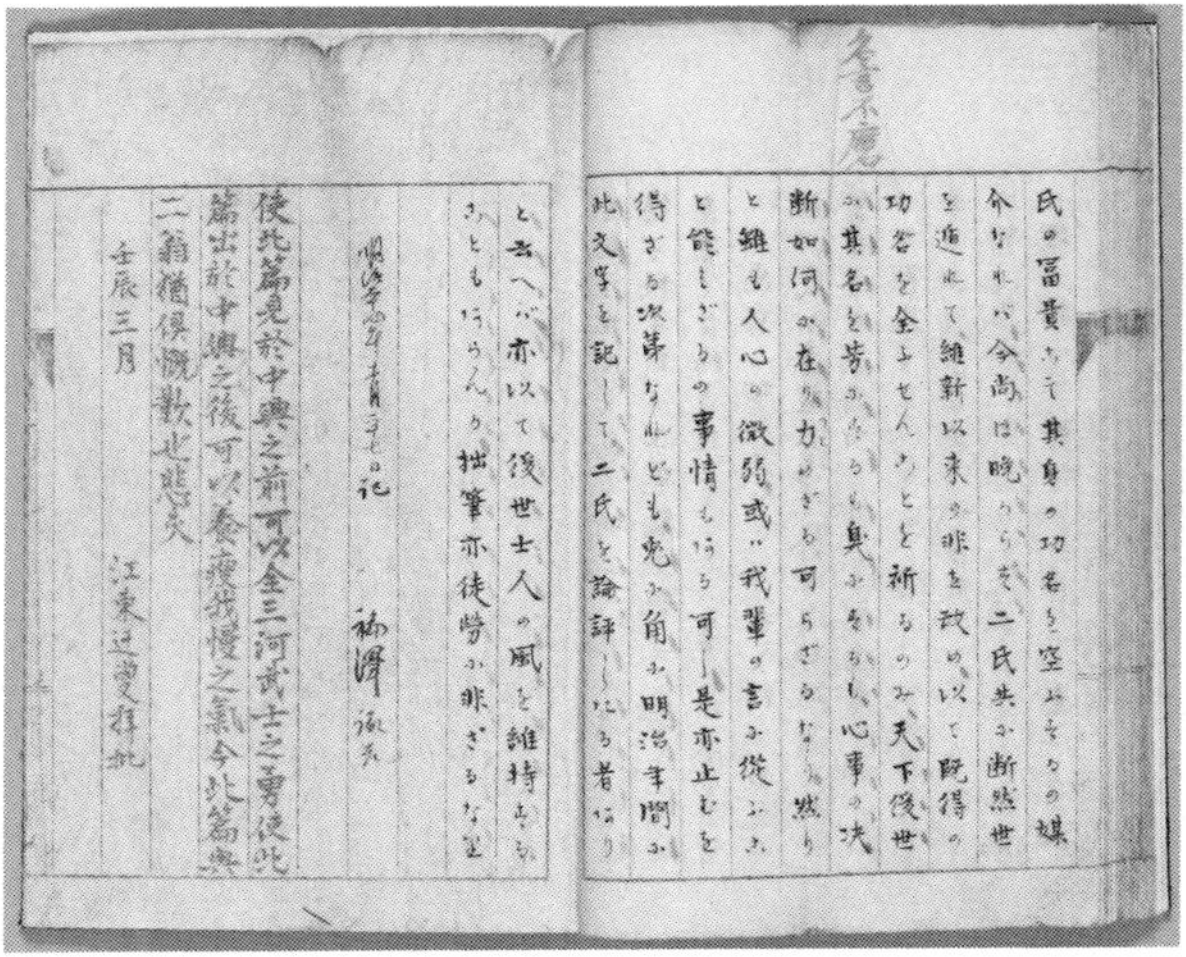
氏の富貴を以て其身の功名を空ふするの媒介なれば今尚は晩からず二氏共に断然世を遁れて維新以来の非を改め以て既得の功名を全ふせんことを祈るのみ天下後世に其名を芳ふするも臭ふするも心事の決断如何に在り力めざる可らざるなり然りと雖も人心の微弱或は我輩の言に従ふこと能はざるの事情もある可し是亦止むを得ざる次第なれども兎に角に明治年間に此文字を記して二氏を論評したる者ありと云へば亦以て後世士人の風を維持するに足ることもあらん乎拙筆亦徒労に非ざるなり

明治廿四年十一月廿七日記　福澤諭吉

使此篇見於中興之前可以全三河武士之勇使此篇出於中興之後可以養瘠我慢之氣今此篇與二翁猶倶慨歎也悲夫

壬辰三月　江東迂叟拝批

「瘠我慢の説」写本（栗本鋤雲の書き入れがある）。明治24年（1891）頃（慶應義塾提供）

福沢と宗教

明治二十七年（一八九四）十二月、福沢は満六十歳の誕生日を迎えた。もっとも、還暦の祝いは、日清戦争中であったため少し遅らせて、翌年十二月に行われた。日清戦争は福沢にとって、大きな到達点であった。それを超えたところで、さすがの福沢にも老いがしのびよっていた。

以後、明治三十四年（一九〇一）に亡くなるまで、福沢以上に見事に人生を締めくくった人も少ない。

福沢は明治二十九年（一八九六）三月一日から、週に二、三回のペースで、「福翁百話」を『時事新報』に掲載した。それは翌三十年七月四日まで続き、まもなく単行本として出版された。『福翁百話』は、それまでの福沢の著作と大いに違った、ちょっと不思議な著作である。これまでのプラグマティックで積極的な福沢とは違って、かなりの比重で宗教を論じており、また哲学を語っていて、その中には仏教的な無常観のようなものさえただよっている。啓蒙論者だった福沢は、それまで宗教の効用を説くことはあっても、これを内在的に論じることは稀で、少し物足りないところがあったが、晩年に至って変化が生じたのである。

『福翁百話』は宇宙の広大を説くところから始まっている。そして第七編の「人間の安心」では、宇宙の中では地球は大海の中の芥子《けし》粒のようなものであり、その中の人間は塵埃、孑孑《ぼうふら》、蛆虫《うじむし》のようなものであると述べている。その中で貴賤貧富、栄枯盛衰などに夢中になるのは、おかしくあさましい次第であるが、いったん生まれたからにはたとえ蛆虫にも相応の覚悟があるべきである、すなわち、「人生本来戯れと知りながら、この一場の戯れを戯れとせずして恰《あたか》も真面目に勤め、貧苦を去って富楽に志し、同類の邪魔せずして自から安楽を求め、五十七十の寿命も永きものと思うて、父母に事《つか》え、夫婦相親しみ、子孫の計を為し、又戸外の公益を謀り、生涯一点の過失なからんことに心掛くるこそ、蛆虫の本分なれ。否な蛆虫の事に非ず、万物の霊として人間の独り誇る所のものなり」と述べている。つまり、この世は戯れの世界であると知りつつ、真面目に勤めることこそ人間の本領だというのである。

『百話』は、これまでまっしぐらに走ってきた福沢が、過去を振り返って、その生の意味を考えた著作という面をもっている。福沢には『福翁百話』に題した次のような七言絶句がある。『百話』の気分を尽して余すところがない。

題福翁百話巻首

一面真相一面空　　　一面は真相、一面は空
人間万事邈無窮　　　人間万事　邈《ばく》として窮《きわま》りなし
多言話去君休笑　　　多言　話し去るも　君　笑うを休《や》めよ
亦是先生百戯中　　　亦是れ先生　百戯の中

そのあとに福沢は『福翁百余話』というものを書いている。これは『百話』の掲載が終わった直後の明治三十年九月から翌三十一年一月まで『時事新報』に連載され、しばらく中断ののち、明治三十三年一月から二月まで連載されたものである。こちらのほうは、かつての福沢に戻って、独立や文明を論じている。

ともあれ、福沢は自身の仕事の総決算を始めていた。明治三十一年（一八九八）は総決算の年であった。まず、福沢の重要著作を集めた全五巻の『福沢全集』が時事新報社から刊行された。その「緒言」は、明治三十年十二月までに書かれたものであるが、これまで何度も言及してきたとおり、福沢自身が自分の著作の由来や意図を書いたもので、重要な文章である。全集の刊行は、それ自体、自らの著述活動を総括する意義をもっているが、この「緒言」はとくにその意味が濃厚であった。

ただ、この全集はあまり売れなかった。各二千部、合計一万部印刷・製本して、売れたのは六千部程度だったという。福沢の時代はようやく終わろうとしていたのである。

しかし、その直後に、最大のベストセラーが完成している。明治三十一年五月、『自伝』が脱稿し、七月一日から『時事新報』に連載され、翌三十二年六月に出版された。その価値については繰り返し述べた通りである。日本人の伝記として最高傑作であるのみならず、世界の中でも屈指のものであり、青春を描いた不滅の記念碑である。ただ、そこには幕臣としての行動がほとんど触れられていないことも、すでに述べたとおりである。それ以上に重要かも知れないのは、全十五章のうち、十二章が若い頃の話であるということである。内容的にも『自伝』は青春の書である。最終章に「老余の半生」として十四年政変以後のことを簡単に触れているだけである。言い換えれば、福沢は『全集』と『自伝』においてその総決算を行ったが、それは彼の前半生への賛歌であった。

明治三十一年五月、『自伝』の原稿が完成した直後、広尾の別邸で園遊会が開かれ、そこに伊藤博文が出席した。伊藤とは、十四年政変で袂《たもと》を分かって以来のことであった。政界の第一人者と学界の第一人者を会わせようという試みは、何度かあったが、ついに伊藤の訪問という形で、実現した。実に十七年ぶりのことであった。二人は何事もなかったかのように歓談していたといわれる。

この『自伝』の最後の方で、福沢は三つの希望を述べている。一つは全国男女の気品を高尚にしたいということ、第二は仏教でもキリスト教でもいいから、宗教を引き立てて、その力を借りて国民の気持ちをなごませること、第三は大金を投じて真の学者に高尚な学理を研究させたいということ、である。このうち第一については、もう一度述べることとし、第二については、それほど実現しなかったので省略する。ここでは第三点について触れておきたい。

福沢は教育は初等は国家、中等は私立という方針だった。自由主義者の福沢としては政府の役割を限定するのは当然だった。国立が安い授業料で学生を入れるので、私立も高い授業料を取れない、それゆえ私立の質も向上しないという批判、不満だった。平等の条件で競争できれば、授業料を倍にできれば私立の水準も相当に向上するというのが福沢の意見だった。

他方で、最高等の研究だけは、国費で思い切った世話をすべきであると主張していた。明治二十六年十一月の三田演説会で、福沢は、学者はがんらい研究が好きだから、ほうっておいても研究をする、そこで最高の学者五人か十人に、自由に研究をさせて何の義務も負わせずに放っておけば、きっと大きな成果を生み出すだろう、これが自分の夢だといったことがある。

その例が北里研究所である。北里柴三郎は、明治二十五年、ドイツで巨大な名声を博して帰国したが、学界の対応は冷淡だった。ここに福沢は北里の才能をいかした研究所を作ることをめざし、伝染病研究所を作った。これは意外に周辺住民の反対を招いたり、政府が北里を招いたり、やがて放り出すなど、いろいろな波瀾を招いた。しかし福沢の招請はまことに真摯であり、学問のスポンサーになることを夢見たということに羞《は》じないものであった。

そういう無目的の自由な機関は、世界にも多くはない。強いて言えば、プリンストンの高等研究所がそれに似ているかもしれない（斎藤眞「プリンストン高等研究所の設立――アメリカ史の中の「無用の学の用」」、『アメリカとは何か』所収）。

智徳を貫く「独立自尊」

『自伝』の完成以後、福沢は「女大学評論」と「新女大学」（それぞれ二十章および二十三章）を書いた。それは「人倫の大本は夫婦にあり」という主張に基づいて、男女関係の品位を向上させたいという長年の熱意のこもった著作であった。酷暑の中を毎日一編ないし二、三編というペースで、三十日ほどでこれを書き上げた。「昨夜は久し振りで夜なべ仕事をした」というほど、福沢は熱中した。

しかし、これを書き上げて数日後、明治三十一年九月二十六日、福沢は脳溢血に倒れた。一時は危篤といわれ、天皇皇后両陛下、皇太子殿下からぶどう酒や菓子が下賜されている。しかし、十月中旬から回復に向かい、十二月、ほぼ回復した。あの天衣無縫の『自伝』が『時事新報』に連載されていた間、福沢が生死の境をさまよい、リハビリに明け暮れていたというのは、何か不思議な気がする。一時は夫人の名前も思い出せず、東という字は辛うじて書いたが、西という字は書けなかったという。もう一つ皮肉なことに、時の内閣はもっとも心を許した大隈重信の内閣だった。大隈内閣の周辺で、福沢に授爵しようという意向があった。しかし長男一太郎は社中の長老とはかって、これを辞退している。

　脳溢血から回復してまもなく、福沢は六十四回目の誕生日を迎えた。その日、十二月十二日を期して、門下生は芝の紅葉館で同窓会を開いた。まだ全快とはいえなかったので、全快祝いは他日を期して、同窓相集って福沢の回復を祝う会としたのである。席上、小幡篤次郎は、福沢の回復を見たわれわれの気持ちは、「寒《こご》える者が火を得、裸なる者が衣を得、商人が主《とくい》を得、子が母を得、渡《わたしば》に船を得、病に医を得、暗に燈を得」たようなものだと述べて、その喜びを表現し、一同の深い共感を呼び起こした。

　明治三十二年（一八九九）五月には、宮中からの見舞いに対し、宮内大臣を訪問して御礼を言上するまでに回復した。また十一月には園遊会を開いた。来会するもの、山県有朋総理大臣、松方正義大蔵大臣、山本権兵衛《ごんべえ》海軍大臣、清浦奎吾《けいご》司法大臣、芳川顕正《あきまさ》逓信大臣、田中光顕《みつあき》宮内大臣、大隈重信、岩崎弥之助、三井高弘、三井八郎右衛門、林董《ただす》、森村市左衛門、その他、六、七百名であった。社交の重視は、自ら唱えたところであった。

　大病以後、福沢はほとんど執筆は出来なかった。その中で最後に取り組んだのが、「修身要領」の作成である。福沢は側近に語って、旧道徳は力を失ったが、新しい道徳はまだ現れていない、近年社会の風潮の乱れもそれに関係する、現在の時勢に適した徳教の標準を示すべきだとして、周囲にその案を作らせた。それが「修身要領」である。

それを貫く思想は、「独立自尊」であった。小幡は先生の日ごろの言行を表すのにこれよりふさわしい言葉はないとして、多くの賛成を得た。福沢が「独立自尊」という四字を使ったことは、実はこれまであまりなかったが、福沢をもっともよく知る小幡はこの言葉を選んだ。

「修身要領」は前書き以外に二十九項目が箇条書きになっているが、そのうち十七カ条に「独立自尊」という言葉が使われている。第一に、「人は人たるの品位を進め智徳を研《みが》きますますその光輝を発揚するを以て本分と為さざるべからず。吾が党の男女は独立自尊の主義を以て修身処世の要領と為し、これを服膺《ふくよう》して人たるの本分を全うすべきものなり」と述べられていて、独立自尊が主題であることを明らかにしている。また第二においては、「心身の独立を全うし自からその身を尊重して人たるの品位を辱めざるもの、これを独立自尊の人という」、第三に「自から労して自から食《くら》うは人生独立の本源なり。独立自尊の人は自労自活の人たらざるべからず」という風に、冒頭にたたみかけるように「独立自尊」が強調される。それは、男女関係でも、子女の教育でも重視され、さらに成人してからの自己教育でも強調される。たとえば第十二に、「独立自尊の人たるを期するには、男女共に成人の後にも自から学問を勉め知識を開発し徳性を修養するの心掛を怠るべからず」とある。

そして独立自尊は、社会の構成原理としても重視される。第十三に「一家より数家次第に相集まりて社会の組織を成す。健全なる社会の基《もとい》は一人一家の独立自尊に在りと知るべし」、第十四に「社会共存の道は、人々《にんにん》自から権利を護り幸福を求むると同時に、他人の権利幸福を尊重して苟《いやしく》もこれを犯すことなく、以て自他の独立自尊を傷つけざるに在り」、第十六に「人は自から従事する所の業務に忠実ならざるべからず。その大小軽重に論なく苟《いやしく》も責任を怠るものは独立自尊の人に非ざるなり」、第十七に「人に交わるには信を以てすべし。己れ人を信じて人も亦己れを信ず。人々相信じて始めて自他の独立自尊を実にするを得べし」などがそれである。

そしてそれは国家においても重視される。第二十四に「日本国民は男女を問わず、国の独立自尊を維持するが為めには、生命財産を賭して敵国と戦うの義務あるを忘るべからず」、しかし他方で、第二十六には「地球上立国の数少なからずして各その宗教言語習俗を殊にすと雖も、その国人は等しくこれ同類の人間なれば、これと交わるには苟も軽重厚薄の別あるべからず。独り自ら尊大にして他国人を蔑視するは独立自尊の旨に反するものなり」とある。

かつて『文明論之概略』において、福沢は智徳の進歩を説いた。その努力は徳よりも智に向けられていた。しかし智が一段落したところで、徳の方向に向かったのは当然であった。『自伝』においても、日本人を高尚に赴かせたいと述べている。しかして、智と徳とを貫いていたのが、「独立自尊」であったのである。この「修身要領」の中に、『学問のすゝめ』『文明論之概略』その他における福沢のさまざまな主張が再び提示されている。かつては文明開化を進めるための主張として展開されたものが、再び、今度は個人の道義という形で展開されている。福沢においては、智徳は同根であったのである。

「瘠我慢の説」

明治三十三年(一九〇〇)十二月三十一日、福沢と慶応義塾は世紀送迎会を開いた。その席で福沢は、「独立自尊迎新世紀」と書いた。これは「〇〇〇〇送旧世紀」という言葉と対にして書くはずだったが、適当な言葉が思い当たらなかったので、「独立自尊迎新世紀」だけを書いたらしい。

その翌日、明治三十四年一月一日から三日まで、「瘠我慢《やせがまん》の説」が『時事新報』に連載されて、大きな反響を呼び起こした。ここでいう「瘠我慢」とは武士の意地のようなもので、瘠我慢の精神によって、小藩は大藩に対抗して、独立を維持できる、それなしには独立はあやういと論じたものである。批判の対象は勝海舟と榎本武揚であった。勝の江戸城明け渡しにおける行動は、この瘠我慢の精神に反することおびただしい。かりにその行動を、多数の生命を救うという効果があったとして是認するとしても、明治政府において高位高官となるのは納得がいかないということであった。榎本は、五稜郭で戦うなど、その行動は天晴れである、しかしやはり政府で高位高官となるのは感服できない、榎本を慕って蝦夷地《えぞち》に散った人々にいかにして顔向けが出来るのかと厳しく批判した。

「瘠我慢の説」は、がんらい明治二十四年に書かれたものである。その時、福沢は勝と榎本に写本を贈り、事実について確認を求めた。これに対し、勝は「行蔵《こうぞう》は我に存す、毀誉《きよ》は他人の主張、我に与《あずか》らず我に関せず」と述べ、他人に示されても構わないと返答した。榎本からは、いずれ意見を述べるという返事があったが、結局返事はなかった。

それから、「瘠我慢の説」は写本の形で方々に流布した。これを読んだ人の一人に、幕臣として活躍した栗本鋤雲《じょうん》があった。栗本は当時、視力が不自由であったが、福沢から要旨を聞いて喜び、不自由な目でこれを熟読した。そして随所に書き込みを残した。たとえば勝を批判したある所には、「意透り筆随うこと二十分、筆力、勝翁が輩をして逃避の地無からしむ、何等の痛快ぞ」という具合である。そして、小さな昆虫が巨大な鉄槌に撃たれるときでも、なお足をふんばって抵抗するものである、しかるに二百七十年の大政府が、二、三の強藩に対して敵対もせず、ひたすら和を求め、哀れみを乞うなど世界にも例がないと、外国で冷笑する者があったというところに来て栗本は、「読んで此《ここ》に到り、覚えず声を放って痛哭《つうこく》す」と書き入れた。悔しさと嬉しさがほとばしり出て、止めることが出来なかったのである。

「瘠我慢の説」が発表されると、世間には大きな反響があった。徳富蘇峰《そほう》は、列強の野心によって日本は危うい状況にあったので、勝らの行動は止むを得なかったと弁じた。しかし福沢は当時の外交をよく知るものとして、列強の関心は貿易であって、軍事介入を危惧するような状況ではなかったと側近に述べ、反論させたという。

この「瘠我慢の説」が公表されたとき、福沢の周辺は、「明治十年　丁丑《ていちゅう》公論」の発表を勧めた。かつて西郷を弁護したまましまいこんでしまった論文である。福沢は、ああそういうことがあったと原稿のことを思い出し、かつては言論統制をはばかって発表しなかったが、今は問題もないだろうと、これを発表することとした。「明治十年　丁丑公論」は明治三十四年（一九〇一）二月一日から十日まで、八回にわたって『時事新報』に連載され、またも大きな反響を呼び起こした。

しかし、福沢はその反響を知ることが出来なかった。連載が始まる一週間前、明治三十四年一月二十五日に脳溢血が再発し、二月三日に亡くなったからである。

福沢の死に対して、衆議院は哀悼決議を行った。葬儀は質素にしかし荘厳に行われた。その時、花輪その他の一切を謝絶したが、大隈重信の花だけが飾られた。大隈が丹精した花を、自ら涙とともに切り取って手向けたものであった。

福沢の死にあたって、多くの福沢論が書かれた。その中で、福沢とほとんど個人的な接触がなく、むしろ反発することの多かった徳富蘇峰のそれは、さすがに鋭く的を射ていたものだと思う。

蘇峰は言う。「苟《いやしく》も明治年間に生活して其の時代と触着したるもの」なら、青年でも老人でも、「福沢氏に対して債務者たらざるものは殆《ほと》どまれ」であった。多くのものに対しては指導者として、少数のものに対しては刺激者として、明治の生活と思想に及ぼした力と効果において、福沢はほとんど比類のない存在だったと述べる。

蘇峰は福沢が破壊者として果たした役割を認めつつ、建設者としての役割もまことに大きかったという。金銭の重要性を説き、「正当なる富の昂々然として求め、かつこれを享《う》け楽しむべき」ことを説いたこと、商工業への尊敬を説いたこと、官吏の傲慢を抑え、人民が奮起することを説いたこと、虚談を避けて実学を講じるべきだと説いたこと、社会の組織を平民的に事務的に改革しようとしたことなど、まことに学者中の俊傑であった。

徳富がとくに高く評価するのは、卑俗な言葉を使いながら、実に行動が立派なことであったこと。家族生活が清潔であったこと、「俠骨の稜々たる」こと、「愛国的血性」、二流につくことを拒み続けたことを挙げ、福沢は「冷嘲熱罵に巧みなる世俗的哲学者」ではなく、「武士的真骨頂ある快男児」であったとしている。晩年に「修身要領」を作って国民を感化しようとしたことなど、その気魄は死に至るまで壮豪かつ健全であり、百年後に福沢の感化を尋ねれば、全集よりもむしろその「性行人格」だと述べた。

著作よりも性行人格と言ったのは、蘇峰が福沢の学問にいくつかの点で批判的だったからであろう。『学問のすゝめ』その他の著作について、明治三十四年の時点では、必ずしも満足していなかったのだろう。しかし、『学問のすゝめ』や『文明論之概略』が切り開いたものは空前絶後であった。福沢自身、道徳は自ら示す以外に伝える方法はないと述べていた。『学問のすゝめ』や『文明論之概略』で切り開いたものは、福沢個人において実践されたことによって、さらに巨大な影響を後世に及ぼしたのではなかろうか。その意味で福沢はやはり近代日本最大の精神的指導者であったのである。

補論　福沢諭吉と伊藤博文

はじめに

福沢諭吉は、私の最も尊敬する人物でございます。

私は教師になりまして二十六年になりますが、東京大学に移ってくる前に、立教大学で二十一年間教えておりました。立教大学の法学部には、一年生のためのゼミがあって、そのゼミでほぼ毎年のように『自伝』と『学問のすゝめ』、あるいは『自伝』と『文明論之概略』を学生に読ませておりました。あれは若い人に読ませるのに最適な本だといまでも思っております。

のみならず、私は日本政治外交史を研究し、教えているわけですが、そこでも、福沢諭吉の著作から教わるところが非常に多いのです。

私だけではなく、私の先生の先生であります岡義武先生のご著書には、「このとき福沢はこう言っていた」というようなことが、よく注に出てくるのです。また私の講座の初代は吉野作造ですが、吉野作造も福沢に非常に強い影響を受けているのは言うまでもありません。そういうわけで福沢には非常な敬意と親しみを持っております。

福沢についての本は非常にたくさんありますが、専門のほうでは思想史のほうからする優れた著書がたいへん多い。ただ、思想史の本は思想史の本なりの限界があって、現実との接点がちょっと見えてきにくい。あるときの福沢の主張は現実の政治でどういう意味を持っていたのかとか、どういう状況のなかでどう判断したのかということが、やや見えにくい。そういうこともありまして、政治史の文脈を中心とした福沢を、わかりやすい一冊本で書いてみたいと前から思っておりました。

状況に照らしてみますと、たとえば、長らく批判されておりました福沢の朝鮮中国に対する外交論にしても、私などから見ると、かなり自然な無理のない主張であったように思えるのです。今日はその話はあまりしませんが、当時彼が熱烈に日清戦争を支持しましたが、そのときの清朝は、異民族支配の中国であり、辮髪纏足《べんぱつてんそく》の中国でありました。それと戦うことを福沢は「文明の野蛮に対する戦争である」と正当化したわけですが、これは私には理解しやすいものです。

もちろん、福沢の対外政策論の中には、時々、どうも行き過ぎのような、中国や朝鮮に対してかなり侮蔑的な表現が出てまいります。それには、やや違和感を持っていたのでありますが、最近井田進也先生のご研究で、そうしたテキストはどうも福沢本人のものではないという可能性がかなり強くなってきておりまして、私も意を強くしているわけです。

私の専門は外交のほうにより近いので、近著では外交論が中心になりました。とくに初期議会から日清戦争ぐらいまでは、外交以外のことは、あまり書くことができませんでした。それは、福沢自身が初期議会以後の国内政治の枠組みについては十分な展望を持っていなかったのではないかと思われるからです。ともあれ、内政の方は、私自身やや未解決な課題でございました。そういうところに「伊藤と福沢」という題で話してみないかとお話を頂いて、お受けしたわけです。

この二人は、単に一人は知的世界、一人は現実政治世界の巨人であったというだけではなくて、興味深い出会いをいくつもしています。出会いというのは意見が一致しているということもあれば、正反対ということもありますが、何かしら伊藤の行動の向こう側に福沢が見えている。あるいはその逆というのがしばしばある。そういう観点から二人が出会ったり、離れたりしたところをずっとフォローしていくことで、何かしら見えてこないかと考えてみました。

様々な出会い

生まれは福沢は新暦で一八三五年、旧暦で三四年です。伊藤博文はそれより六歳、あるいは七歳の年少になります。ただ、伊藤の盟友であった井上馨は福沢と同年ですから、大体、同年代という意識があったのだろうと思います。

福沢が中津を出て長崎へ行ったのは一八五四年で、ペリー来航の翌年です。緒方塾に入ったのが一八五五年で、このあたりは皆様方はよくご承知だと思います。で、その二年あとに、短期ではありますが伊藤博文は吉田松陰の教えを受けることになりました。学問の種類は非常に違いますけれども、しかし、五五年、五七年にそれぞれ勉強することができた。えらい先生に強い影響を受けたという点では共通しています。

ついでながら申しておきますと、伊藤博文は元来は家は農民です。父親は農民でありましたが、後に中間《ちゅうげん》に取り立てられてやがてもう少しえらくなりますが、農民から侍のぎりぎりに滑り込んだ、そういう家柄であります。そして出身は長州で、大阪で生まれ、中津で育った福沢とはかなり違いますが、下級武士というところは共通しています。

さて、福沢は一八六〇年にアメリカに行きました。ヨーロッパにも渡り、またアメリカに行きました。幕末に合計三度も欧米に行ったというのは、非常に稀な経験で、それがいかに大きな影響をもったかというのは、これは松沢弘陽先生の名著『近代日本の形成と西洋経験』に明らかでございますので私は触れません。伊藤博文も幕末には一回ですがイギリスに行っています。その後もアメリカにおける経済・財政制度調査（一八七〇年十月―七一年五月）、岩倉使節団（一八七一年十一月―七三年九月）、憲法調査（一八八二年三月―八三年八月）、それに朝鮮、清国にも行っておりますから、海外経験はかなり豊富でありました。豊富な海外経験は伊藤博文の重要な政治的な資源の一つでありました。

この頃から二人の間に関係が間接的ながら出てまいります。福沢の対外認識の骨格をつくったと言われるのは欧州旅行です。海外としては二度目で、最初のヨーロッパ経験でした。彼はそこでいろんな体験をし、帰ってきたら、国は攘夷の嵐でした。その攘夷の中で幕府外交の一端を担う。ところがその攘夷の嵐をつくっていた一人が伊藤博文です。

一八六二年、新暦では六三年の一月、イギリスの公使館の焼き討ちをやる。焼き討ちどころか伊藤博文は殺人もしています。ある人が「近代日本の総理大臣で戦場以外で人を死なせた人間は二人しかいなくて、その一人は伊藤だ」というふうに書いています。

ところで、長州藩が本格的な攘夷をやったのは、一八六三年、旧暦の五月です。その直後、六月に緒方先生が亡くなって、福沢はその家に駆けつける。そこで大村益次郎（村田蔵六）と会う。福沢が、「どうも長州は大変えらいことやったじゃないか。気でも狂ったか」というふうに言う。そうすると大村は「あんなのは当たり前だ。長州藩は断固攘夷だ。われわれは最後の一人まで戦う」と言って、福沢はたいへん驚いたわけです。

この大村は攘夷で、伊藤も攘夷だった。しかし伊藤はイギリス留学に行く。大村はそれを助ける。そして伊藤は攘夷の無謀に気づいて、イギリスから帰ってくる。こういう風に、伊藤と福沢とは、大村を媒介として、なかなか興味深い位置関係にいたのです。

ところで、福沢は攘夷の無謀を説き、「無謀な攘夷は国を危うくする」と言って、大村を強く批判します。しかし、後年を考えるとどうでしょうか。『学問のすゝめ』の中に「独立のためには国民がすべて命を捨ててでも」というお馴染みの一節が出てきますし、また、後年には『瘠我慢の説』の中で、「意気地」ということを言っているわけです。そうすると明治以後の福沢の思想は、幕末の大村の思想とそれほど違っていたんだろうか。後年福沢はこういうところに回帰したところもあったのではなかろうか。つまり「国家の独立というのは個々人の独立の精神、さらにその根っこにあるところの瘠我慢の精神のようなものに媒介されなければならない」と福沢は言っているわけですから、このときは彼の主張がそういうところまで及んでいなかったのかどうかわかりませんが、実は福沢と大村の思想、さらには伊藤の思想は、まったく相反するものではなかったかもしれないということは、申し上げたいと思います。

さて、一方の伊藤です。伊藤の特色は、何よりも行動家であった、機敏に行動する人でありました。何が信念であるかというよりも、まず行動するということであります。この頃日本で大きな問題になりましたのは、長州征伐であります。長州征伐に対していったん長州藩は降伏いたします。しかし、これに対してこれは俗論党だと言って、これを退ける動きが起こりました。その中にあって伊藤が行動する。長州藩の議論の展開に、伊藤は相当な役割を果たした。非常に積極的に行動し、人を説いて回り、徐々に知られるようになってきたわけです。

で、その延長上に第二次長州征伐がある。第一次長州征伐の降伏条件を長州は履行しないのですから、第二次征伐をやらざるを得ない。そのときの長州側の、戦う側に当然伊藤はおり、一方、第二次長州征伐断行を最も強く説いた人間の一人は福沢諭吉でありました。

このときも二人はまったく正反対の地点にいたということは、私にはたいへん興味深い事実のように思われます。

福沢の説いたのは、「大君のモナルキ」つまり将軍を中心とする絶対権力なくしては、日本は独立国家となり得ないということを強く主張して、何が何でもこの長州藩を叩きつぶすと言ったわけであります。ご承知の通りこれは『福翁自伝』の中に書かれていない重要なエピソードとして、今日ではよく知られております。

公平に見まして、福沢諭吉のこのときの議論には私は相当無理があると思います。このとき長州を叩きつぶすのに財政的には問題はないとか、フランスからお金を借りればいいとか、色々なことを言っておりますが、それは言うはやすくして行うはかたい。このときの福沢は、やや現実から遊離していたような気がいたします。

他方で、伊藤は長州側にいて武器の買い付けとか、通訳とか、武器の買い付けは当然外国商人ですから通訳としての意味があるわけで、そういう活動をいたしました。

そういうわけで福沢と伊藤は遠く離れており、お互い接することはなく、そういう対極的なところにおりました。

明治維新になって伊藤の地位は必然的に上昇します。最初はテクノクラートとして上昇しましたのが、人脈で言うと、木戸（孝充）派の幹部の一人ということで、長州の若手の有望株ということでありました。

薩長によって導かれた新政府が到達した最初の大きなゴールは、言うまでもなく廃藩置県でした。明治四年廃藩置県を成し遂げた。ここにおいてついに伊藤と福沢は、同じ議論に到達した。『福翁百余話』にも書いておりますが、「この盛事を見たるうえは死するも憾《うら》みなし」と言って、仲間の洋学者が集まって、みんなで喜んだと言っております。新政府はきっと攘夷に違いないと思っていたのが、開国だ、文明開化だとわかって、目の前が明るくなって、そしてその気分が乗り移って書かれたのが『学問のすゝめ』の初編だろうと思っています。

廃藩置県を実現し、そのあとただちに新政府の首脳部は、岩倉使節団で欧米を見に行きます。このときに伊藤は語学はある程度できましたし、経験もありましたので大いに活動いたしました。これが伊藤が政府のかなりの大物の地位に上ったはじめだろうと思います。

戻ってきたのが明治六年、このときには「征韓論」が大きな議論になっておりました。征韓論に外遊組は反対する。岩倉、大久保、木戸、相互にさまざまな思惑をもって微妙な関係にある間を周旋した。最も積極的に周旋して回ったのは伊藤であります。そして伊藤はその帰結として、征韓論政変が終わり、西郷をはじめとする征韓派の参議が外に出たあとに、参議になります。そういう重要な地位に到達しました。

私はいま、「周旋」ということばを使いました。伊藤博文の特色は、一言で言うと「周旋家」、さまざまな人の間を議論を取りまとめていくそうした才能、果敢に行動し、人の意見をきちんと伝え、それを取りまとめて一つの方向に向けていく能力、これは非常に卓越したものがあったのではないかと思います。「周旋家」というのは、師の吉田松陰が伊藤を評した言葉ですが、私もそれが最も適切な言葉だと思います。

さて、征韓論政変が終わってその直後、明治六年の末に大久保は「憲法を取り調べる」ということを考えた。その中にその一員として福沢を加えたらどうかということを言っております。それに対して伊藤はいくつかのことを言って、結局賛成しなかった。この二人がちょっとぶつかった最初の機会ではないかと思います。伊藤はこのことを木戸に相談していますが、こんなことを言ってます。「大久保氏の論にこの取り調べ（憲法の取り調べです）には、福沢諭吉なども組み込み候てはいかが云々」、それで伊藤は、「自分は不同意ではないけれども云々」と言った。不同意ではないけれども、いろいろややこしいことになるからやめておこうと言ったというのです。福沢を加えようという大久保の案を、伊藤が婉曲に阻止したということだと思います。伊藤と福沢の最初の目に見える対立です。偶然かもしれませんが、「十四年政変」でどういう憲法体制をつくっていくのかということで、二人はいろんな意味で事実、誤解を含めてぶつかるわけで、その前哨戦であったのかもしれません。

これまた有名な話ですが、大久保利通は明治八年に福沢と会う。また明治九年にも会っている。明治九年二月二十七日の大久保の日記には、「福沢子入来にて種々談話有之」、

「面白くさすが有名に恥《はじ》ず」とある。大久保と福沢が話し合ったときに、大久保は福沢のことを民権運動の巨魁《きよかい》のように見ているように思われた。「暗に余を目して、民権論者の首魁と認めたるものの如し」。そして、民権論も結構だが、権利と同様、義務も大事だと、民権論者に対する皮肉のようなことを言った。それに対して福沢はこう言った。

「よって余はこれに答えて、権利、義務の高説よく了解せり、そもそも自分が民権云々を論ずるは、政府の政権を妨ぐるにあらず、元来国民の権利には政権と人権と二様の別あり、自分は生れつき政事に不案内なれば、政事は政府にてよろしきよう処理せらるべし。ただ人権の一段に至りては決して仮《ゆる》すべからず、政府の官吏輩《ら》が馬鹿に威張りて平民を軽蔑し、封建時代の武家が百姓町人を視るが如くにして、云々」と。そういう人権軽視はだめだと言ってるわけです。

「今後歳月を経るに従い、世に政権論も持ち上がりて、ついには蜂の巣を突き毀《こわ》したるが如き有様になるやも計られず」、「そのときこそご覧あれ、福沢は決してその蜂の仲間に這入りて飛揚を共にせざるのみか、今日君が民権家と鑑定を附けられたる福沢がかえって着実なる人物となりて、君等のためにかえって頼もしく思わるる場合もあるべし、幾重にも安心あれ」

つまり自分は軽薄な民権家ではまったくない、福沢はこれを「駄民権」と言って軽視しておりますが、それではないと早くもこのとき言っていたわけであります。このように大久保と福沢は興味深い会話を交わしているわけであります。

同じ頃、伊藤も徐々にさらに力を上昇させておりまして、伊藤が大きな力をつけるようになりましたのは、明治八年の「大阪会議」であります。明治七年の台湾出兵をめぐって、木戸孝允が辞める、さらにその前の明治六年政変で何人もの参議が辞めている、明治政府の基礎は薄弱だから、板垣と木戸を政府に復帰させたいが、そのための条件をどうするか、立憲制に向かってどういう手を打っていくか、それを周旋したのが伊藤であります。明治八年には、徐々に日本は立憲制に向かうのであるという「明治八年の詔勅」が出されております。これは伊藤の周旋家としての力を、最大限に発揮した最も有名な事件の一つであります。

当時は今日流に言えば大久保政府でありましたけど、この大久保が明治十一年に暗殺される。暗殺されたときにご承知の通り福沢諭吉は伊藤博文に書簡を送ってるわけです。明治十一年五月十六日の書簡で、「一昨日の大変、誠に言語に絶したる次第」、つまり大久保が一昨日殺されたということです。そして十分警戒してくれと言ってるんです。「用心甚だ堅固ならざるが如し。国の大臣として卑怯なる外見を示すは些如何抔《ちといかがなど》の説もあらんと雖《いえ》ども」、つまりあんまり警備を厳重にするのは、大臣としてみっともないという説があるけれども、それは間違いだと言っている。大臣は文官である、文官は武でもって争うものではない、十分警護をしてくれと伊藤に書き送っている。

他の人に送ってないという証拠はありませんが、『書簡集』でも調査の行き届いた作業をされたと思いますので、たぶんこれは伊藤博文だけに送っているのです。ということは福沢の眼から見て、大久保が亡くなったあと政府の中心に座るのは伊藤しかないと見たということであります。

こういうふうに見てきますと、伊藤のほうはやや福沢を敬遠してる感じはなきにしもあらず、他方で福沢は伊藤に非常に期待してるという構図が、見えてくるわけであります。それが「十四年政変」の伏線にも私はなっていると思います。

明治十四年政変

「十四年政変」は、非常に重要な事件でありました。伊藤と福沢が接触した最大の事件は、何といってもこの明治十四年政変でした。私はとくに新しい知見があるわけではありませんが、ちょっと復習してみようと思います。

その前提として興味深いのは、明治十一年から十二年にかけて、福沢は慶応義塾の財政難に関連して、政府からお金を借りようとした件であります。西川俊作先生が説得的なご論文を書いておられますが、慶応義塾にとってたいへんな危機であったわけであります。そのときに福沢はかなりの金額を政府から借りようとした。最初は徳川家からとか、島津家からとか、いろんなところから借りようとしておりますが、本命は政府から借りようとしておりました。政府はほかのいろんな事業には金を貸してるのに、どうして教育に貸せないのかと、いろんなことを言っております。結局、お金は借りられなかった。西川先生のお説では、借りようとしたお金は足りなかったお金より相当に多いというお話で、かなりのお金を借りて、将来の慶応義塾の発展に使おうとしたのではないかというご見解です。

このときの福沢の手紙を見ますと、こんなことを言ってます。明治十二年の二月の井上馨宛の書簡では、「此度出願の私塾資本拝借の一条に付、先生の御口気或はネガチーヴ（ネガティブ）の如くなるよし、之を承り誠に驚愕落胆と申す次第は云々」と、非常に彼は落胆した、驚いてるんですね。また言っております。「此度の出願は最初より万々間違いなきものと信じ、既に旧冬より塾の仕組にも手を着け」、間違いないと思っていた、それがだめだった。

伊藤にも同じことを言ってます。「内工両卿」つまり内務卿と工部卿、内務卿が伊藤で工部卿が井上なんですが、「両卿は必ず此事を御賛成被成下候事と」そう信じていた。なぜか福沢は伊藤も井上も自分を支持してくれる、大隈はもちろん支持しているのですが、この三人とも支持してくれると確信していた。なぜかはよくはわかりませんが、結局伊藤も井上も断って、これは福沢にたいへんショックだったわけであります。

ちょっと推測になりますが、福沢が有名な『国会論』というのを書き出すのはこの年の七月です。意趣返しというわけでもないと思いますが、どうも政府に対して金を借りようとしたのがうまくいかなくなった。『自伝』には、どうも政府が甚だ、今日の言葉で言いますと、べた凪《なぎ》になっておもしろくないので、『国会論』をちょっといたずらに書いて見たと言っておりますが、何か関係ないことはないような気がいたします。それをきっかけに「国会開設論」は非常に盛り上がったというのは事実であります。十二年の秋から十三年にかけて盛り上がってくるのですが、大きなきっかけになったのは福沢の『国会論』でありました。福沢の意趣返しであったというと、ちょっと言い過ぎですが、多少はそういう気分があったかもしれません。

福沢の私立、自立、政府に依拠しないという姿勢は、もちろん明治のはじめのほうからありますが、しかし、これが確固たる姿勢、確固たる方針になったのは、私は明治十四年政変以後だろうと思うのです。それ以前はこういうふうにちょっと政府に頼ってみるところもありましたし、現に福沢の門下生が、結構政府に入っています。それからあとで申し上げますが、井上、大隈の依頼で新聞を出そうということも計画したわけで、福沢の本当の自立というのは、明治十四年政変以後ではないか。その意味で十四年政変は結果的にはわれわれ後輩にとってはよかったのではないかと私は思います。

さて、そういう伏線の下で、『国会論』が十二年の七月から八月にかけて連載され、十三年に国会開設論が非常に盛り上がって、そして十三年の十二月に有名な三参議からの接触があるわけであります。有名な書簡で、ご存じの方が当然多いのですが、コピーをして皆さんのお手許においていただきました。明治十四年十月十四日の書簡です。この書簡は明治十四年政変の直後に、福沢が伊藤および井上に対して出した、いわば「詰問状」、伊藤、井上の裏切りを咎めた詰問状です。最後には、今となっては仕方がないけれども自分の関係する人間を、福沢系だと言っていじめるのはやめろと言っています。そこに経緯が書いてありまして、『書簡集』で言いますと、十余ページの長文の書簡であります。これを政変の二日後に書いています。

そこに言っております。去年十二月、つまり十三年の十二月に、井上君より間接的内談があった、「公布日誌」を発兌《はつだ》したい、つまり新聞を出したい、それで十二月二十四日、二十五日に大隈参議の家で会おうということでいってみたら、大隈の家に伊藤と井上がいた、三人いた、それで三人の発議だと気がついた。

そして、いま若い者の教育はしているけれども、大人の教育はない、だからぜひ成人教育ということで、きちんとした新聞を出したいということだった。それから話を進めて、「本年一月」のことであるが、日は忘れたが、井上の家にいった。そこでどういう方針で政府はやるつもりなのかと聞いたら、井上ははじめて打ち明けた。「井上君、容《かたち》を改めて云く。然ば則ち打明け申さん、政府は国会を開くの意なりと、老生は之を聞て、驚愕したる程の事にて、……」と、こういうことを言っております。

こういうことがあって、このあとをみていきますと、いちばん積極的に接触してるのは井上です。やや消極的だったのは伊藤です。三人が仲違いするということは絶対ないんだと繰り返しみんな言ってるのですが、それを言ってるのも大体伊藤ではなくて、井上とか大隈が言っている。といいますのも、「四月頃と覚う、諭吉、伊藤君の宅を訪い、兼ての新聞紙の事は如何なりしやと尋た」。そうするとかえって伊藤のほうがどうなってるんだと聞いてきた。それでどうも変だなと思った。「諭吉の胸中には少しく不審を起こしたり。左《さ》れども毛頭猜疑の念なし」というふうに言ってるんです。

これはどういうことかというと、大隈が「憲法草案」を出したのは三月の末のことで、伊藤がそれを見たのは六月の末です。その間のことで、若干の行き違いはあったのかもしれませんが、少なくともここで明らかなのは、参議のうちでいちばん距離があったのは伊藤だということであります。この伊藤と大隈の関係というのは、なかなか難しいものがあったのですけれども、そのあと福沢は「国会を開くとて凡そ今より何ヶ年何ヶ月の後を期するや」、いったいいつ頃開くつもりだと大隈に聞いた。そうすると「君の云う如く、容易には出来ず、先ず三年さと答えた」、三年ぐらいかと言っているんです。大隈がこの年の三月に提出した「憲法草案」は十五年選挙、十六年国会開設なんです。ですから一年半というところであります。そこからわかるのは、大隈の案というのは多少サバを読んだ案だっただろう。大隈自身はこのとき、ちょうど同じ頃三年ぐらいかかるかなと考えていたわけで、ただ、ほかの参議の中にずっと先と言ってる人もいるので、少し急進の案を出したということであります。

「十四年政変」について、さらに復習しておきますと、政府が憲法をつくることを考えた。そして各参議に「憲法草案」提出を求めた。その中で、当時の参議の中で最も力をもっていたはずの大隈重信は「憲法草案」を出すのが遅れたので、催促したところが三月の末にようやく出した。それは十五年に選挙を行うというかなり早い案であった。十五年から十六年にかけて国会を開設するという案であったのです。大隈はそれをぜひ極秘にしてほしいと言って出した。ですから伊藤に知れたのは六月の末のことで、三カ月あとだった。伊藤はそれを知って、それも詳しい研究がありますが、最初見た日はあまり反応がなかった。それから二、三日して、非常に怒り出したという反応です。なぜ怒り出したのかという研究もあって、本当のところはわかりませんが、渡辺俊一さんのご研究では、これは井上毅《こわし》の陰謀である。井上毅が、大隈は急進案を出した。その後ろには福沢がいると言った。大隈、福沢陰謀説というのは、井上毅が流したものである。それを吹き込まれて伊藤が怒り出したんだと、そういう説です。そういうことはあったかもしれません。他の研究者でも、たとえば、國學院の坂本一登さんとか、聖心女子大の佐々木隆さんもそれに割合近い説です。ともあれ明らかなことは、大隈が出した案が非常に急進的であった。それと同時に、おそらくより重要なことは、仲間に内緒で極秘のうちに出してやろうとしたことで、これが非常に伊藤の強い不満を呼んだということであります。

七月のはじめ、大隈はその秘密主義を詫びて、いったん二人の関係は旧に復したと言われておりますが、ところがその七月の末、また事件が起こった。それが北海道開拓使官有物払下げ問題でありました。北海道開拓使が十年間経営した巨額の官有物を薩摩系の関西貿易商会に非常に格安のお金で払い下げる。これに対してメディアの批判が始まる、そのメディアの中には福沢系のジャーナリズムがあった。ですから大隈の案のうしろには福沢がいるという大隈、福沢陰謀説と、北海道開拓使官有物払下げに対する批判の後ろには福沢系ジャーナリズムがいて、大隈がいて、払下げを受けられなかった三菱がいる。そういう陰謀説となって政府は大混乱に陥った。そしてついに進退極まった伊藤は最終的には大隈と組んで進むか、それとも薩摩と関係を修復するかの岐路に立たされて、ついに薩摩を選んだ。薩摩と手を結んで、薩長藩閥は再確立された。それが明治十四年政変だということであります。

私はこうした伝統的な解釈で大筋問題はないと思っております。さまざまな方の最近のさまざまな研究も、それを大きく変えるものではないと思っています。重要なことは、私が先程来申し上げてきた伊藤の本質は何かということで、伊藤は周旋家です。つまり何かを成し遂げるためには、政治家ですから、安定した強い権力が必要です。それは、当時にあってはやはり軍事、警察を握っている薩摩を抜きには考えられない。薩摩と決定的に切れるかどうかというところで、周旋家伊藤は薩摩を選んだということだろうと思います。

考えてみますと、もし大隈と一緒にやっていくとしますと、その政権は軍事力を含めた実力の点で不安定であるのみならず、どうしても大隈のほうが上になってしまうのです。逆に薩摩と組めば九年後の国会開設を決めるわけですから、それに向けては当然伊藤が中心的な役割を担うことになる。そういうわけで、ここは周旋家としての伊藤の嗅覚と本能的な利害判断で薩摩を選んだということで、私は政治家としては割合理解しやすい行動だと思います。しかし、これは福沢にとりましてはまったく寝耳に水の手酷《てひど》い裏切りでありました。ですから伊藤はひどいやつだったということも言えるでしょうが、これは政治の非情さということだろうと思います。

その背景にあったのが井上毅であるということは、これは渡辺俊一さんやさまざまな方の研究のとおりだと思います。井上毅はとにかく福沢の影響力を非常に恐れた人であり、また福沢の影響力を弱めようと徹底して動いた人物であります。イギリス流の憲法に対してプロイセン流、あるいはベルギーの憲法を翻訳し、これを提出する。そしてまた、彼が十四年政変の直後に出した文書で、福沢の勢力にどういう方法で対処するかとして、「新聞を誘導す。士族の方嚮《ほうきょう》を結ぶ。中学並びに職工、農業学校を興す。四に曰く、漢学を勧む。五に曰く、ドイツ学を奨励す」と、具体的な方策を挙げているわけです。

これは実は維新後の明治国家の大きな転換で、福沢は後に何度もこれを批判しております。明治国家は最初文明開化できたんだけれども、明治十四、五年頃から大きな転換をするようになった。その結果これこれ、こういうことが起こってるということを明治の二十年代、三十年代になっても言っています。この指導者が井上毅であったことは間違いないだろうと思いますが、しかし必ずしも自分の権力の維持ということだけではなく、明治国家の安定を維持するために伊藤はそこで決断したと思います。

ただ、その前から伊藤の福沢に対する気持ちは何となく冷ややかなものが感じられる。先程から申し上げているとおりであります。その中でばつの悪い思いをしたのは井上馨で、福沢に何度も謝ったり、あとで詫びにいってるのは井上です。

評価と批判

これに関連して興味深い事実は、福沢は、自分の意見はずっとあなたたちと十三年末、十四年はじめに話したのと同じだ、その証拠としては『時事小言』を見てくれと言っていることです。『時事小言』に自分はこれこれこういうことを書いてる、あれが自分の本旨だと。この『時事小言』は英語に抄訳されました。外国語に翻訳されまして、そしてこれを読んで絶賛の辞を送ってきたのはシュタインであります。ローレンツ・シュタインはこれを読んで、福沢に対して「たいへん立派な論考だ」と言って手紙を送ってきた。そして福沢は「天下の碩学《せきがく》のあなたからこんなにお褒めをいただいてまことに光栄である」という返事を送っています。ところが明治十五年に伊藤博文がヨーロッパにいって勉強したのは、このシュタイン先生のところです。これは二人の憲法構想といいますか、国家運営の思想についてはそれほど違うところはなかった、けれども具体的にいかなる権力が運営して実施していくかというところの方法論において、大きな対立をもたらしたということではなかったか、そういうふうに思います。

そのあとの福沢の行動は、たいへんフェアだと私は思います。たとえば、いま申しました伊藤が憲法調査に出かけたということも、ちゃんと激励しています。別に嫌味を言ったり、足を引っ張ったり、そんなことはしておりません。まことに堂々たるものであります。私は時々福沢先生と言いたくなるのですが、福沢の書いたもので最も好きなところの一つに、「怨望の人間に害あるを論ず」という文章があります。『学問のすゝめ』の後ろのほうに、エンヴィといいますか、ジェラシーといいますか、この怨望というものほど嫌らしいものはない、ということを書いている。こういうことを公然と言い放てる人間はそうそういないんじゃないか、これはまことに私が福沢先生に敬服するところです。その例としては、後に伊藤が総理大臣になったときのこと、明治十八年の暮れに内閣制度を創設して、総理大臣になりますが、これを福沢は非常に褒めています。「これは大変なことだ」と。ちょっと脱線しますと、伊藤博文といいますと、いまはその出など忘れられておりますが、父はもともと農民です。そこから中間になった。当時にあって、そこから最高権力に到達したという意味で、秀吉とよく並び称された人物であります。のちにまた田中角栄が出てきたんで、ちょっと影が薄くなりましたが……。政治的に見ますと、幕末においては政治にタッチすることができるのは、将軍以外は徳川幕閣、つまり大老、老中、譜代大名だけで、ほかの人間が天下のご政道を論ずるということはタブーでありました。武士の中でも外様大名もご親藩もだめで、幕閣だけがやるべきことでありました。参加が拡大して下級武士まで広がってきたことは、維新革命の大きな要素でありました。徳川時代で非常に大きかったのは上士と下士の違いでありまして、下級士族にまで権力が拡大した。その武士のいちばん底辺にある伊藤が最高権力を掌握した、これは非常に重要な事実であります。それまでは太政官制で、太政大臣、左大臣、右大臣がいて、参議がいて、非常に重層的な構造だったが権力が一元化されて一つに収斂《しゅうれん》した。天皇を除けば最高の位置にそのような出身の伊藤が就いたというのが眼目で、維新の権力を集約するという点において維新革命はここに完成したわけです。

そのことを福沢は非常に鋭く見通しております。「なったやつはどうも変なやつだ」とか、そういう嫌味は全然言ってないのです。まことに正直に褒めております。ただ、時々気に入らないことには「気に入らない」という反応をしていて、これまたよく知られておりますが、明治二十年四月に伊藤邸で有名な仮装舞踏会があったときには、なぜか福沢に招待状がきて、彼は非常に無愛想にこれを拒絶しております。福沢諭吉という人は文明開化の旗手ですけれども、一定の年齢以後はずっと和服で、家の中では和装だったひとです。仮装舞踏会などは出てほしくなかったし、出なくてよかったと思います。

これまた著名な話ですが、明治二十四年、大槻文彦の『言海』の出版祝賀会でプログラムを作ったら、その祝辞の一番が伊藤博文で二番が福沢諭吉になっていた、これは学界の催しであって、学者の集まりが主たるものであるから、そこで自分が先であるのが当然である、伊藤が先にくるのはおかしいから、自分は出ないと言って、プログラムを刷り直させたというあたりも、福沢の思想からそのまま出てくるような気もしますが、このへんもちょっと腹癒《はらい》せというか、そういうのもなかったわけではないという気がします。

両者の間に関係が修復されてきたのは、明治の二十五年ぐらいのことであります。井上馨が明治二十五年の某月某日、日付はよくわかってないようですが、「十四年政変のときはすまなかった」と言ってきたようであります。「もうすぐ伊藤も謝りにくるから」と言って、結局こなかったという。

このころの福沢の主張を特徴づけるのは、外交政策においては、たとえば、「海軍力の充実」という政策です。国内においては「官民調和論」というものでありました。その中で彼はしばしば説いて、「元老は老いた。かつての果断な勇気をなくしてる」ということを説いております。いまの元老は昔は元気がよかった、たしかに焼き討ちや人殺しをした連中ですから、元気はよかったが、それに比べていま勇気がないと盛んに言っております。しかしこれは「権力を存分に使って必要と思うことを断行せよ」と激励していたわけであります。こう考えますと、福沢はたしかに民権と不可分ではありますが、民権論者と考えられたのはどうしてなのかなと思います。そうでない面も多いわけであります。

『自伝』にもあるとおり、福沢が最も嬉しかったのはやはり日清戦争なんでしょう。それは到達点であったんだろうと思います。明治維新をそのスローガンである「尊王攘夷」について見ると、「尊王攘夷」と言ってるけども別に天皇をそんなに大事にしたわけでもないし、攘夷と言った連中は開国してしまった、文明開化した。しかし「尊王攘夷」ということばが人々を動かしたのは、そこにあるものがこめられていたわけであって、「尊王」というのは解きほぐして言えば、それは権力を集中する必要がある、多元的な権力ではなくて、一つの集権でなくてはいけない。「攘夷」というのは別に外国人を殺傷するという意味ではなくて、外国に負けない国になりたいということでありました。外国に負けない国になりたいというのは、最終的には日露戦争で達成します。しかし当面はここで日清戦争という形で、そしてそれに伴う条約改正において実現する。そしてそれを実現したのは、内閣制度を実現した伊藤博文でありました。ここにおいて福沢はこれに対する賛辞を惜しまなかったと思うわけであります。

二人が会って懇談したのは明治三十一年のことであります。明治三十一年は「隈板内閣」が成立した年です。伊藤が第三次伊藤内閣を組織したときに、福沢諭吉はかなりやはり厳しく批判して、といいますのはこの頃彼は持ち前の官民調和論からして、「政党に基礎を置かない内閣はもうだめだ」ということを強く言っておりました。「ぜひ政党と提携すべきだ」と。伊藤は、実は政党と提携したかったのでありますが、結果的に超然内閣ができた、これを批判したわけであります。この第三次伊藤内閣は地租増徴論で行き詰まって、民党と激しく衝突する。そしてこの年の六月にはまた衆議院は解散になりまして、二大政党が合体した巨大な憲政党ができて、どうしようもなくなって藩閥は政権を投げ出して、最初の政党内閣である第一次大隈内閣、別名「隈板内閣」ができたわけであります。その過程で伊藤は自ら政府党を組織する、政党を組織してこれに対処するということも考えたこともあったが、最後にはそれも断念して投げ出したというわけでした。

この間、六月十七日の『時事新報』では、福沢は伊藤が政府党を組織するという構想を歓迎して「ぜひそうあるべきだ、断固として突撃せよ」ということを言って支持している。しばらくして結局辞職して隈板内閣になりました。これも非常に歓迎している。一貫してるのは、「政党と結んだ政権でなくてはいかん」ということです。ただ、ついでに書いております、伊藤がこのとき勲位顕爵、つまり位官とか爵位を返上しようとした。それには福沢は非常に驚いたと言って「自分は常々これを批判してきたんだけども、伊藤というのはそういうものを手放す気がある人間とは思わなかった」という、見直したといいますか、皮肉といいますか、そういうことを書いていて、これは興味深いところであります。こういうふうに二人が出会って、何か一緒に主張したり、そして対立したり、大体対立してることが多いです。それをずうっと眺めてきたわけであります。

共通点と相違点

そこからどういうことが言えるのだろうかを、最後に考えてみたいと思います。

対立してるところがたくさんあることは、言うまでもありませんが、実は似てるところが多いのです。たとえば、どちらも「英学派」です。福沢の英学というのは、言うまでもないことですが、伊藤もやはり長期的に見ると英学派だったろうと思います。プロイセンに心酔したり、「東洋のビスマルク」と自称したこともありますけれども、外交政策からいってみると、基本的にはイギリスとの協調というのを重視しておりましたし、大体読む本が日本語以外は英語が多かったですから。

それから「漸進論」です。伊藤というのは決して保守派ではありません。前を向いて進もう、しかし決して急には進まないというところであります。諭吉も思想の根源的な意味ではラジカルで、ものごとの考え方では日本人の精神構造の重要な部分について、根本的な変革を迫るところがありましたが、しかし具体的なところになると漸進論だったと思います。

それから、やっぱり文官で、「文官優位」の思想であります。ちなみに伊藤博文は日本におけるシビリアン・コントロールという点では重要な人間であります。たとえば、日清戦争の際に伊藤博文は大本営に出席しています。大本営は陸軍と海軍の戦時の統帥部で、元来は文官は入れないものです。ところが伊藤は非常に天皇の信任があったので、戦争の実態を知らなくて政治指導はできないということを理由に、強く主張して大本営に列席しております。列席しただけではない、非常に具体的な発言もしていて、たとえば、戦争末期に一部に北京を突くという声がありましたけど、これに強く反対して、「戦争をやめるには相手が要る。相手をつぶすことは愚策である。それよりも戦後の成果に注目して、むしろ台湾方面に兵を出すべし」という意見でありました。そういう意味で具体的にシビリアン・コントロールをやった人であります。

さらに付け加えて、もう一人対比しますと、近衛文麿《ふみまろ》です。近衛は、昭和期の日中戦争で大本営に列することができなかった。これは当時の軍の力で大本営政府連絡会議という、ささやかな組織にしか列することができなかった。そのために必死の努力をしたかというと、これは疑問であります。そうしてそこで近衛が何を言ったかというと、「国民政府を対手とせず」ということを言ったのです。つまり伊藤博文と正反対の、相手を否認するがごとき政策を打ち出したということで、これはシビリアン・コントロールが大失敗した例であります。

ともあれ伊藤はそうしたシビリアン・コントロールということを割合重視した人物で、これは伊藤の師匠格でもあった大久保利通もそうであります。木戸孝允もそうです。大久保も木戸も武士の出身でしたが、軍事というものをコントロールの下に置こうとした。後に伊藤は、初代韓国統監として漢城に赴任しますが、そのときも異例のことでしたが、軍隊統率権を要求しましてこれを持って赴任しています。新しい土地の支配には軍隊統率権が必要だという考えです。実は伊藤の死とともにこのシビリアン・コントロールが徐々に弱体化しますが、そういう人でありました。福沢はもちろん「文官優位」の思想で、軍事優先を排する人でありました。その意味でも、福沢から見ればやっぱり誰がいいかといえばそれは伊藤です。

「外交の優位」という点でも、元老の中で外務省をいちばんバックアップした人は伊藤です。たとえば、日露戦争が終わったあと、イギリス、アメリカから日本の満州占領政策にいろいろ批判があったときに、これを率先し外務省のラインで解決したのは伊藤でした。このときの、エピソードを一つつけ加えれば、イギリス、アメリカから共同の抗議がきたのを重視した伊藤は、関係者を呼び集めて元老会議を開きました。元老と閣僚の会議ですが、閣僚は総理大臣、外務大臣、陸軍大臣が出席してます。陸軍からは参謀総長が出席してる。しかし、海軍大臣とか海軍の軍令部長は出席せず、代わりに誰がいるかというと山本権兵衛という海軍の実力者が出席している。こういう本当の実力者を集めた会議をフォーマルには何の権限もない伊藤が招集して、そしてそこで満州を門戸開放するという決定をする。そのときもみんなで議論して大体それでいいということになったときに、伊藤は「大体ではいかん、いま決まったことをここで確認しよう」と言って自ら筆を取って書き下ろして、そして「これで異議はないか」と言って決めています。周旋家としての伊藤の最後のピークはこうした満州問題に関する協議会、明治三十九年五月二十二日のこのときではなかったかと私は思います。

さらにもう一つ似てるところは、「海洋国家」の思想であります。私は、最初に申し上げましたとおり、福沢の朝鮮、中国論はそのまま日本の大陸膨張につながるものでは決してなかったという主張であります。といいますのは、福沢は何よりも商工立国、貿易立国の思想であります。「日本は国柄からして貿易でやっていくしかない、そのためにことばは英語がよろしい、親しむ国はイギリス、アメリカである」ということは、根底からの確信であったと思います。それを脅かすような大陸膨張は、もし長生きしても彼はやらなかったと私は思います。大陸に膨張すれば必ず大きな政府になります。大きな陸軍、大きな植民地政府を持つということは、福沢はおそらく強く反対であったという気がします。

伊藤も、「海洋国家」の思想です。こういう点で非常に似ているという気がします。

こういうふうに考えてみれば元老クラスの有力政治家の中で福沢の思想に近い人を探せ

ば、やはり伊藤は最も近い人の一人であります。その伊藤と福沢はなぜかくも何度も対立したのだろうか。それを、これはほとんど推測になってしまいますが、最後にちょっと触れることとします。

対立の理由と帰結

私は、本質的に「政治家」であるか、「思想家」であるかということが、当たり前のことですが、やはり決定的なことであったように思われます。福沢は「思想家」というよりも、最も本質的には、「教育者」であったのではないかと思います。

伊藤博文は教育者とは非常に縁の遠い人で、品行の悪いことで有名でありました。テーブルに座って、晩餐会の最中に隣に座ってる女性に脚を絡ませたということがあると言われておりますが、女性関係で奔放な人でありました。伊藤のそうした私行上の問題だけで伊藤の価値を云々するのは、やはり問題だろうと思います。伊藤はやはり明治国家のなかで極めて優れた「政治家」でした。徳富蘇峰が言っておりますけれども、「伊藤は政治によって生き、政治のために生き、政治とともに生きた人間だ」、政治家そのものである、つまり「明治国家のなかで政治的人間として極限までいった人間だ」と言っております。

同時に開明的な知性をある程度備えた人間であり、世界の大勢を読み、それをいかに実現するかという目測能力と、その課題に賭けていたわけです。いまの顔ぶれを見れば自分が入ってなかったらそっちの方向に向けられない、しかし、ここで薩摩を切り離すわけにいかないというので、伊藤はそこで大きな目的のためには福沢を切り捨てるような酷いこともやったわけです。

そうした伊藤の政治的な目測能力と、そしてそれに取り組む徹底した態度は、やはり群を抜いていたわけであります。たとえば、山県有朋と比べれば、山県は自分の影響力、ある種の自分のエンパイアをつくることに熱心であり、影響力をあとに残す。日本をどちらに向けるかというよりも、そうしたことに興味をもち、そのために必要以上に自分の部下を引立てるということをやってきた人です。

政治の世界では政治を利用して富をつくろうとした人もなかにはあるでしょうし、いろんなことをする人がいますが、伊藤の場合は政治そのものが自己目的になっていて、その点で徹底した人間であって、それはそれで立派なものでありました。私が先程来申し上げた「周旋家」としての伊藤はその点に関係していると思うのです。つまり、古くは第二次長州征伐のときの薩長の間にあって、また外国商人との間で物を買うという経験から始まって、征韓論を退ける、そして大阪会議を成功させる、そのように彼は明治国家の基盤を維持するために走り回ったわけであります。彼はそれを結構自信を持っておりまして、

「至誠は天に通じる」ということを確信していた。自分が心から腹を割って話せば必ず人は聞いてくれるということを考えており、信じておりました。いつも通じるとは限らないのですけれども、彼はそれでもって行動して、その徹底ぶりと、私心のない必死の行動が人を動かしたんだろうと思います。

おそらくは明治の半ばまではそれで通用した。しかしそれ以後徐々にそれが通じなくなった。まず政党がそれで動かなくなった。自分が心から説けば大丈夫だと言って彼は議会に臨んだわけです。第四議会に松方内閣のやり方を批判して、伊藤は藩閥総出のオールスター内閣をつくって、自分たちが誠心誠意説けば政党も必ず応じてくれるといっても、応じてくれなかった。

それから今度は貴族院が反乱するようになりました。軍も言うことを聞かなくなってくる。そして、日露戦争以後の伊藤は、そんなにハッピーではなかったわけであります。日露戦争の前頃から徐々に伊藤は棚上げされて、ですから彼は最後は政党をつくる。勢力はつくったのですけど、日露戦争前にはそこからも抜けて、棚上げされて、朝鮮に行き、あとは死んだわけであります。

そうした伊藤の行動、これは明治時代のように個人が個人として動いていた、ちょっとコマーシャル風に言いますと、〈個人が輝いていた時代〉には、伊藤のやり方はたしかにものを言ったんでしょうが、それは徐々にものを言わなくなっていったのではないかと思います。

その伊藤にとって最後のアセットだったのは明治天皇です。伊藤の行動において非常に重要だったのは宮中との関係であります。十四年政変においても宮中をいかに納得させるかと非常に彼は苦慮しておりました。坂本一登さんの本は、その点たいへんいいものだと思いますが、宮中ではとにかく土佐を中心とする古いタイプの政治家が、明治天皇と日々一緒にいるわけです。そこで明治天皇はいろんな口を出してくる、明治天皇にそうした恣意的な君主であることをやめさせる、と同時にそれを通じて明治天皇の信任を獲得するということに成功したわけで、周旋外交がそこで成功した。しかし、ついに明治の後半以後日本が組織の時代になっていったときに、それはやがて失敗する運命にあったような気がいたします。

福沢は、そうした伊藤にどうも片想い的な感じが時々するということを言いましたし、また後半はたいへんフェアだと言いました。それを通じて言えることは、伊藤という人間の必要性ということを、やはりよく認識していたのではないか、という気がするわけであります。そして福沢においても、やはり二十世紀になった途端に亡くなってしまい、その後組織の時代になっていったときに、日本をどう動かすかという展望は福沢に十分あったかというと、私はそれはよくわからない気がします。

伊藤と福沢という二人の人間が、さまざまに対立したりしている局面を眺めてくることで、いくつかのことを考えさせられたことをやや雑談風にお話をさせていただきました。
ご静聴ありがとうございました。

（二〇〇三年『福沢諭吉年鑑30』土曜セミナー講演〈二〇〇二年九月二十八日〉）

ちくま学芸文庫版へのあとがき

この本は、二〇〇二年に講談社から刊行され、その後、二〇一一年、中央公論新社から中公文庫として刊行された。その際、二〇〇二年に行った講演「福沢諭吉と伊藤博文」を付け加えた。

その後、二〇一七年に英訳版、Kitaoka Shinichi, translated by James M. Vardaman, *Self-Respect and Independence of Mind: The Challenge of Fukuzawa Yukichi*, Japan Publishing Industry Foundation for Culture, 2017 が刊行された。その際、読者の関心に鑑みて、上記の講演の部分は削除した。

今回、縁あって、明治維新一五〇年の年に、筑摩書房からちくま学芸文庫として刊行されることになったことを嬉しく思う。なお、上記の講演については、これを収めている。

今から五十年前、明治維新百年の頃、日本の研究者の間では、明治維新は不徹底な革命だという見方が多数だった。フランス革命やロシア革命に比べ、徹底的な破壊は行われず、維新の後でも実権を掌握したのはやはり武士で、決定的な変化はなかったというのが、その理由だった。今日、そういう主張は少数派になっている。ロシア革命を賛美する人は、世界でも少数だし、フランス革命を評価する人も減りつつある。徹底的な破壊は、激しい弾圧を伴い、また大きな反動を招くことが理解されるようになっている。

経済学者のケネス・ボールディングは、しばらく日本に滞在した経験をふまえ、世界史上、コストが小さく、持続的累積的発展をもたらした点で、アメリカ独立革命と明治維新こそ、もっとも注目すべきものだと主張した*。現在では、こちらの考え方が、世界の主流となっていると言ってよいだろう。

明治維新の原動力は、薩摩、長州などの下級士族だった。同じ士族といっても、下士と上士との間には大きな壁があり、武士以外の身分から武士になることはそれほど難しいことではなかったが、下士から上士に昇進することは、例外的だった。そして維新において権力を握った下級士族は、攘夷の主張を放擲して大胆な開国路線を打ち出し、さらに、藩の存在が日本の近代化の障害だと判断し、彼らの母体であった薩摩と長州を含め、数百年の歴史を持つ藩を廃止して、大名を東京に集め、全国を中央政府のもとにおいた。維新からわずか三年のことである。のみならず、彼らは武士の存在自体が有害だとして、維新から八年にして、これを廃止してしまった。

そして近代的な官僚制度を作り、内閣制度を作り、憲法を作り、選挙を行い、議会を開始した。議会制度は困難を乗り越えて定着し、議会開設からわずか八年で、反政府を標榜する民党が政権を掌握するに至ったのである。

明治維新を実現した権力の側における主役は、大久保利通や西郷隆盛や木戸孝允であり、次の世代における伊藤博文であったが、知的世界における主役は、福沢諭吉であった。

福沢は一八三四年、大分県の下級士族の子に生まれ、一八五四年、藩内の差別に不満で藩を出て、長崎ついで大阪で蘭学を学んだ。蘭学こそ、鎖国の日本にとって、西洋を知る唯一の窓であった。一八五八年、江戸に出て蘭学を教え始めた福沢は、一八五九年、開港まもない横浜を訪問し、足下の崩れ落ちるような衝撃を受ける。必死に勉強したオランダ語がまったく役に立たなかったのである。そこにあふれていた言葉は英語だった。

しかし福沢はただちに立ち直って英語の勉強を始め、幸運に恵まれて一八六〇年、アメリカに行き、一八六二年にはほぼ一年間ヨーロッパに行き、また一八六七年には再びアメリカに行った。幕末に三度欧米に行ったものはまれである。

福沢は西洋文明を、たんなる軍艦の数や鉄道の距離でなく、それらを作り出している社会制度に注目して把握し、さらにはその根底にある近代精神にさかのぼって理解した。それが、福沢をして、凡百の西洋の紹介者でなく、徹底した深い理解をともなった思想家としたのである。「一身独立して一国独立す」という福沢の言葉は、西洋の進出に脅かされた日本にとって、独立を達成するために必要なのは、軍艦ではなく、富でもなく、もっとも根源的には独立の精神を備えた個人であると喝破したのである。

初版の「はじめに」において、私は福沢を世界第一級の思想家であると述べた。それは福沢が取り組んだ、非西洋社会の近代化はいかにして可能かという課題の世界史的大きさと、それに対して福沢が提示した回答の深さによると述べた。その後、私はその考えにさらに深い確信を持つようになった。

初版刊行以後、私は二〇〇四年から〇六年まで、国連大使（特命全権大使、国連代表部次席代表）を務めた。その後、東京大学に復帰したが、二〇一二年に政策研究大学院大学（ＧＲＩＰＳ）に移り、国際大学（International University of Japan）の学長を兼務した。そして二〇一五年からは国際協力機構（ＪＩＣＡ）の理事長を務めている。

国連で痛感したのは、当時一九一カ国あった国連加盟国のうち、おそらく三分の二は、まだ豊かさとも民主主義とも縁遠い国であるという事実である。そういう国にとって、非西洋から発展して世界有数の経済大国となり、自由、民主主義、基本的人権などの近代的諸価値と伝統とを両立させている日本は、輝かしい存在なのである。

ＧＲＩＰＳでは、主として途上国の少人数の学生に英語で教えたが、教えることによって、多くを学んだ。また国際大学は、日本最初の大学院大学であって、授業はすべて英語、学生の八割が外国人で、日本ではともかく外国、とくに途上国では大変有名な大学である。ここでも多くの国の学生と交際して、大変に勉強になった。

そしてＪＩＣＡでは、世界の途上国の安定と発展に取り組んでいる。そこでも、途上国のリーダーと話すとき、日本がいかに伝統と近代を両立させてきたか、そして彼らがそのことをいかに高く評価しているかを、痛感させられる。

福沢が提示したものの中で、とくに鋭い洞察は、在野の重要性の指摘だと思う。途上国では政府に才能が集まりやすい。福沢はそれを知って、自ら政府に入ることを拒み、民間の重要性を説き続けた。

そして、官民調和という言葉によって、民に対しては、政府の政策への反発ではなく理解を呼びかけ、政府に対しては民に対して権力を分有すべきことを説いた。その間にあって重要な役割を果たしたのが、新聞であり、ここを福沢は終生の活動の場としたのである。

現在、経済発展に成功する国はあっても、スムーズな政権交代が可能な国は少ない。権力者は可能な限りその地位に止まろうとし、在野勢力はあらゆる方法で権力を奪取しようとする。その関係を取り持つべきジャーナリズムは、弱体である。いや、先進国においても、ジャーナリズムは、ソーシャルメディアの発展とフェイクニュースの跋扈によって危機に瀕している。

多くの途上国の期待に反して、冷戦終了後の日本は、かつての活力を失い、長い停滞を続けている。それまでの成功に安住し、最も本質的な問題に取り組むことなく、微調整に終始してきたのではないだろうか。

こういう時代にこそ、福沢諭吉に学んでほしいと思う。福沢が独立自尊の精神でもって、いかなるタブーにもとらわれることなく、因習に挑戦し続けたことを知ってほしいと思う。明治維新一五〇年の今、もう一度福沢によって維新の精神を思い出したいと思う。本書のタイトルを、副題を変更して、『独立自尊——福沢諭吉と明治維新』としたのは、そのためである。

なお、中公文庫へのあとがき、および猪木武徳教授に書いていただいた解説は、重複と煩瑣をさけるため、省略させていただいた。また、巻末の文献リストについては、その後刊行された重要な文献を数点追加した。ただ、本書の論旨については、基本的に最初の版から大きな変化はないことを付け加えておきたい。

註＊ Kenneth Boulding, *Primer on Social Dynamics*, Free Press, 1971.（邦訳、ケネス・ボールディング／横田洋三訳『歴史はいかに書かれるべきか』講談社学術文庫、一九七九年）

二〇一八年六月末日

北岡伸一

主要参考文献

I．福沢諭吉の著作

慶応義塾編『福沢諭吉全集』全二十一巻・別巻一（岩波書店、再版、一九六九―一九七一）

＊福沢研究の根本資料であり、近代日本政治思想史、近代日本政治史の宝庫。

慶応義塾編『福沢諭吉書簡集』全九巻（岩波書店、二〇〇一―二〇〇二）

＊全集収録の書簡に加え、新発見の書簡を多数収録。

富田正文・土橋俊一編『福沢諭吉選集』全十四巻（岩波書店、一九八〇―一九八一）

＊各巻における編者の解説が大変おもしろい。

『新日本古典文学大系　明治編10　福沢諭吉集』（岩波書店、二〇一一）

＊日本政治思想史の碩学、松沢弘陽教授の綿密な校注による『福翁自伝』の決定版。

＊

『学問のすゝめ』（岩波文庫、改版、一九七八）

『明治十年丁丑公論・瘠我慢の説』（講談社学術文庫、一九八五）

富田正文校訂『福翁自伝』（岩波文庫、新訂版、一九七八）

中村敏子編『福沢諭吉家族論集』（岩波文庫、一九九九）

林望監修『女大学評論・新女大学』（講談社学術文庫、二〇〇一）

松沢弘陽校注『文明論之概略』(岩波文庫、一九九五)
山住正己編『福沢諭吉教育論集』(岩波文庫、一九九一)

Ⅱ．福沢諭吉に関する著作

飯田鼎『福沢諭吉――国民国家論の創始者』(中公新書、一九八四)
　＊小著ながら充実した標準的な著作。
井田進也『歴史とテクスト――西鶴から諭吉まで』(光芒社、二〇〇一)
　＊『時事新報』の論説の筆者をめぐって、重要な問題を提起している。
坂本多加雄『新しい福沢諭吉』(講談社現代新書、一九九七)
　＊現代にいたる自由主義の変遷を踏まえて、自由主義者としての福沢を捉えなおしたもの。
田中王堂『福沢諭吉』(みすず書房、一九八七、一九一五原刊)
　＊忘れられつつあった福沢の真価を再評価した著作。
月脚達彦『福沢諭吉の朝鮮――日朝鮮関係の中の「脱亜」』(講談社、二〇一五)
　＊福沢の朝鮮論の変遷を、国際関係の推移のなかに詳しく跡付けたもの。ただ、分析のレヴェルが違うので、十分その内容を本書に取り入れることはできなかった。
遠山茂樹『福沢諭吉――思想と政治との関連』(東京大学出版会、一九七〇)
　＊一九七〇年当時における代表的な福沢諭吉論。
富田正文『考証 福澤諭吉』全二巻(岩波書店、一九九二)
　＊福沢研究のエンサイクロペディアとも言うべき本。

中島岑夫『幕臣福沢諭吉』（TBSブリタニカ、一九九一）

＊維新以前における福沢の実像を探り出した注目すべき著作。

西部邁『福沢諭吉――その武士道と愛国心』（文藝春秋、一九九九）

＊今日的観点からナショナリストとしての側面を中心に福沢を捉えなおしたもの。

平山洋『福澤諭吉』（ミネルヴァ書房、二〇〇八）

＊綿密な考証による充実した伝記。推論にはやや強引なところもある。

平山洋『福沢諭吉の真実』（文春新書、二〇〇四）

＊『時事新報』の論説の筆者について、井田氏とは別の論拠から重要な問題を提起している。

芳賀徹『大君の使節』（中公新書、一九六八）

＊万延元年遣欧使節団のヨーロッパ体験を生き生きと描き出す。

松沢弘陽『近代日本の形成と西洋経験』（岩波書店、一九九三）

＊開国期の文化接触の意味について、もっとも優れた研究の一つ。

丸山真男著・松沢弘陽編『福沢諭吉の哲学――他六篇』（岩波書店、二〇〇一）

＊丸山真男が若くして書き、思想家福沢の評価を決定的とした「福沢諭吉の哲学」（丸山の最高傑作という人もある）等の論文を集めたもの。

＊

飯田鼎『福沢諭吉と幕末維新の群像』（飯田鼎著作集第五巻）（御茶の水書房、二〇〇一）

石河幹明『福澤諭吉傳』全四巻（岩波書店、一九三五）

伊藤正雄編『明治人の観た福沢諭吉――資料集成』（慶応通信、一九七〇）

今永清二『福沢諭吉の思想形成』（勁草書房、一九七九）
内山秀夫編『一五〇年目の福沢諭吉――虚像から実像へ』（有斐閣、一九八五）
坂本多加雄『市場・道徳・秩序』（創文社、一九九三）
白井堯子『福沢諭吉と宣教師たち――知られざる明治期の日英関係』（未來社、一九九九）
土居良三『咸臨丸海を渡る』（中公文庫、一九九八）
遠山茂樹『明治の思想とナショナリズム』（遠山茂樹著作集第五巻）（岩波書店、一九九二）
中崎昌雄『福沢諭吉と写真屋の娘』（大阪大学出版会、一九九六）
中村敏子『福沢諭吉　文明と社会構想』（創文社、二〇〇〇）
長尾正憲『福沢屋諭吉の研究』（思文閣出版、一九八八）
西川俊作『福沢諭吉の横顔』（慶応義塾大学出版会、一九九八）
西川俊作・西澤直子編『ふだん着の福澤諭吉』（慶応義塾大学出版会、一九九八）
西川俊作・松崎欣一編『福澤諭吉論の百年』（慶応義塾大学出版会、一九九九）
沼田次郎・松沢弘陽編『日本思想大系　西洋見聞集』（岩波書店、一九七四）
坂野潤治『近代日本の国家構想一八七一―一九三六年』（岩波書店、一九九六）
平井一弘『福沢諭吉のコミュニケーション』（青磁書房、一九九六）
ひろたまさき『福沢諭吉研究』（東京大学出版会、一九七六）
丸山真男『「文明論之概略」を読む』全三巻（岩波新書、一九八六）
宮永孝『文久二年のヨーロッパ報告』（新潮選書、一九八九）
山口一夫『福沢諭吉の西航巡歴』（福沢諭吉協会、一九八〇）

山口一夫『福沢諭吉の亜米利加体験』（福沢諭吉協会、一九八六）
山口一夫『福沢諭吉の亜欧見聞』（福沢諭吉協会、一九九二）

年譜

(1)明治五年（一八七二）までは旧暦、それ以後は太陽暦　(2)年齢は数え年による　(3)福沢著書は太字

年号	西暦	年齢	事歴	一般事項・著作
天保五	一八三四	一	十二月十二日（西暦一八三五年一月十日）福沢諭吉、大阪中津藩蔵屋敷に生まれる。	
天保七	一八三六	三	六月父百助大阪で歿。十月兄三之助家督相続。	
天保九	一八三八	五		緒方洪庵、大阪に適塾を開く
嘉永六	一八五三	二〇		六月ペリー浦賀に来航
安政元	一八五四	二一	二月兄三之助の勧めにより蘭学に志して長崎に出る。	三月日米和親条約調印
安政二	一八五五	二二	二月長崎を出て、下関から船に乗り、明石で下船、兄の住む大阪に向かう。三月九日大阪の緒方洪庵の適塾に入門し、兄の住む中津藩蔵屋敷から通学する。	七月長崎に海軍伝習所開設

安政三	一八五六	二三	二、三月ごろ腸チフスにかかり、緒方洪庵の手厚い看護をうける。五、六月ごろ兄の任期満了とリューマチスの保養を兼ねて、兄弟共に中津に帰る。八月四日再び大阪へ出て適塾に通学する。九月三日兄三之助歿。中津へ帰るが、再遊の念やみ難く、十一月ごろ大阪に行き適塾の内塾生となる。	この年吉田松陰、松下村塾を開く 八月ハリス下田に来航
安政四	一八五七	二四	適塾の塾長となる。	
安政五	一八五八	二五	藩命により江戸に出ることとなり、まず母に別れを告げるため帰省し、大阪に戻り、十月中旬江戸到着、築地鉄砲洲の中津藩中屋敷内の長屋の一軒を借りて蘭学塾を開く——慶応義塾の起源。	四月井伊直弼大老に就任 六月日米修好通商条約調印、徳川慶福を将軍継嗣と発表（十月就任、徳川家茂） 七月安政の大獄始まる

安政六	一八五九	二六	六月ごろ新たに開港した横浜を見物し、オランダ語が役立たぬことを知り、英語に転向を決意。	
万延元	一八六〇	二七	一月十九日軍艦奉行木村摂津守の従僕名義で咸臨丸に乗り組み浦賀を出港、難航三十七日を経て二月二十六日サンフランシスコに入港。閏三月十九日サンフランシスコ出港、途中ハワイに寄り五月五日浦賀到着。ウェブスター辞書を購入して帰国。十一月中旬外国奉行支配翻訳御用御雇となる。このころ芝新銭座の借家に移転。	三月桜田門外の変
文久元	一八六一	二八	冬、中津藩定府土岐太郎八の次女お錦と結婚。十二月二十日幕府の遣欧使節の一行に加わり翻訳方（通詞とも）として随行を命ぜられ、二十二日に乗船、二十三日品川を出帆。二十九日長崎に寄港したので山本物次郎を訪ねる。	
文久二	一八六二	二九	一月一日長崎出港。香港、シンガポール、セイロン島、スエズ、カイロ、アレキサンドリア、マルタ島を経てマルセイユ着。以後フランス、イギリス、オランダ、プロシャ、ロシア、ポルトガルを歴訪し、十二月十一日品川に上陸。	一月坂下門外の変 八月生麦事件
文久三	一八六三	三〇	春、蘭学を廃し英語塾とし、本格的な学塾経営にうちこむ。	五月十日長州藩攘夷決行

			六月十日恩師緒方洪庵が急死する。通夜の席で村田蔵六（大村益次郎）の過激な攘夷論に驚く。 秋、新銭座の借家から再び鉄砲洲の中津藩中屋敷に移る。 十月十二日第一子長男一太郎が鉄砲洲で生まれる。 十二月七日「西航記」を木村摂津守のところへ届ける。	七月薩英戦争 八月十八日の政変
元治元	一八六四	三一	三月江戸を発って中津に帰省、六年ぶりに母と対面。滞在二カ月、小幡篤次郎ら六人の青年を伴い六月二十六日帰京。 五月写本「西洋事情」流布。 十月幕府に召し抱えられ、外国奉行支配翻訳御用となる。	**写本・西洋事情**（出版せず） 七月禁門の変 七月第一次長州征討発令 八月四国連合艦隊下関攻撃
慶応元	一八六五	三二	九月第二子次男捨次郎が生まれる。	九月第二次長州征討勅許
慶応二	一八六六	三三		**西洋事情・初編** 六月第二次長州征討始まる

			九月「長州再征に関する建白書」を提出。 秋、刀剣を売り払う。	七月将軍家茂死去 十二月慶喜十五代将軍となる
慶応三	一八六七	三四	一月二十三日軍艦受取委員の一員として再度渡米。サンフランシスコ、ニューヨーク、ワシントンを回り、六月二十七日帰朝。滞米中大量の英語の教科書類を購入し持ち帰る。また、仙台藩から預った鉄砲買入れ費用で英語の書籍を購入して帰る。帰国後小野友五郎らの申立てにより謹慎を命ぜられる。十月下旬解除。 十二月二十五日新銭座の有馬家中屋敷を三百五十五両で買い受ける。	十月十四日大政奉還 十二月九日王政復古
明治元	一八六八	三五	二月新銭座にまず諭吉の新居が出来て移転し、四月塾舎も完成し、時の年号に因み慶応義塾と名付ける。六月二十一日落成披露宴を開く。 三月四日幕府より御使番任命の奉書が到来したが、病気と称し断る。 四月十日第三子長女里が生まれる。	一月鳥羽伏見の戦い **西洋事情・外編**

			五月十五日上野彰義隊の戦いの最中、ウェーランド経済書を講ず。 六月八日幕府へ退身願を提出し、八月中旬許可される。六月十日新政府からの上洛命令も病気を理由に辞退。 十月自著の偽版が出版されているので、それを禁ずる願書を新政府に提出。	五月十五日上野彰義隊の戦い
明治二	一八六九	三六	九月ごろから榎本武揚助命のため奔走。	六月版籍奉還
明治三	一八七〇	三七	七月第四子次女房が生まれる。 九月十四日病後保養のため家族と熱海温泉へ行き、十月十日帰宅——温泉保養のはじめ。 十月二十一日岩倉具視を訪ね、三田の島原藩邸借入れを依頼。 このころ東京府からの依頼で西洋のポリス制度を調査。 仙台藩にかけあい大童信太夫らの助命運動をおこす。 閏十月末東京を出発して中津へ行き、母を迎えて十二月十九日帰京。その間、大阪では自著の偽版を買い集め、朝吹英二に命を狙われ、中津でも増田宋太郎らに暗殺されそうになる。 十一月三田の島原藩中屋敷の貸下げと建物の払下げをうける。	西洋事情・二編 中津留別の書（十一月、出版せず）

明治四	一八七一	三八	一月小幡甚三郎ら数名の塾生を伴い三田へ引越し。三月十六日新銭座から三田へ総引越し。四月十二日講堂落成し、この日から正規の授業が行われる。 十月一太郎、捨次郎に「ひゞのをしへ」を書き与える。	七月廃藩置県 十一月岩倉使節団（〜明治六年九月）
明治五	一八七二	三九	四月一日横浜を出帆、関西にしばらく逗留し、京都、大阪、三田、有馬を巡遊。五月中旬中津へ行き市学校を視察し、旧藩主家族と共に中津を発ち、七月中旬帰京。 五月政府より借地していた三田の地所の払下げをうける。	学問のすゝめ・初編（二月） 太陽暦採用（十二月三日を明治六年一月一日とする）
明治六	一八七三	四〇	三月箱根塔ノ沢福住に滞在。 春夏のころから自宅にて集会を催し、演説討論の練習を始める。 八月第五子三女俊が生まれる。 九月四日初めて木戸孝允と会う。 暮、森有礼の発案で明六社結成が提議され、初代社長に推されたが固辞。	十月征韓論政変、西郷隆盛ら五参議辞職

明治七	一八七四	四一	『文明論之概略』の執筆を思い立つ。 『学問のすゝめ』の各編で学者職分論、赤穂不義士論、楠公権助論等を唱え、世間に問題をなげかける。 五月八日母お順歿。 六月二十七日三田演説会発会式。 このころまで義塾で講義を受け持つ。	学問のすゝめ・二編（十一月） 同三編（十二月） 一月民選議院設立建白書 二月佐賀の乱 学問のすゝめ・四、五編（一月） 同六編（二月） 同七編（三月） 同八編（四月） 五月台湾出兵 同九編（五月） 同十編（六月） 同十一編（七月） 同十二、十三編（十二月）
明治八	一八七五	四二	五月一日三田演説館開館式を挙行。 六月十三日大久保利通と会う。	学問のすゝめ・十四編（三月）

明治九	一八七六	四三	三月第六子四女滝が生まれる。 五月末から一太郎、捨次郎の二子を伴い三人で京阪地方に遊ぶ。 十一月三田山上の演説館に隣接して万来舎を建設。	文明論之概略（八月） 九月江華島事件 学者安心論（四月） 学問のすゝめ・十五編（七月） 同十六編（八月） 同十七編（十一月）
明治一〇	一八七七	四四	七月二十四日西郷隆盛の処分に関する建白書を起草する。	二—九月西南戦争 旧藩情（五月脱稿、当時発表せず） 丁丑公論（十月脱稿、当時発表せず） 分権論（十一月）
明治一一	一八七八	四五	四月十日大久保一翁を訪い、慶応義塾の維持資金借用を相談。 翌日同じ目的で勝海舟を訪問。	五月十四日大久保利通暗殺される

			十一月から翌年にかけて大隈重信をはじめ政府の要人に維持資金を借用しようと奔走する。 十二月田中不二麿に招かれて東京学士会院の設置のことを諮られる。 第一回府県会議員選挙に芝区から第一位で選出される。	福沢文集・一編（一月） 通貨論（五月） 通俗民権論（九月） 通俗国権論（九月）
明治一二	一八七九	四六	一月十五日東京学士会院第一回例会で初代会長に選ばれる。同月十六日東京府会の臨時会で副議長に選ばれたが、二十一日の本会議で辞任を申し出る。 三月第七子五女光が生まれる。 六月慶応義塾の維持資金を政府から借り入れようとする運動をとりやめる。 七—八月『郵便報知新聞』に藤田茂吉、箕浦勝人の名で「国会論」を発表。	通俗国権論・二編（三月） 福沢文集・二編（八月） 民情一新（八月） 国会論（八月）
明治一三	一八八〇	四七	一月二十五日日本最初の社交クラブ交詢社の発会式が行われる。	

			二月五日交詢社の機関誌『交詢雑誌』創刊。 十一月慶応義塾維持法案が発表され、広く社中の協力を求める。 十二月大隈重信邸で、井上馨、伊藤博文と会し、政府機関紙の発行を依頼される。	二月二十八日横浜正金銀行創立
明治一四	一八八一	四八	一月井上を訪い、政府機関紙の発行を引き受ける。 四月二十五日『交詢雑誌』第四十五号に「私擬憲法案」が発表される。 七月第八子三男三八が生まれる。 八月北海道開拓使官有物払下げが政府から発表される。 十月明治十四年の政変おこり、諭吉も大隈派とみなされ、政府機関紙発行は一方的に破約される。	**時事小言**（九月） 十月明治十四年の政変
明治一五	一八八二	四九	三月一日三田の慶応義塾出版社から『時事新報』創刊（社長中上川彦次郎）。 六月長編社説「藩閥寡人政府論」連載中、『時事新報』は発行停止処分をうける。	**時事大勢論**（五月） **帝室論**（五月） 七月二十三日朝鮮漢城で壬午事変おこる **兵論**（十一月）

明治一六	一八八三	五〇	六月十二日一太郎、捨次郎アメリカ留学に出発。 七月二十四日第九子四男大四郎が生まれる。 十二月末、徴兵令が改正され、明治十年以来私立学校中ただ一校例外として義塾に与えられていた徴兵免除の特典を失う。	学問之独立（二月） 慶応義塾紀事（四月起草） 七月『官報』創刊
明治一七	一八八四	五一	十二月甲申事変に失敗し日本に亡命した朝鮮独立党の金玉均、朴泳孝らを、しばらく広尾狸蕎麦の別邸にかくまう。	全国徴兵論（一月） 十二月四日朝鮮漢城で甲申事変おこる
明治一八	一八八五	五二	三月十六日『時事新報』社説に「脱亜論」を発表。 四―五月家族総勢二十名ばかりで箱根塔ノ沢福住に滞在。	十二月第一次伊藤博文内閣
明治一九	一八八六	五三	三月十日全国の民情風俗視察旅行のはじめとして東海道巡遊を企て、品川を出発、東海道を回り、関西に至り、四月四日に帰京。	八月清国水兵乱暴事件 十月ノルマントン号事件

明治二〇	一八八七	五四	二月養子桃介アメリカ留学に出発。 三月新富座で初めて芝居を観る。 四月伊藤博文邸で開催された仮装舞踏会に招かれたが断る。 八—九月家族を伴い箱根や鎌倉などで保養。以後毎夏に出かける。	
明治二一	一八八八	五五	一月末井上角五郎が警察に拘留されたのに関連し、福沢宅も家宅捜索をうけ、三月十五日には証人として裁判所に出頭。 十一月四日一太郎、捨次郎アメリカ留学より帰朝。	四月黒田清隆内閣
明治二二	一八八九	五六		二月大日本帝国憲法発布 十二月第一次山県有朋内閣
明治二三	一八九〇	五七	一月慶応義塾に大学部を設け、文学・理財・法律の三科を置く。	七月第一回衆議院議員総選挙 十一月第一回議会召集
明治二四	一八九一	五八		五月第一次松方内閣 五月大津事件

明治二五	一八九二	五九	四月二十五日家族と京阪・山陽方面を遊覧し、五月十六日帰京。	瘠我慢の説（十一月脱稿、当時発表せず） 二月第二回衆議院議員総選挙 国会の前途・国会難局の由来・治安小言・地租論（六月） 八月第二次伊藤博文内閣
明治二六	一八九三	六〇	十月四日『時事新報』で北里柴三郎の研究成果を報じ、さらに北里の研究を助成するため、十二月一日芝公園内に伝染病研究所を設立。 十一月十一日学者飼殺しの説を「人生の楽事」と題し『時事新報』社説に発表。	実業論（五月） 十二月衆議院に現行条約励行建議案提出、衆議院解散される
明治二七	一八九四	六一		三月二十八日金玉均上海で暗殺される

年号	西暦	年齢	事項	社会事項
			八月日清戦争に際し率先して一万円醵出する。	七月十六日日英通商航海条約調印 七月二十五日豊島沖海戦 八月一日清国に宣戦布告
明治二八	一八九五	六二	五月朝鮮から百余名の留学生が慶応義塾に入学する。 八月朝鮮留学生受け入れにつき契約を結ぶ。 十二月十二日日清戦争のため一年遅れて還暦の寿宴を張る。	三月二十四日日清講和会議に出席の李鴻章狙撃される 四月十七日日清講和条約調印、二十三日三国干渉 十月八日朝鮮の閔妃暗殺される
明治二九	一八九六	六三	四月二十一日家族と伊勢参宮をし、二十九日に帰京。 九月大学部および普通部の学生生徒に徴兵猶予の特典が認められる。	**三月一日から福翁百話の連載始まる** 九月第二次松方正義内閣

明治三〇	一八九七	六四	十一月六日家族と共に信越・上州方面に旅行し、十一日に帰京。 八月慶応義塾基本金の募集に着手する。 十一月二日家族同伴で京阪・山陽地方へ旅行し、十九日に帰京。これが最後の旅行となる。	福翁百話（七月） 福沢全集緒言（十二月）
明治三一	一八九八	六五	五月十一日『福翁自伝』脱稿。同月十六日広尾の別邸で開かれた園遊会に伊藤博文が閣僚とともに出席。 九月二十六日脳溢血症を発す。十二月にはほぼ回復。	一月第三次伊藤博文内閣 福沢全集・全五巻（一―五月） 六月第一次大隈重信内閣 七月一日から福翁自伝の連載始まる 十一月第二次山県有朋内閣
明治三二	一八九九	六六	十一月十一日病中見舞を受けた人々を広尾の別邸に招き園遊会を催す。	福翁自伝（六月） 女大学評論・新女大学（十一月）

明治三三	一九〇〇	六七	二月十一日門下の長老たち数名に編纂させた『修身要領』を脱稿し、同月二十四日三田演説会でこれを発表。 五月九日著訳教育の功労により皇室から五万円下賜されたが、直ちに慶応義塾基本金に寄付。 十二月三十一日世紀送迎会に出席し「独立自尊迎新世紀」の語を大書して示す。	十月第四次伊藤博文内閣
明治三四	一九〇一	六八	一月二十五日脳溢血症再発す。 二月三日午後十時五十分三田の自宅にて死去。八日麻布山善福寺にて葬儀を挙行。法名は大観院独立自尊居士。	福翁百余話（四月） 明治十年　丁丑公論・瘠我慢の説（五月）

解説

細谷雄一

二〇〇二年四月、本書のもととなる『独立自尊――福沢諭吉の挑戦』が講談社から刊行された。そのとき、世界は大きく揺れ動いていた。

その半年ほど前の九・一一テロの衝撃で世界は震撼し、アメリカはその後、アフガニスタンでの「対テロ戦争」としての軍事作戦を展開した。日本はそのようなアメリカの行動を背後で支える役割を担い、年が明けた一月には東京でアフガニスタン復興会議が開かれた。

小泉純一郎首相のもとでは、首相官邸主導で外交が進められていた。本書の著者である北岡伸一東京大学教授（当時）は、首相官邸に設置された「対外関係タスクフォース」のメンバーとして、小泉首相や福田康夫官房長官に対して助言を行い、日本政治外交史の専門家として混迷する国際情勢のなかで日本が進むべき針路を見通していた。

九・一一テロが勃発したのは、福沢諭吉が逝去して一世紀が経った二〇〇一年のことであった。その年の一月に、北岡教授から私宛に頂いた年賀状には、「独立自尊迎新世紀」

という言葉が記されていたことが印象的であった。これは、北岡教授が「私が最も尊敬する人物」と語る福沢が一世紀前に、自らが発想し、筆で書いた言葉である。混迷する激動の時代に言論人として「公智」を高めていく必要を感じ、一世紀前の福沢が果たしていた役割を自らが果たすべく、何かの使命を感じていたのではないか、と私は受け止めた。

福沢は、二〇世紀を迎える直前の一九〇〇年一二月三一日に、慶應義塾での世紀送迎会の席で、自ら「独立自尊迎新世紀」と筆で書いて、日本人に必要な精神を伝えた。そしてその翌年に福沢は他界した。一世紀というときを隔てて北岡教授は、福沢が一世紀前に説いた「独立自尊」の精神を、現代の日本人に向けて伝えたかったのではないか。その意味でも、北岡教授が「最も尊敬する人物」である福沢の評伝をこの時期に書いたことは、時宜に適っていた。

北岡教授は、立教大学法学部で二一年間にわたって学生を教えた。その際、「三年に二回ほどの割合で、ゼミで『福翁自伝』と『学問のすゝめ』（あるいは『福翁自伝』と『文明論之概略』）を取り上げてきた」と書いている（本書「はじめに」一八頁）。その理由をあるところで、「あれは若い人に読ませるのに最適な本だといまでも思って」いるからだと述べていた。なぜ北岡教授は、これら福沢の代表的著作を「若い人に読ませるのに最適な本」と思っているのか。

ここで少しばかり、私自身の個人的な記憶を辿ることをお許し頂きたい。私は一九九〇年四月に付属校から立教大学法学部に進学した後に、一年生のためのゼミで、北岡教授のもとでこの『福翁自伝』と『学問のすゝめ』を読む機会を得た。まだ、世界がどのように動いているかが分からず、また大学で何を学ぶべきかさえも分からなかった。大学入学間もない不安に包まれていた時期に、北岡先生の一年生のためのゼミにおいて、福沢諭吉の思想と、北岡伸一教授の外交論に接することができたのは、何よりも好運であった。また同時に、このことがその後の私の人生の針路を大きく規定することになった。このような知的刺激と、魅力にあふれた世界の末端に、ぜひとも私自身も加わってみたい。そのように、私の身体の内側から、熱い情熱が湧いてきたのだ。それほどまでに、福沢の著作と、北岡教授のそれについての解説は刺激的であった。まさに「若い人に読ませるのに最適な本」という指摘はあたっていると思う。それはなぜか。

北岡教授が本書の「はじめに」のなかで語るには、「『福翁自伝』は、世界の自伝の中でも最高傑作の一つ」であり、「維新の変革を理解するために格好の本」であり、また「日本政治の特質を見事に描きだした本」である。それ以上に、北岡教授がこの本を毎年、大学に進学したばかりの新入生に読ませていたのは、「福沢の生き方それ自体を、学生諸君に知ってほしいと思ったから」（一八頁）だという。そこに、著者が本書をぜひとも執筆したいと感じた理由があるのではないか。

それでは著者は、「福沢の生き方」の、具体的に何を知って欲しいと思ったのだろうか。

北岡教授は、次のように書いている。すなわち、「福沢は小さな打算や、利害得失で考えたりはしなかった。それは自らを貶めることである。そうではなく、福沢は自らの内なる声に耳を傾けて、本当にしたいこと、本当に正しいと思うことだけをした」のである。そして「自らを高く持し、何者にも媚びず、頼らず、何者をも恐れず、独立独歩で歩んだ」。これが、おそらくは、教育者としての北岡教授が若い人たちに伝えたいことであったのだろう。それは、福沢の言葉を通じた、著者の北岡教授からの大切なメッセージであったのかもしれない。そしてそのような「福沢の生き方」をもっとも簡潔かつ適切に表現する言葉が、「独立自尊」なのではないか。

福沢は、その著作や思想が優れているというだけではない。その人生そのものが作品であり、物語となるような、希有な人生を辿ったのだ。いわば、一九世紀ヨーロッパの小説で流行となった、ゲーテの『ヴィルヘルム・マイスターの修業時代』に代表されるようなビルドゥングスロマーン（教養小説）を、小説ではなくて「自伝」というかたちで表現したのが福沢の『福翁自伝』であったのだと思う。そのような若き日の福沢の冒険を辿っていくことに、読者は胸を躍らせて、多くの共感を抱くのではないか。

北岡教授によれば、「「独立自尊」という言葉は、福沢がとくに好んだ言葉」であり、「福沢の人生そのものであった」という。福沢の『福翁自伝』には「独立自尊」の精神があふれている。その「独立自尊」という言葉をタイトルに用いた北岡教授による福沢の評伝もまた同様に、いわば伝記文学のような「教養小説」のスタイルを感じさせる。『福翁自伝』を存分に参考にしながらも、大量に存在する福沢研究の成果を効果的に活用しながら、政治史家の目を通して客観的に、しかしながら愛情も込めながら、著者は「福沢の生き方」とその時代を色鮮やかに描いている。

福沢にとりたてて関心や前提とする知識がなくとも、あるいは福沢が活躍した幕末から明治にかけての時代背景を知らずとも、いわば「自らの内なる声に耳を傾けて、本当のしたいこと、本当に正しいと思うことだけをした」福沢の人生を辿ることは、われわれ読者に勇気と、活力と、道徳を提供してくれる。そして、北岡教授が述べるように、「現在の混迷の中で手探りをしている人々」こそが、本書を読むのにもっとも相応《ふさわ》しい読者なのかもしれない。

大学進学直後に私は北岡伸一教授のゼミで『福翁自伝』と『学問のすゝめ』を読む機会を得て、卒業後は慶應義塾大学大学院に進学をした。現在は、福沢が創設したこの大学で教鞭を執らせていただいている。不思議な縁である。その慶應義塾大学では、新入生全員に慶應義塾大学入学記念版の『福翁自伝』（富田正文校注、非売品）を配付している。だが、この読みやすく魅力にあふれた世界史的な価値を持つ福沢の自伝をきちんと読んでいる学生は、どうやらそれほど多くはないようだ。

日吉キャンパスで学ぶ新入生たちの多くは、創設者の福沢の人生よりも、福沢生誕一五〇年を記念して建てられた福沢諭吉像をよく知っている。というのも、その胸像の台座部分に足をかけたり腰掛けたりすると、留年すると噂されているからだ。そのようにして慶應の創設者福沢は、新入生に「怖れられ」ている。だが、彼の奇想天外で、未知への冒険に溢れた若き日の人生にこそ、親しんで欲しいと思う。その上で、『福翁自伝』とあわせて、この北岡教授による最良の解説書に目を通して頂ければ、その人物と時代についての背景に親しむことができるのではないか。

やはり、それを親しみ、深く知るためには、その分野の最良の解説者によるていねいな、そして魅力あふれる説明が重要なのだろう。優れた古典には優れた注釈がときに必要なように、読みやすく親しみやすい文体の福沢の著作にしても、その時代背景や、その意義や価値、そしてその思想と行動の理解のために、優れた解説者が語る言葉の価値は大きい。以下に述べるようないくつかの理由から、私は北岡教授が福沢の最良の解説者の一人ではないかと考えている。

第一に、これまで福沢についての多くの評伝や研究が思想史家によって行われてきたのに対して、本書は政治史家によって書かれたことに大きな意義がある。それは、福沢が象牙の塔にこもった学究の人ではなく、色々なことを試み、政治や社会に巨大な影響を及ぼした実践の人であったからだ。したがって、政治史家としてこの時代の政治や社会に精通した研究者だからこそ、より深くその本質に迫れるのだろう。ケンブリッジ大学の歴史家であるクエンティン・スキナーがかつて、思想史と政治史を融合した画期的なマキャヴェッリ研究の書籍を刊行して巨大な影響を及ぼしたが、方法論的には類似したかたちで北岡教授の福沢論は思想史と政治史を融合させている。著者は、そのような問題意識を示唆して、「はじめに」のなかで、「私は福沢の思想を、明治国家の発展と福沢自身の成長の中に、統一的に把握することが十分可能だと考える」と書いている。著者に拠れば、「そこでいう思想とは、抽象的な論理の体系ではなく、より実践的な性格のものである」という。

第二に、福沢が確立した自由主義と合理主義の精神が、その後の近代国家日本の中で確実に継承されていき、そのような思想と実践の系譜こそが北岡教授のこれまでの研究の中枢に位置していたからだ。国際政治学者の高坂正堯《こうさかまさたか》京都大学教授は、その著書『国際政治——恐怖と希望』（中公新書、一九六六年）のなかで、国家が「力の体系」と「利益の体系」であるだけではなく、「価値の体系」でもあると喝破した。福沢は、明治国家にそのような自由主義や合理主義の精神を注入した。そしてそのような価値は、「福沢の生き方」に根づいており、「独立自尊」という個人および国家の精神に基礎づけられていなければならなかった。そのことは、北岡教授のような優れた政治学者であるからこそ、深くかつ適切に洞察することが可能なのだろう。

第三に、福沢の思想は後進国が近代国家として発展していくための重要な叡智を提供しており、北岡教授はそのような明治国家の近代化に政治史家として深い関心を抱いてきたからだ。著者によれば、「西洋と非西洋との違いは何か、非西洋世界の近代化は可能か」という問いは、「世界史的な意味を持つ課題」なのであり、「これらの点において、福沢以上に優れた答えを提示した者は、日本以外を探してみても、それほど多くはいないだろう」という。まさに、適切な評価であろう。

著者の北岡教授は、現在は国際協力機構（ＪＩＣＡ）の理事長を務めている。その「理事長あいさつ」のホームページで、「日本の経験や知見を、世界の貧困削減や経済成長に活用できれば、日本の存在感は高まります」と書いている。これは、福沢が『学問のすゝめ』や『文明論之概略』で問いかけた、重要な問題提起である。その精神を受け継ぎ、実践として、著者は「公智」に深く関与しているといえる。

そのようなことを書きながら、あることを思い出した。今から十年ほど前、慶應義塾が設立一五〇周年を迎えたときに、私が所属する法学部では政治学者の国分良成学部長（当時）の強い意向で、ロックシンガーで世界的に著名なＵ２のボーカリストのボノに名誉博士号を授与することになった。アフリカ貧困撲滅のための活動を高く評価してのことである。三田でボノを歓迎するなかで、安西祐一郎塾長（当時）からボノへと、『福翁自伝』の英訳版がプレゼントされた。大学を卒業していないボノは、慶應義塾から名誉博士号を授与されることを喜び事前に福沢について色々と調べてきたのだろう。

受諾演説の中で、若い学生たちに向かって、ボノは日本が自ら近代化して、豊かになった経験を、是非ともアフリカの人々に伝えて欲しいと熱弁をふるった。福沢の精神が、世界的なロックシンガーのボノにまで継承されて、それが実践に結びつくのを感じた瞬間だった。なんとも不思議な、そして嬉しい気分になった。

福沢諭吉の思想、そしてその人生は、専門家の手によって学問の世界に閉じ込めるにはあまりにも惜しい。ぜひとも幅広く、一般読者の手に渡り、その魅力を感じて、その精神に触れて欲しい。そのような著者の思いが本書を通じてよりいっそう広く伝わることは、かつて著者のゼミで福沢の思想に触れ、さらに福沢が創設した大学で教育に携わる私にとっても、最良の喜びである。

（ほそや・ゆういち　慶應義塾大学教授）

本書『独立自尊——福沢諭吉と明治維新』は、『独立自尊——福沢諭吉の挑戦』として二〇一一年二月二十五日、中央公論新社・中公文庫にて刊行された。ちくま学芸文庫では、副題を改めた。本書の引用文中に差別に関わる語句・表現が見られるが、時代背景に鑑み、そのままとした。

樺太一九四五年夏　金子俊男

突然のソ連参戦により地獄と化した旧日本領・南樺太。本書はその戦闘の壮絶さを伝える数少ない記録だ。長らく入手困難だった名著を文庫化。（清水潔）

わたしの城下町　木下直之

攻防の要である城は、明治以降、新たな価値を担い、日本人の心の拠り所として生き延びる。城と城のようなものを歩く著者の主著、ついに文庫に！

東京の下層社会　紀田順一郎

性急な近代化の陰で生みだされた都市の下層民。落伍者として捨て去られた彼らの実態に迫り、日本人の人間観の歪みを焙りだす。（長山靖生）

外政家としての大久保利通　清沢洌

北京談判に際し、大久保は全責任を負い困難な交渉に当たった。その外交の全容を、太平洋戦争下の現実政治への弾劾を秘めて描く。（瀧井一博）

独立自尊　北岡伸一

国家の発展に必要なものとは何か――。福沢諭吉は生涯をかけてこの課題に挑んだ。今こそ振り返るべき思想を明らかにした画期的福沢伝。（細谷雄一）

賤民とは何か　喜田貞吉

非人、河原者、乞胸、奴婢、声聞師……。差別と被差別の根源的構造を歴史的に考察する賤民研究の決定版。『賤民概説』他六篇収録。（塩見鮮一郎）

増補　絵画史料で歴史を読む　黒田日出男

歴史学は文献研究だけではない。絵巻・曼荼羅・肖像画など過去の絵画を史料として読み解き、斬新な手法で日本史を掘り下げた一冊。（三浦篤）

滞日十年（上）　ジョセフ・C・グルー　石川欣一訳

日米開戦にいたるまでの激動の十年、どのような外交交渉が行われたのか。駐日アメリカ大使による貴重な記録。上巻は１９３２年から１９３９年まで。

滞日十年（下）　ジョセフ・C・グルー　石川欣一訳

知日派の駐日大使グルーは日米開戦の回避に奔走。下巻は、ついに日米が戦端を開き、１９４２年、戦時交換船で帰国するまでの迫真の記録。（保阪正康）

十五年戦争小史　江口圭一

満州事変、日中戦争、アジア太平洋戦争を一連の「十五年戦争」と捉え、戦争拡大に向かう曲折にみちた過程を克明に描いた画期的通史。（加藤陽子）

たべもの起源事典　日本編　岡田哲

駅蕎麦・豚カツにやや珍しい郷土料理、レトルト食品・デパート食堂まで。広義の〈和〉のたべものと食文化事象一三〇〇項目収録。小腹のすく事典！

ラーメンの誕生　岡田哲

中国のめんは、いかにして「中華風の和食めん料理」へと発達を遂げたか。外来文化を吸収する日本人の情熱と知恵。丼の中の壮大なドラマに迫る。

京の社　岡田精司

旅気分で学べる神社の歴史。この本を片手に京都の有名寺社を巡れば、神々のありのままの姿が見えてくる。（佐々田悠）

山岡鉄舟先生正伝　小倉鉄樹／石津寛／牛山栄治

鉄舟から直接聞いたこと、同時代人として見聞きしたことを弟子がまとめた正伝。江戸無血開城の舞台裏など、リアルな幕末史が描かれる。（岩下哲典）

士（サムライ）の思想　笠谷和比古

中世に発する武家社会の展開とともに形成された日本型組織。「家（イエ）」を核にした組織特性と派生する諸問題について、日本近世史家が鋭く迫る。

戦国乱世を生きる力　神田千里

土一揆から宗教、天下人の在り方まで、この時代の現象はすべて民衆の姿と切り離せない。「乱世の真の主役としての民衆」に焦点をあてた戦国時代史。

三八式歩兵銃　加登川幸太郎

旅順の堅塁を白襷隊が突撃した時、特攻兵が敵艦に突入した時、日本陸軍は何をしたのであったか。元陸軍将校による渾身の興亡全史。（一ノ瀬俊也）

増補改訂　帝国陸軍機甲部隊　加登川幸太郎

第一次世界大戦で登場した近代戦車。本書はその導入から終焉を詳細史料と図版で追いつつ、世界に後れをとった日本帝国陸軍の道程を描く。（大木毅）

図説 和菓子の歴史 青木直己

饅頭、羊羹、金平糖にカステラ、その時々の外国文化の影響を受けながら多種多様に発展した和菓子。その歴史を多数の図版とともに平易に解説。

改訂増補 バテレン追放令 安野眞幸

西欧のキリスト教宣教師たちは、日本史上にいかなる反作用を生み出したか。教会領長崎での事件と秀吉による「バテレン追放令」から明らかにする。

今昔東海道独案内 東篇 今井金吾

いにしえから庶民が辿ってきた幹線道路・東海道。日本人の歴史を、著者が自分の足で辿りなおした名著。東篇は日本橋より浜松まで。（今尾恵介）

居酒屋の誕生 飯野亮一

寛延年間の江戸に誕生しすぐに大発展を遂げた居酒屋。しかしなぜ他の都市ではなく江戸だったのか。一次資料を丹念にひもとき、その誕生の謎にせまる。

すし 天ぷら 蕎麦 うなぎ 飯野亮一

二八蕎麦の二八とは？ 握りずしの元祖は？ なぜうなぎに山椒？ 膨大な一次史料を渉猟しそんな疑問を徹底解明。これを読まずに食文化は語れない！

天丼 かつ丼 牛丼 うな丼 親子丼 飯野亮一

身分制の廃止で作ることが可能になった親子丼、関東大震災が広めた牛丼等々、どんぶり物二百年の歴史をさかのぼり、驚きの誕生ドラマをひもとく！

晩酌の誕生 飯野亮一

はじめて明らかにされる家飲みの歴史。いつ頃から始まったのか？ 飲まれていた酒は？ つまみは？ 著者独自の酒の肴にもなる学術書、第四弾！

増補 アジア主義を問いなおす 井上寿一

侵略を正当化するレトリックか、それとも真の共存共栄をめざした理想か。アジア主義を外交史的観点から再考し、その今日的意義を問う。増補決定版。

歴史学研究法 今井登志喜

「歴史学とは何か」について「古典的歴史学方法論」の論点を的確にまとめる。方法の実践例として、「塩尻峠の合戦」を取り上げる。（松沢裕作）

増補 文明史のなかの明治憲法 瀧井一博

木戸孝允、大久保利通、伊藤博文、山県有朋らの西洋体験をもとに、立憲国家誕生のドラマを描く。角川財団学芸賞、大佛次郎論壇賞W受賞作の完全版。

朝鮮銀行 多田井喜生

植民地政策のもと設立された朝鮮銀行。その銀行券等の発行により、日本は内地経済破綻を防ぎつつ軍費調達ができた。隠れた実態を描く。（板谷敏彦）

百姓の江戸時代 田中圭一

百姓たちは自らの土地を所有し、織物や酒を生産・販売していた——庶民の活力にみちた前期資本主義社会として、江戸時代を読み直す。（荒木田岳）

近代日本とアジア 坂野潤治

近代日本外交は、脱亜論とアジア主義の対立構図により描かれてきた。そうした理解が虚像であることを精緻な史料読解で暴いた記念碑的論考。（苅部直）

日本大空襲 原田良次

帝都防衛を担った兵士がひそかに綴った日記。各地の空爆被害、斃れゆく戦友への思い、そして国への疑念……空襲の実像を示す第一級資料。（吉田裕）

平賀源内 芳賀徹

物産学、戯作、エレキテル復元など多彩に活躍した平賀源内。豊かなヴィジョンと試行錯誤、そして失意からなる「非常の人」の生涯を描く。（稲賀繁美）

陸軍将校の教育社会史（上） 広田照幸

戦時体制を支えた精神構造は、「滅私奉公」ではなく「活私奉公」だった。第19回サントリー学芸賞を受賞した歴史社会学の金字塔、待望の文庫化！

陸軍将校の教育社会史（下） 広田照幸

陸軍将校とは、いったいいかなる人びとだったのか。前提とされていた「内面化」の図式を覆し、「教育社会史」という研究領域を切り拓いた傑作。

餓死《うえじに》した英霊たち 藤原彰

第二次大戦で死没した日本兵の大半は飢餓や栄養失調によるものだった。彼らのあまりに悲惨な最期を詳述し、その責任を問う告発の書。（一ノ瀬俊也）

荘園の人々　工藤敬一

人々のドラマを通して荘園の実態を解き明かした画期的な入門書。日本の社会構造の根幹を形作った制度を、すっきり理解する。（高橋典幸）

東京裁判　幻の弁護側資料　小堀桂一郎編

我々は東京裁判の真実を知っているのか？　準備されたものの未提出に終わった膨大な裁判資料から18篇を精選。緻密な解説とともに裁判の虚構に迫る。

一揆の原理　呉座勇一

虐げられた民衆たちの決死の抵抗として語られてきた一揆。だがそれは戦後歴史学が生んだ幻想にすぎない。これまでの通俗的理解を覆す痛快な一揆論！

甲陽軍鑑　佐藤正英校訂・訳

武田信玄と甲州武士団の思想と行動の集大成。大部から、山本勘助の物語や川中島の合戦など、その白眉を収録。新校訂の原文に現代語訳を付す。

機関銃下の首相官邸　迫水久常

二・二六事件では叛乱軍を欺いて岡田首相を救出し、終戦時には鈴木首相を支えた著者が明かす、天皇・軍部・内閣をめぐる迫真の秘話記録。（井上寿一）

増補　八月十五日の神話　佐藤卓己

ポツダム宣言を受諾した「八月十四日」や降伏文書に調印した「九月二日」でなく、「終戦」はなぜ「八月十五日」なのか。「戦後」の起点の謎を解く。

日本商人の源流　佐々木銀弥

第一人者による日本商業史入門。律令制に端を発する供御人や駕輿丁から戦国時代の豪商までを一望し、日本経済の形成を時系列でたどる。（中島圭一）

記録　ミッドウェー海戦　澤地久枝

ミッドウェー海戦での日米の戦死者を突き止め、手紙やインタビューを通じて彼らと遺族の声を拾い上げた圧巻の記録。調査資料を付す。（戸高一成）

考古学と古代史のあいだ　白石太一郎

巨大古墳、倭国、卑弥呼。多くの謎につつまれた日本の古代。考古学と古代史学の交差する視点からその謎を解明するスリリングな論考。（森下章司）

忠誠と反逆　丸山眞男

開国と国家建設の激動期における、自我と帰属集団への忠誠との相剋を描く表題作ほか、幕末・維新期をめぐる諸論考を集成。（川崎修）

気流の鳴る音　真木悠介

カスタネダの著書に描かれた異世界の論理に、人間ほんらいの生き方を探る。現代社会に抑圧された自我を、深部から解き放つ比較社会学的構想。

五輪書　宮本武蔵　佐藤正英校注／訳

苛烈な勝負を経て自得した兵法の奥義。広く人生の修養・鍛錬の書として読まれる。『兵法三十五か条の書』『独行道』を付した新訳・新校訂版。

草莽論　村上一郎

草莽、それは野にありながら危急の時に大義に立つ壮士である。江戸後期から維新前夜、奔星のように閃いた彼らの生き様を鮮烈に描く。（桶谷秀昭）

（見えない）欲望へ向けて　村山敏勝

英文学の古典とセジウィック、バトラー、ベルサーニらの理論を介し、読む快楽と性的快楽を混淆させ、クィア批評のはらむ緊張を見据える。（田崎英明）

河鍋暁斎　暁斎百鬼画談　安村敏信監修・解説

幕末明治の天才画家・河鍋暁斎の遺作から、奇にして怪なる妖怪満載の全頁をカラーで収録、暁斎研究の第一人者の解説を付す。巻頭言＝小松和彦

柳宗悦コレクション（全3巻）　柳宗悦

民藝という美の標準を確立した柳は、よりよい社会の実現を目指す社会変革思想家でもあった。その斬新な思想の全貌を明らかにするシリーズ全3巻。

柳宗悦コレクション1　ひと　柳宗悦

白樺派の仲間、ロダン、ブレイク、トルストイ……柳思想の根底を、彼に影響を及ぼした人々との出会いから探るシリーズ第一巻。（中見真理）

柳宗悦コレクション2　もの　柳宗悦

柳宗悦の「もの」に関する叙述を集めたシリーズ第二巻。カラー口絵の他、日本民藝館所蔵の逸品の数々を新撮し、多数収録。（柚木沙弥郎）

柳宗悦コレクション3 こころ 柳宗悦

柳思想の最終到達点「美の宗教」に関する論考を収めたシリーズ最終巻。阿弥陀の慈悲行を実践しようとした宗教者・柳の姿が浮び上がる。（阿満利麿）

琉球の富 柳宗悦

表題の「琉球の富」をはじめ、柳宗悦が沖縄文化のすばらしさについて綴った主な論考を収録。先の大戦で灰燼に帰した美の王国が、いま蘇る。（松井健）

民藝図鑑 第一巻 柳宗悦監修

民藝の美しさを示すために日本民藝館の総力を結集して作られた図録。本巻では日本の陶磁、染織、民画、金工、木工等を紹介。全三巻。（白土慎太郎）

民藝図鑑 第二巻 柳宗悦監修

朝鮮陶磁を中心に琉球の織物、日本の染物、民画、箪笥等を収録。解説執筆には柳の他、芹澤銈介、柳悦孝、田中豊太郎ら民藝同人も参加。（土田眞紀）

民藝図鑑 第三巻 柳宗悦監修

スリップウェア、古染附等の外邦工藝と、日本の編組品、沖縄の染物・陶器、アイヌの工藝を収録。柳宗悦が全力を注いだ生前最後の作品。（柴田雅章）

新編 民藝四十年 柳宗悦

最良の民藝の入門書『民藝四十年』に、柳が構想していた改訂案を反映させ、十五本の論考を増補。この一冊で民藝と柳の思想の全てがわかる。（松井健）

総力戦体制 山之内靖 伊豫谷登士翁／成田龍一／岩崎稔編

戦後のゆたかな社会は敗戦により突如もたらされたわけではない。その基礎は、戦時動員体制において形成されたものだ。現代社会を捉え返す画期的論考。

『「いき」の構造』を読む 安田武 多田道太郎

日本人の美意識の底流にある「いき」という概念。九鬼周造の名著を素材に、二人の碩学があざやかに軽やかに解きほぐしていく。（井上俊）

モンテーニュ入門講義 山上浩嗣

心身の和合と自然への随順を説いたモンテーニュ。その著『エセー』の核心やよりよく生きるためのヒントを平明に伝える出色の講義。文庫オリジナル。

江戸はこうして造られた　鈴木理生

家康江戸入り後の百年間は謎に包まれている。海岸部へ進出し、河川や自然地形をたくみに生かした都市の草創期を復原する。（野口武彦）

増補 革命的な、あまりに革命的な　絓《すが》秀実

「一九六八年の革命は「勝利」し続けている」とは何を意味するのか。ニューレフトの諸潮流を丹念に跡づけた批評家の主著、増補文庫化！（王寺賢太）

考古学はどんな学問か　鈴木公雄

物的証拠から過去の行為を復元する考古学は時に歴史的通説をも覆す。犯罪捜査さながらにスリリングな学問の魅力を味わう最高の入門書。（櫻井準也）

戦国の城を歩く　千田嘉博

室町時代の館から戦国の山城へ、そして信長の安土城へ。城跡を歩いて、その形の変化を読み、新しい中世の歴史像に迫る。（小島道裕）

増補 海洋国家日本の戦後史　宮城大蔵

戦後アジアの巨大な変貌の背後には、開発と経済成長という日本の「非政治」的な戦略があった。海域アジアの戦後史に果たした日本の軌跡をたどる。

日本の外交　添谷芳秀

憲法九条と日米安保条約に根差した戦後外交。それがもたらした国家像の決定的な分裂をどう乗り越えるか。戦後史を読みなおし、その実像と展望を示す。

性愛の日本中世　田中貴子

稚児を愛した僧侶、「愛法」を求めて稲荷山にもうでる貴族の姫君。中世の性愛信仰・説話を介して、日本のエロスの歴史を覗く。（川村邦光）

琉球の時代　高良倉吉

いまだ多くの謎に包まれた古琉球王国。成立の秘密や、壮大な交易ルートにより花開いた独特の文化を探り、悲劇と栄光の歴史ドラマに迫る。（与那原恵）

博徒の幕末維新　高橋敏

黒船来航の動乱期、アウトローたちが歴史の表舞台に躍り出てくる。虚実を腑分けし、稗史を歴史の中に位置付けなおした記念碑的労作。（鹿島茂）

戦後日本漢字史 阿辻哲次

GHQの漢字仮名廃止案、常用漢字制定に至る制度的変遷、ワープロの登場。漢字はどのような議論や試行錯誤を経て、今日の使用へと至ったか。

現代小説作法 大岡昇平

西欧文学史に通暁し、自らの作品においては常に事物を明晰に観じ、描き続けた著者が、小説作法の要諦を論じ尽くした名著を再び。（中条省平）

折口信夫伝 岡野弘彦

古代人との魂の響き合いを悲劇的なまでに追求した人・折口信夫。敗戦後の思想まで、最後の弟子が師の内面を描く。追慕と鎮魂の念に満ちた傑作伝記。

日本文学史序説（上） 加藤周一

日本文学の特徴、その歴史的発展や固有の構造を浮き上がらせて、万葉の時代から源氏・今昔・能・狂言を経て、江戸時代の徂徠や俳諧まで。

日本文学史序説（下） 加藤周一

従来の文壇史やジャンル史などの枠組みを超えて、幅広い視座に立ち、江戸町人の時代から、国学や蘭学を経て、維新・明治、現代の大江まで。

村上春樹の短編を英語で読む 1979～2011（上） 加藤典洋

英訳された作品を糸口に村上春樹の短編世界を読み解き、その全体像を一望する画期的批評。村上の小説家としての「闘い」の様相をあざやかに描き出す。

村上春樹の短編を英語で読む 1979～2011（下） 加藤典洋

デタッチメントからコミットメントへ——。デビュー以来の80編におよぶ短編を丹念にたどることで浮かびあがる、村上の転回の意味とは？（松家仁之）

江戸奇談怪談集 須永朝彦編訳

江戸の書物に遺る夥しい奇談・怪談から選りすぐった百八十余篇を集成。端麗な現代語訳により、古の妖しく美しく怖ろしい世界が現代によみがえる。

王朝奇談集 須永朝彦編訳

『今昔物語集』『古事談』『古今著聞集』等の古典から稀代のアンソロジストが流麗な現代語訳で遺した82編。幻想とユーモアの玉手箱。（金沢英之）

江戸の想像力　田中優子

平賀源内と上田秋成という異質な個性を軸に、江戸18世紀の異文化受容の屈折したありようとダイナミックな近世の〈運動〉を描く。（松田修）

日本人の死生観　立川昭二

西行、兼好、芭蕉等代表的古典を読み、「死」の先達から「終(しま)い方」の極意を学ぶ指針の書。日本人の心性の基層とは何かを考える。（島内裕子）

鏡のテオーリア　多田智満子

天然の水鏡、銅鏡、ガラスの鏡——すべてを容れる鏡は古今東西の人間の心にどのような光と迷宮をもたらしたか。テオーリア（観照）はつづく。

魂の形について　多田智満子

鳥、蝶、蜜蜂などに託されてきた魂の形象。夢のようでありながら真実でもあるものに目を凝らし、想念を巡らせた詩人の代表的エッセイ。（金沢百枝）

頼山陽とその時代（上）　中村真一郎

江戸後期の歴史家・詩人頼山陽の生涯は、病による異変とともに始まった——。山陽や彼と交流のあった人々を活写し、漢詩文の魅力を伝える傑作評伝。

頼山陽とその時代（下）　中村真一郎

江戸の学者や山陽の弟子たちを眺めた後、畢生の書『日本外史』はじめ、山陽の学藝を論じて大著は幕を閉じる。第22回芸術選奨文部大臣賞受賞（揖斐高）

定家明月記私抄　堀田善衞

美の使徒・藤原定家の厖大な日記『明月記』を読みとき、大乱世の相貌と詩人の実像を生き生きと描く名著。本篇は定家一九歳から四八歳までの記。

定家明月記私抄　続篇　堀田善衞

壮年期から、承久の乱を経て八〇歳の死まで。乱世を生きぬき宮廷文化最後の花を開いた藤原定家の人と時代を浮彫りにする。（井上ひさし）

都市空間のなかの文学　前田愛

鷗外や漱石などの文学作品と上海・東京などの都市空間——この二つのテクストの相関を鮮やかに捉えた近代文学研究の金字塔。（小森陽一）

紀貫之 大岡信

子規に「下手な歌よみ」と痛罵された貫之。この評価は正当だったのか。詩人の感性と論理的実証によって新たな貫之像を創出した名著。（堀江敏幸）

現代語訳 信長公記（全） 太田牛一 榊山潤訳

幼少期から「本能寺の変」まで、織田信長の足跡をつぶさに伝える一代記。作者は信長に仕えた人物で、史料的価値も極めて高い。（金子拓）

現代語訳 三河物語 大久保彦左衛門 小林賢章訳

三河国松平郷の一豪族が徳川を名乗って天下を治めるまで、主君を裏切ることなく忠勤にはげんだ大久保家。その活躍と武士の生き方を誇らかに語る。

雨月物語 上田秋成 高田衛／稲田篤信校注

上田秋成の独創的な幻想世界「浅茅が宿」「蛇性の婬」など九篇を、本文、語釈、現代語訳、評を付しておくる〝日本の古典〟シリーズの一冊。

一言芳談 小西甚一校注

往生のために人間がなすべきことは？ 思いきった逆説表現と鋭いアイロニーで貫かれた、中世念仏者たちの言行を集めた聞書集。（臼井吉見）

古今和歌集 小町谷照彦訳注

王朝和歌の原点にして精髄と仰がれてきた第一勅撰集の全歌訳注。歌語の用法をふまえ、より豊かな読みへと誘う索引類や参考文献を大幅改稿。

枕草子（上） 清少納言 島内裕子校訂・訳

芭蕉や蕪村が好み与謝野晶子が愛した、北村季吟の注釈書『枕草子春曙抄』の本文を採用。江戸、明治と読みつがれてきた名著に流麗な現代語訳を付す。

枕草子（下） 清少納言 島内裕子校訂・訳

『枕草子』の名文は、散文のもつ自由な表現を全開させ、優雅で辛辣な世界の扉を開いた。随筆文学屈指の名品は、また成熟した文明批評の顔をもつ。

徒然草 兼好 島内裕子校訂・訳

後悔せずに生きるには、毎日をどう過ごせばよいか。人生の達人による不朽の名著。全二四四段の校訂原文と、文学として味読できる流麗な現代語訳。

方丈記
鴨長明
浅見和彦校訂・訳
天災、人災、有為転変。そこで人はどう生きるべきか。この永遠の古典を、混迷する時代に生きる現代人ゆえに共鳴できる作品として訳解した決定版。

梁塵秘抄
植木朝子編訳
平安時代末の流行歌、今様。みずみずしく、時にユーモラス、また時に悲惨でさえある、生き生きとした今様から、代表歌を選び懇切な解説で鑑賞する。

藤原定家全歌集（上）
藤原定家
久保田淳校訂・訳
『新古今和歌集』の撰者としても有名な藤原定家自作の和歌約四千二百首を収録。上巻には私家集『拾遺愚草』を収め、全歌に現代語訳と注を付す。

藤原定家全歌集（下）
藤原定家
久保田淳校訂・訳
下巻には『拾遺愚草員外』『同員外之外』および「初句索引」等の資料を収録。最新の研究を踏まえ、現在知られている定家の和歌を網羅した決定版。

定本 **葉隠〔全訳注〕（上）**（全3巻）
山本常朝／田代陣基
佐藤正英校訂
吉田真樹監訳注
武士の心得として、一切の「私」を「公」に奉る覚悟を語り、日本人の倫理思想に巨大な影響を与えた名著。上巻はその根幹「教訓」を収録。決定版新訳。

定本 **葉隠〔全訳注〕（中）**
山本常朝／田代陣基
佐藤正英校訂
吉田真樹監訳注
常朝の強烈な教えに心を衝き動かされた陣基は、武士のあるべき姿の実像を求める。中巻では、治世と乱世という時代認識に基づく新たな行動規範を模索。

定本 **葉隠〔全訳注〕（下）**
山本常朝／田代陣基
佐藤正英校訂
吉田真樹監訳注
躍動する鍋島武士たちを活写した聞書八・九と、信玄・家康などの戦国武将を縦横無尽に論評した聞書十、補遺篇の聞書十一を下巻には収録。全三巻完結。

現代語訳 **応仁記**
志村有弘訳
応仁の乱――美しい京の町が廃墟と化すほどのこの大乱はなぜ起こり、いかに展開したのか。室町時代に書かれた軍記物語を平易な現代語訳で。

現代語訳 **藤氏家伝**
沖森卓也／佐藤信／矢嶋泉訳
藤原氏初期の歴史が記された奈良時代後半の書。藤原鎌足とその子貞慧、そして藤原不比等の長男武智麻呂の事績を、明快な現代語訳によって伝える。

良い死／唯の生　立岩真也

安楽死・尊厳死を「良い死」とする思考を批判的に検討し、誰でも「生きたいなら生きられる社会」へと変革するには何が必要かを論じる。（大谷いづみ）

20世紀思想を読み解く　塚原史

「自由な個人」から「全体主義的な群衆」へ。人間という存在が劇的に変質した世紀の思想を、無意味・未開・狂気等キーワードごとに解読する。

緑の資本論　中沢新一

『資本論』の核心である価値形態論を一神教的に再構築することで、自壊する資本主義からの脱出の道を考察した、画期的論考。（矢田部和彦）

反＝日本語論　蓮實重彦

仏文学者の著者、フランス語を母国語とする夫人、日仏両語で育つ令息。三人が遭う言語的葛藤から見えてくるものとは？（シャンタル蓮實）

橋爪大三郎の政治・経済学講義　橋爪大三郎

政治は、経済は、どう動くのか。この時代を生きるために、日本と世界の現実を見定める目を養い、考える材料を蓄え、構想する力を培う基礎講座！

学習の生態学　福島真人

現場での試行錯誤を許す「実験的領域」はいかに成立するか。救命病棟、原子力発電所、学校等、組織での学習を解く理論的枠組みを示す。（熊谷晋一郎）

フラジャイル　松岡正剛

なぜ、弱さは強さよりも深いのか？　薄弱・断片・あやうさ・境界・異端……といった感覚に光をあて、「弱さ」のもつ新しい意味を探る。（高橋睦郎）

言葉とは何か　丸山圭三郎

言語学・記号学についての優れた入門書。ソシュール研究の泰斗が、平易な語り口で言葉の謎に迫る。術語・人物解説、図書案内付き。（中尾浩）

戦争体験　安田武

わかりやすい伝承は何を忘却するか。戦後における戦争体験の一般化を忌避し、矛盾に満ちた自らの体験の「語りがたさ」を直視する。（福間良明）

ちくま学芸文庫

独立自《どくりつじ》尊《そん》　福沢諭《ふくざわゆ》吉《きち》と明治《めいじ》維《い》新《しん》

二〇一八年九月十日　第一刷発行
二〇二四年九月十日　第二刷発行

著　者　北岡伸一（きたおか・しんいち）
発行者　増田健史
発行所　株式会社　筑摩書房
東京都台東区蔵前二―五―三　〒一一一―八七五五
電話番号　〇三―五六八七―二六〇一（代表）

装幀者　安野光雅
印刷所　中央精版印刷株式会社
製本所　中央精版印刷株式会社

ISBN978-4-480-09877-1 C0112